U0499882

国际经济统计重点议题研究新进展

陈全润　等著

中国财经出版传媒集团
经济科学出版社
Economic Science Press
北京

图书在版编目（CIP）数据

国际经济统计重点议题研究新进展 / 陈全润等著 .
北京 ： 经济科学出版社，2024. 9. -- ISBN 978 - 7 - 5218 - 6164 - 8

Ⅰ. F222. 5

中国国家版本馆 CIP 数据核字第 2024C026G9 号

责任编辑：何 宁 王文泽
责任校对：王肖楠
责任印制：张佳裕

国际经济统计重点议题研究新进展

GUOJI JINGJI TONGJI ZHONGDIAN YITI YANJIU XINJINZHAN

陈全润 等著

经济科学出版社出版、发行 新华书店经销

社址：北京市海淀区阜成路甲 28 号 邮编：100142

总编部电话：010 - 88191217 发行部电话：010 - 88191522

网址：www. esp. com. cn

电子邮箱：esp@ esp. com. cn

天猫网店：经济科学出版社旗舰店

网址：http：//jjkxcbs. tmall. com

北京季蜂印刷有限公司印装

710 × 1000 16 开 14 印张 250000 字

2024 年 9 月第 1 版 2024 年 9 月第 1 次印刷

ISBN 978 - 7 - 5218 - 6164 - 8 定价：58. 00 元

（图书出现印装问题，本社负责调换。电话：010 - 88191545）

国家社科基金后期资助项目
出版说明

后期资助项目是国家社科基金设立的一类重要项目，旨在鼓励广大社科研究者潜心治学，支持基础研究多出优秀成果。它是经过严格评审，从接近完成的科研成果中遴选立项的。为扩大后期资助项目的影响，更好地推动学术发展，促进成果转化，全国哲学社会科学工作办公室按照“统一设计、统一标识、统一版式、形成系列”的总体要求，组织出版国家社科基金后期资助项目成果。

全国哲学社会科学工作办公室

《国际经济统计重点议题研究新进展》内容提要

《国际经济统计重点议题研究新进展》一书共包括三个专题内容，由十个章节组成。三个专题分别是专题一“亚太 21 个经济体全球价值链研究”、专题二“国际资金流量核算研究”和专题三“国际比较项目研究”。

专题一重点介绍了亚太经合组织（APEC）供给使用表编制和相关贸易增加值指标构建的理论和方法，以及中国投入产出表和供给使用表编制方法的新进展，并进一步基于企业异质性开展了全球价值链的应用分析。专题二从国际资金循环的测度方法、国际资金循环矩阵的编制和应用、国际资金循环特征等方面介绍了国际资金流量研究领域的最新成果。专题三对 2017 年轮国际比较项目中广泛关注的问题进行了研究，介绍了国际比较项目在全球和中国的实施情况以及中国参加国际比较项目面临的问题，并对国际比较项目在世界银行国际贫困线制定中的应用进行了介绍。

序　言

近年来世界政治经济和社会环境复杂多变，给国际经济统计带来了重大的影响。一方面，大数据、人工智能的发展提升和改造了传统产业，成为推动经济发展的新动能，大大加速了世界经济发展。另一方面，地缘冲突加剧、逆全球化思潮等加大了国际贸易壁垒、离岸生产及国际贸易的风险，从而引发了全球产业链的重组；次贷危机深度蔓延、国际金融市场动荡加剧，资金跨境流动的监管风险加大，全球金融调控面临严峻考验。

随着中国特色社会主义进入新时代，我国经济社会发展也产生了许多新情况。我国经济已经由高速增长阶段转向高质量发展阶段，我国社会主要矛盾已经转化为人民日益增长的美好生活需要和不平衡不充分的发展之间的矛盾。与此同时，我国经济社会管理产生了许多新需求，对传统的经济社会统计理论与方法提出了严峻挑战，同时也为我国经济社会统计提供了重大发展机遇。在此背景下，经济社会统计研究要与贸易增加值核算、国际资金循环测度、国际比较项目等国际前沿研究领域相对接，要与区域协调发展、“国内国际双循环”发展等国家重大发展战略相对接，要与提升产业链韧性、防范输入性金融风险等经济社会发展重大现实问题相对接。新时代，经济社会统计的理论、方法和应用只有实现创新与发展，才能在服务宏观决策和促进经济社会健康发展以及促进经济学、社会学发展等方面发挥更加重要的作用。

为了促进新时代统计学理论与方法的创新，推动经济社会统计的全面持续健康发展，清华大学中国经济社会数据研究中心分别与上海财经大学统计与管理学院、西南财经大学中国社会经济统计研究中心联合举办了两场新时代统计创新与发展研讨会，邀请中国科学院、国家统计局、国家外汇管理局、国家信息中心、湖南省统计局、上海市统计局、日本广岛修道大学、对外经济贸易大学、西南财经大学相关领域的权威专家围绕“亚太21个经济体全球价值链研究”“国际资金流量核算研究”和“国际比较项目研究”三个国内外高度关注的国际经济统计前沿研究专题开展了经济社会统计理论方法与实践应用创新研讨。全书一共分为三个专题，由十部分组成。

第一个专题是亚太 21 个经济体全球价值链研究。在全球价值链时代，由于国外增加值与重复计算问题的存在，传统的出口总值指标夸大了一国从国际贸易中的获益。在此背景下，产生了第二代贸易统计指标——“贸易增加值”指标。该指标关注一国贸易增加值在全球的流动情况，以此来测度一国在国际贸易中的真实利得。全球价值链中产生的收入沿国家间的进出口贸易流动和分配，准确地追踪各国贸易增加值在全球价值链中的流动，对于测度双边利益关系、把握双边贸易对经济的影响至关重要。很多国际组织（如 OECD、ADB、APEC 等）和政府部门开展了贸易增加值核算与全球价值链测度工作。贸易增加值核算的数据基础为经济体间投入产出表，经济体间投入产出表的数据质量直接影响核算结果的准确程度。近几年，经济体间投入产出表的供给使用框架问题和经济体间投入产出表的企业异质性（如区分内资企业与外资企业）问题引起了众多学者和贸易政策制定者的关注。

该专题跟踪贸易增加值核算研究领域的新问题，重点介绍了 APEC 供给使用表的编制方法和 APEC 贸易增加值指标的构建及应用。另外，各经济体的投入产出表与供给使用表是编制 APEC 经济体间供给使用表与投入产出表的重要基础数据。作为重要的 APEC 经济体，中国官方统计部门一直致力于投入产出表与供给使用表编制方法的发展与创新，并取得了长足进步。在该专题中，进一步介绍了中国投入产出表及供给使用表编制方法的新进展，并拓展了区分企业异质性的供给使用表和投入产出表的编制方法。该专题包括“带误差的 APEC 供给使用表编制方法研究”（袁剑琴、张亚雄）、“APEC 贸易增加值指标的构建及应用”（陈全润、王飞）、“中国投入产出表和供给使用表编制方法的新进展”（陈杰）、“区分企业异质性的供给使用表和投入产出表的编制及应用”（杨翠红、史依颖、张卓颖、卫瑞、祝坤福）四部分内容。“带误差的 APEC 供给使用表编制方法研究”主要包括亚太经合组织贸易增加值（APEC TiVA）核算项目介绍和带误差的 APEC 供给使用表编制流程及方法等内容。“APEC 贸易增加值指标的构建及应用”主要包括 APEC 经济体间投入产出模型和基于 APEC TiVA 数据库的全球价值链测度指标研究等内容。“中国投入产出表和供给使用表编制方法的新进展”主要包括 2017 年全国投入产出表和供给使用表的主要编制方法及其重要变化、特点和有关问题等内容。“区分企业异质性的供给使用表和投入产出表的编制及应用”主要从区分企业异质性的角度对

APEC 供给使用表和投入产出表的编制进行了延伸研究。

第二个专题是国际资金流量核算研究。国际资金流量核算在宏观经济分析及政策制定、考察国际资金循环等方面具有举足轻重的作用。然而，当前的核算体系还无法从跨境双边数据进行具体分解，无法反映国家之间的金融风险暴露。当前与资本流动相关的资金流量统计、资产负债统计、国际收支和国际投资头寸统计只能反映一国与国外整体的金融活动规模和均衡状况，若要更完整地反映国家之间的风险流动情况，需在国际资金循环统计方法与工作上进行改进。本专题通过“国际资金循环的数据及分析方法”（张南、朱莉）、“宏观统计视角看危机前后全球资金循环”（朱莉）两部分内容，从国际资金循环的测度方法、国际资金循环矩阵的编制和应用、国际资金循环特征等方面介绍了国际资金流量研究领域的最新成果。其中，“国际资金循环的数据及分析方法研究”主要包括国际资金循环统计框架的构建、基于资产负债表法的国际资金循环矩阵编制及实证分析等内容。“宏观统计视角看危机前后全球资金循环”主要探索了国际金融危机前后国际资本流动的变化特征，并定量分析了中国在全球国际资本流动演变过程中的地位和作用，提出了加强国际资金循环统计的相关建议。

第三个专题是国际比较项目研究。国际比较项目是由联合国发起、世界银行牵头执行的一项全球性多边统计活动，具有重大的政治意义和战略意义。中国作为负责任的最大的发展中国家，积极参加了 2011 年轮和 2017 年轮国际比较项目调查活动。但是国际比较项目测算结果能否被接受，取决于所采用的方法是否具有科学性和合理性，是否能客观地反映实际情况。本专题通过“国际比较项目计算购买力平价的方法”（王金萍）、“国际比较项目在全球的组织实施”（陈虹）、“中国参加国际比较项目面临的若干问题”（许宪春、刘婉琪）、“国际比较项目的应用研究：基于世界银行贫困线视角”（胡雪梅）四部分内容对 2017 年轮国际比较项目中广泛关注的问题进行了研究，分别介绍了国际比较项目在全球和中国的实施情况以及中国参加国际比较项目面临的问题，并对国际比较项目在贫困标准和贫困测度中的应用进行了介绍。其中，“国际比较项目计算购买力平价的方法”主要包括国民核算框架下的国际比较项目购买力平价计算、2017 年轮国际比较项目计算 PPP 的方法、PPP 法与汇率法下中国在亚太区和全球 GDP 占比变动差异分析、世界银行对中国非基准年 PPP 法 GDP 的推算方法等内容。“国际比较项目在全球的组织实施”主要从项目意义、主要内容和应用领域三方面对国际比较项目进行了介绍。“中国参加国际比较项目面临的若干问题研究”基于对中国 2011 年和 2017 年 CPI 调查和

ICP 调查采集的居民消费价格数据的分析，结合 2017 年轮国际比较项目在中国的具体实施情况，详细阐述了中国参加国际比较项目面临的若干问题。“国际比较项目的应用研究：基于世界银行贫困线视角”主要介绍了国际比较项目在世界银行贫困线中的应用机理、世界银行贫困线制定方法、国际贫困线预测研究、国际贫困线的影响因素、应用及局限性分析等内容。

新时代统计创新与发展研讨会的召开为本书的顺利完成提供了重要契机，期间得到了多位领导与专家的大力支持。会议在邀请专家时得到了国家统计局国民经济核算司司长赵同录、副司长徐雄飞，国民经济核算司投入产出处处长陈杰，国际统计信息中心处长王金萍和国家外汇管理局国际收支司处长胡红的支持，两次会议的举办分别得到了上海财经大学党委副书记朱鸣雄，上海财经大学统计与管理学院院长冯兴东，西南财经大学原副校长庞皓，西南财经大学党委常委、副校长史代敏，西南财经大学党委常委、副校长李永强，西南财经大学统计学院原院长向蓉美，四川省统计局总经济师曾俊林和西南财经大学统计学院院长郭建军的支持。在本书组稿和编排的前期整理工作中，清华大学中国经济社会数据研究中心的骨干研究人员做了大量工作，其中，彭慧和吴洁负责亚太 21 个经济体全球价值链研究专题的内容整理工作，任雪负责国际比较项目研究专题的内容整理工作，王洋负责国际资金流量核算研究专题的内容整理工作。对外经济贸易大学统计学院教授陈全润和上海财经大学统计与管理学院副教授吴洁共同协助进行了本书的统稿工作，我对全书书稿作了最终修改和定稿。本书的出版得到“国家社科基金后期资助项目”的资助。借本书出版的机会，我向以上人员和全国哲学社会科学工作办公室表示诚挚的谢意！

许宪春

2021 年 12 月 1 日

目　录

绪论　国际经济统计领域的几个重点议题 …………………………… 1

专题一　亚太21个经济体全球价值链研究

1　带误差的APEC供给使用表编制方法研究 ……………………… 9
第一节　引言 ……………………………………………………… 9
第二节　APEC TiVA Initiative 项目背景 ………………………… 10
第三节　供给使用表的相关概念 ………………………………… 11
第四节　APEC 供给使用表编制的三阶段流程……………………… 15
第五节　带误差的 APEC 供给使用表编制方法 ………………… 17
2　APEC 贸易增加值指标的构建及应用 …………………………… 30
第一节　引言 ……………………………………………………… 30
第二节　贸易增加值核算研究综述 ……………………………… 31
第三节　数据基础与模型基础 …………………………………… 33
第四节　APEC TiVA 数据库主要指标 …………………………… 35
第五节　总结与展望 ……………………………………………… 47
3　中国投入产出表和供给使用表编制方法的新进展 ……………… 49
第一节　中国投入产出表编制工作的简要回顾 ………………… 49
第二节　2017 年中国投入产出表和供给使用表的主要编制方法 ……………………………………………………… 50
第三节　2017 年中国投入产出表和供给使用表编制方法的主要变化 ……………………………………………………… 52
第四节　2017 年中国投入产出表和供给使用表编制方法的特点和有关问题 …………………………………………………… 53
第五节　未来工作展望 …………………………………………… 56

4　区分企业异质性的供给使用表和投入产出表的编制及应用 …… 57
第一节　APEC 贸易增加值数据库的工作背景简要介绍 ………… 57
第二节　APEC 经济体编制扩展供给使用表的情况 ……………… 58
第三节　区分企业异质性的中国供给使用表和对称型投入产出表的编制及实证分析 ……………………………… 63
第四节　结论 ………………………………………………………… 74

专题二　国际资金流量核算研究

5　国际资金循环的数据及分析方法 …………………………………… 77
第一节　引言 ………………………………………………………… 77
第二节　国际资金循环的统计框架 ………………………………… 79
第三节　GFF 数据来源 ……………………………………………… 85
第四节　GFF 矩阵表的编制 ………………………………………… 89
第五节　GFF 矩阵应用分析：以中国、日本和美国为例 ……… 95
第六节　结论 ……………………………………………………… 103
6　宏观统计视角看危机前后全球资金循环 ……………………… 107
第一节　引言 ……………………………………………………… 107
第二节　全球失衡之后的再平衡与分化 ………………………… 108
第三节　全球资本流动发展新趋势 ……………………………… 112
第四节　全球视角的中国跨境资金流动新特征 ………………… 121
第五节　结论与启示 ……………………………………………… 130

专题三　国际比较项目研究

7　国际比较项目在全球的组织实施 ……………………………… 135
第一节　什么是国际比较项目 …………………………………… 135
第二节　ICP 是做什么的 ………………………………………… 138
第三节　ICP 结果的获取方式和应用领域 ……………………… 142
8　国际比较项目计算购买力平价的方法 ………………………… 146
第一节　国民核算框架下的国际比较项目购买力平价计算 …… 146
第二节　2017 年轮 ICP 计算 PPP 的方法 ……………………… 147
第三节　PPP 法与汇率法下中国在亚太区和全球 GDP 占比变动差异分析 ………………………………………………… 151

第四节　世界银行对中国非基准年 PPP 法 GDP 的推算方法 …… 154
第五节　当前国际上对于 PPP 法研究应用的最新进展 ………… 156
9　中国参加国际比较项目面临的若干问题 ………………………… 158
第一节　引言 ……………………………………………………………… 158
第二节　规格品对于中国的代表性问题 ………………………… 159
第三节　中国支出法 GDP 基本分类的完整性问题 ……………… 160
第四节　中国在亚太区域参与 ICP 的问题 ……………………… 163
第五节　ICP 调查与 CPI 调查之间的差异问题 ……………… 165
第六节　中国建筑品价格与建筑投入价格的差异问题 ………… 166
第七节　中国生产的一些商品在本国售价高于国外售价的问题 ……………………………………………………………… 168
第八节　中国 2017 年轮 ICP 调查价格上涨较快的原因 ……… 172
第九节　结论及建议 …………………………………………………… 173
10　国际比较项目的应用研究：基于世界银行贫困线视角 ……… 176
第一节　ICP 在世界银行贫困线中的应用机理 ……………… 177
第二节　世界银行贫困线制定方法 ……………………………… 178
第三节　国际贫困线的应用 ………………………………………… 181

附录 A ………………………………………………………………………… 183
附录 B ………………………………………………………………………… 186
参考文献 ……………………………………………………………………… 201

绪论　国际经济统计领域的几个重点议题

国际经济统计以国际经济关系和经济活动为研究对象，其主要的一项内容是对国际经济现象的统计核算，如对各主权国家之间的货物与服务贸易、金融交易、外汇交易、要素流动等经济活动的统计。其中，国际贸易统计从实物运动的角度反映了一个经济体同其他经济体之间的经济贸易往来，国际资金流量核算从价值运动的角度反映了该经济体同其他经济体之间的资本流动，既包括伴随着各经济体之间实物产品的转移而产生的资本流动，也包括国际金融交易引起的资本流动。国际贸易统计和国际资金流量核算共同构成了国际经济统计最基本和最重要的组成部分。国际经济统计的另一项主要内容是对不同经济体社会经济发展的比较分析，如“国际比较项目”（International Comparison Program，ICP）、综合国力比较、国际竞争力研究等。其中，国际比较项目是当前全球最大的统计合作项目，该项目通过各经济体货币购买力平价的测算实现不同经济体之间实际经济规模和经济社会发展状况的比较，在促进全球合作治理中发挥着重要的作用。

近年来全球政治经济变化加剧，给国际经济统计带来了新的挑战。一方面，国际分工的进一步深化和产业链重组对国际贸易格局和资本流动产生了深刻的影响；金融创新化发展使国际资本流动变得更加复杂，多样化的国际金融活动在推动国际贸易发展的同时也带来了大量系统性风险，从而对实体经济产生冲击。另一方面，随着参与 ICP 的经济体越来越多，现有测算方法对不同经济体的适用程度呈现显著差异，数据质量饱受争议，2017 年轮 ICP 进行了实施方案的重大改革，从而对各参与经济体提出了新的数据要求。基于以上现实背景，本书从国际贸易统计、国际资金流量核算和国际比较三个角度切入，重点选取了亚太 21 个经济体全球价值链、国际资金循环统计和 ICP 三个专题对国际经济统计中的重点问题进行了深入探讨。本篇主要围绕这三个研究专题的背景和意义展开论述。

一、亚太 21 个经济体全球价值链研究

自20世纪90年代以来，国际贸易往来逐渐由单一的最终产品贸易转变为中间品和最终产品贸易，全球价值链（Global Value Chain，GVC）的出现改变了国际贸易格局。以产品生产阶段内分工形态为主的全球价值链分工，为以中国为代表的发展和转型经济体提供了融入世界经济的新机会，已经成为推动全球贸易发展及促进各国经济发展的核心模式。在传统的国际贸易统计中，通常使用进出口总值指标衡量一个经济体在对外贸易中的收入和支出。然而，在全球化生产时代，产品生产的不同工序分布在不同经济体已成为常态，中间产品跨越多个国界现象普遍存在，基于贸易总额的统计存在大量重复计算的问题，传统的出口总值指标夸大了一国从国际贸易中的获益。在此背景下，产生了第二代贸易统计指标——“贸易增加值”（Trade in Value Added，TiVA）指标，通过出口总值中包含的国内增加值衡量一个经济体参与全球价值链分工的收益。贸易增加值核算通过编制经济体间投入产出表将每个经济体的货物和服务贸易以及国内投入产出流量联系起来，从而提供了一个体现全球生产相互关联的视图，使我们能够追踪国际贸易中货物和服务所包含的初始行业和经济价值来源，从而绘制和量化产业与经济体间相互依存的关系。因此，与传统贸易总额统计相比，贸易增加值核算可以更准确和客观地反映各经济体在国际贸易中的获益情况，对于评估经济体参与国际贸易和全球价值链的影响具有重要的意义。

从贸易增加值的理论方法研究来看，其起源可以追溯到赫梅尔斯等（Hummels et al.，2001）提出的“垂直专业化”的概念，此后随着单一经济体和经济体间投入产出表的可用性不断扩大，很多学者在该领域进行了全球价值链研究相关的重要工作，包括陈锡康等（2007）、库普曼等（Koopman et al.，2014）、德甘和毛勒（Degain and Maurer，2015），以及多拉尔等（Dollar et al.，2018）。从国际经济统计实践来看，贸易增加值通常基于相关投入产出统计数据进行核算，但投入产出表编制中有很多指标本身是估计值，往往通过假设计算得到。因此，贸易增加值统计数据的质量与基础数据的可用性以及编制方法和相关假设密切相关。近年来，很多国际组织，如经济合作与发展组织（OECD）、亚洲开发银行（ADB）等，和政府部门开展了全球价值链的测度工作并建立了贸易增加值相关数据库，如 WIOD、WTO－OECD TiVA 和 ADB MRIO 等数据库，但构建贸易增加值数据库的方法仍在改进中，基础数据仍在完善中，尤其是单一经济

体供给使用表和服务贸易统计数据的改进。

作为世界三大区域性生产网络之一，亚太经合组织（Asia - Pacific Economic Cooperation，APEC）首次提出了通过各经济体官方部门合作编制经济体间投入产出表，以提高贸易增加值核算的基础数据质量。基于全球价值链在 APEC 地区的重要性，2013 年亚太经合组织领导人在亚太经合组织框架内商定了全球价值链框架、全球价值链发展与合作。2014 年 5 月，APEC 在青岛召开的贸易部长会议通过了《促进亚太地区全球价值链发展合作战略蓝图》和《全球价值链中的 APEC 贸易增加值核算战略框架》，呼吁为 APEC 地区建立贸易增加值数据库。2014 年 11 月，中美两国共同启动《APEC 全球价值链贸易增加值核算技术团队行动计划》，确定由中美两国共同启动 APEC TiVA 数据库建设计划，APEC 各经济体参与改进与全球价值链核算相关的统计数据。在商务部的带领下，国家统计局原副局长许宪春教授担任中方主席，组织了来自对外经济贸易大学、国家发展改革委国际合作中心、国家信息中心、中国科学院数学与系统科学研究院、国家统计局、海关总署、国家外汇管理局等机构的中方技术团队联合美方技术团队历时六年完成了 APEC 全球价值链贸易增加值数据库的建设工作，形成的两份成果报告分别于 2019 年和 2021 年由 APEC 贸易投资委员会正式发布（《APEC TiVA 报告一：构建 APEC TiVA 数据库的方法——以更好地了解 APEC 地区全球价值链》《APEC TiVA 报告二：更好地理解亚太地区全球价值链》）。

综上所述，本书第一个专题重点介绍了 APEC TiVA 中方技术团队在单一经济体供给使用表和亚太 21 个经济体间投入产出表的编制方法，以及全球价值链指标构建和测度方面的最新研究成果。

二、国际资金流量核算研究

伴随着生产全球化、经济一体化和金融创新化的发展，经济体之间的经济往来已经不只是以国际贸易为主要对象，以国际直接投资、国际证券投资和国际信贷等多种形式进行的国际金融活动越来越活跃。国际资本流动在推动国际经济贸易发展的同时，也积累了大量系统性风险，增加了金融体系脆弱性，进而对实体经济产生冲击。在此背景下，国际资本流动的新变化也对传统经济社会统计理论方法提出了诸多挑战。无论全球资金的剧烈震荡还是金融风险的不断演变，当前国民经济核算体系还无法从跨境双边数据进行具体分解，无法反映经济体之间的金融风险暴露。当前与资本流动相关的资金流量统计、资产负债统计、国际收支和国际投资头寸统计只能反映一国与国外整体的金融活动规模和均衡状况，若要更完整地反映经济体之间的风险流动情况，有必要加强国际资金循环（Global Flow of Funds，GFF）统计方法的研究。

基于前期研究基础，本书第二个专题重点针对国际资金流量核算展开研究，提出了一种新的统计方法来测量GFF，并提供了一个经验案例。第一，提出了一个基于“from-whom-to-whom”（W - to - W）的集成框架，即国际收支统计（BOP）、国际投资头寸统计（IIP）、资金流量账户（FFA）及国际清算银行（BIS）公布的国际银行统计（IBS）。第二，列出并整合了用于编制GFF的现有数据来源，这些数据主要来自对外直接投资调查（CDIS）、国际证券投资调查（CPIS）、IIP数据和BIS统计的国际区域金融统计（LBS）。还需要将GFF账户整合到国民账户体系（SNA），但是，这需要在新的数据收集系统中有额外的对外金融头寸数据。此外，国家外汇管理局发布CPIS和LBS数据，它使按照国际通用统计标准进行国际比较成为可能。第三，使用资产负债表法对IIP中世界其他国家的数据进行分解，通过对外资产负债统计矩阵的编制，可以详细列示一国可获得的海外部门金融资产的资金来源。据此，本书采用“经济体×经济体”的形式编制了11个经济体的统计矩阵，其中包括美国、日本和中国。作为世界上最大的三个经济体，近年来美国、日本和中国的金融风险增大，可以作为突出的例子进行分析。利用GFF的统计数据，第五章提出了在“W - to - W”框架基础上，基于经济体和金融工具分类对特定金融工具的流量和头寸的总量数据进行分解的方法；并进一步利用GFF矩阵对中、日、美三国的基本观测事实进行实证分析，探讨了GFF矩阵的分析方法。第四，第六章以国际金融危机前国际资本剧烈动荡时期（2000～2007年）作为对比基期，对金融危机后全球资本流动新特征进行了深入剖析，发现主要经济体的跨境资金流量、流速、流向、结构等都发生了较大变化，中国对国际金融市场的影响力也越来越大。国际金融危机后11年间系统性风险正在大量集聚，全球金融体系脆弱性仍进一步增加。

从国际经济统计理论来看，本书专题二的研究进一步充实完善了GFF统计理论、方法与数据来源，并使用编制的GFF矩阵以中国、日本、美国为例探讨了GFF矩阵的分析方法。从国际经济统计实践来看，站在全球视角探究中国在全球金融市场的定位并分析中国与其他经济体之间的金融联系，将中国置于全球宏观视野下探索中国对外金融活动在全球金融市场上的地位、时空格局以及动态演变，可以为中国金融政策的制定和对外战略的选择提供科学参考，具有重要意义。从国际资金流量核算应用来看，GFF 矩阵的编制有助于测度不同经济体的金融压力，定量分析系统性金融危机的溢出效应和引发国际金融危机的情况。进一步，本书专题二的分析方法为研究经济体的政策外溢效应提供了有力工具，有助于辨别本经济体对其他经济体的依赖性及其带来的潜在风险，还有助于分析和预测危机在金融渠道中的传染效应。

三、国际比较项目（ICP）研究

ICP 是由联合国倡议、世界银行牵头执行的一项全球性多边统计活动，其目的是测算购买力平价（Purchasing Power Parity，PPP），以此作为货币转换因子，比较和评价各经济体的宏观经济指标和经济状况。全球各经济体间进行经济规模比较时，通常面临两方面问题：一是各经济体的经济总量都是基于本币计价的，无法进行直接比较；二是各经济体的经济总量与自身的价格水平存在重要关联，并且现实中各经济体的价格水平存在显著差异。常用的汇率法仅能进行各经济体间货币单位的调整和转换，而无法反映以相同价格水平衡量的各经济体之间的实际经济差异。ICP 旨在解决国际经济比较中遇到的上述问题。

1968～2023 年，ICP 成功开展了 9 轮基期比较，已成为全球最大规模的国际统计合作项目之一。2020 年 11 月，诺贝尔经济学奖获得者安格斯·迪顿（Angus Deaton）和经济合作与发展组织（OECD）执行总统计师保罗·施莱尔（Paul Schreyer）发表了 NBER 工作论文，从成本、地理覆盖面、机构参与度和历时性四个方面阐明了 ICP 的“庞大”所在（Deaton and Schreyer，2020）。中国自 1993 年起开展 ICP 调查，经过几轮的试验调查和比较，2011 年首次全面参与 ICP，按照全球统一的统计标准和方法要求，在全国范围内开展价格数据和国内生产总值（Gross Domestic Product，GDP）支出分类数据调查。2017 年，中国共有 31 个省（自治区、直辖市）参与 ICP 调查，根据调查方案，抽选了约 4 万个采价点，采集了 1000 多种规格品价格数据。最新完成的是以 2021 年为调查基准年的第 10 轮 ICP，其中，2017 年轮 ICP 是截至 2024 年 4 月 20 日公布结果的最近一轮 ICP 活动，世界银行已于 2020 年 5 月公布了此轮测算结果。

随着 ICP 理论方法逐步发展并不断走向成熟，ICP 参与经济体越来越多，应用范围越来越大，PPP 数据已被学术界和研究机构广泛应用于实际经济总量、价格水平和生产率比较等诸多研究领域。在国际组织管理中，PPP 数据也被大量应用于发展目标监测与国际事务管理，如联合国在可持续发展目标报告中采用了 PPP 数据进行可持续发展目标的监测（United

Nations，2020），国际货币基金组织的成员国配额计算以及世界银行的全球贫困线制定、《全球投资竞争力报告》等都采用了 PPP 法 GDP 及其分项数据（International Monetary Fund，2013；World Bank，2018）。可以看出，PPP 数据的重要性日益凸显，但是由于全球 ICP 工作非常复杂庞大，存在较多制约因素，对数据质量控制和最终比较结果预期难度较大，导致其测算结果饱受争议。具体而言，主要制约因素包括：一是不同经济体的经济发展水平、文化习俗、地理环境和消费偏好不尽相同，居民消费结构存在一定差异，参与国际比较的“一篮子”商品和服务难以真正做到同质可比。二是 ICP 基础数据质量的高低不仅取决于本经济体的调查数据，还取决于其他参与经济体的调查数据。各经济体的统计基础良莠不齐，统计能力不同，调查口径和范围不完全一致，都会在一定程度上影响最终比较结果。三是 ICP 的汇总方法对不同经济体的适用程度具有显著差异。由于未充分考虑所有参与经济体社会发展的特殊性，可能会造成比较结果偏离实际情况。

在此背景下，本书第三个专题重点围绕 ICP 在全球的组织实施及方法创新、ICP 相关理论方法研究、中国参加 ICP 的情况及面临的若干问题三个方面阐述了 ICP 理论和实践的新进展。特别地，结合 2017 年轮 ICP 在中国的具体实施情况，专题三详细解析了中国参加 ICP 面临的问题以及相关问题产生的主要原因，并进一步基于当前 2021 年轮 ICP 的开展情况，提出了未来中国参加 ICP 的建议，以期使 ICP 比较结果更能反映中国的实际经济规模和价格水平。

专题一

亚太 21 个经济体全球价值链研究

1 带误差的 APEC 供给使用表编制方法研究

第一节 引 言

贸易增加值核算理论在全球价值链兴起的背景下因其能够准确评估不同经济体在对外贸易中的贡献，以及参与国际分工和对全球价值链的影响而受到广泛的关注，从而也推动了越来越多的经济体和国际机构致力于构建贸易增加值核算数据库。贸易增加值核算数据库的核心和基础是经济体间投入产出表，贸易增加值统计数据的质量取决于经济体间投入产出表的基础投入以及编制方法和假设。从国际主流的方法来看，经济体间投入产出表的编制主要有两种思路：一种是采用各经济体的投入产出表，大多数亚洲地区的区域模型采用这种方法，如亚洲投入产出表（AIO）和中日韩国家间（地区间）投入产出表，因为亚洲经济体的供给使用统计基础相对较弱，大部分经济体直接编制投入产出表；另一种是采用各经济体的供给使用表，最典型的是由欧盟委员会资助荷兰格罗宁根大学编制的 WIOD 世界投入产出数据库，该数据库以欧盟经济体为主，具有相对统一和较好的供给使用表编制基础。不论哪一种方法，所需各经济体的基础数据都不能同时获得，缺失的数据需要通过估算得到，并且与经济体的国民经济核算也存在一定的差异。由于具有产品和产业两个维度，供给使用表能够更好地与产品或产业层面的经济数据进行连接的优势得到广泛的认识。近年来，越来越多的经济体开始在联合国统计司的指导下，将编制供给使用表作为改善和协调 GDP 统计数据的核心工作。因此，我们将基于供给使用表的经济体间投入产出表编制方法作为首选，同时为了解决数据估算失真的缺陷，我们充分与亚太经合组织各经济体合作，由各经济体提供基础数据，采用自下而上（Bottom - Up）的方法来完成 APEC 经济体间供给使用表和投入产出表的编制。此外，由于基础数据的限制，我们对编制思路进行了调整，即先编制带有误差的 APEC 供给使用表，然后再进行平衡和调整，得到最终平衡的 APEC 经济体间供给使用表和投入产出表。带有误差的 APEC 供给使用表的编制是整个数据库构建的核心模块之一，也是本章的研究重点。本章为各种编制方法的融合提供了新的实践，也对推动亚太地区供给使用统计水平的提升和加强全球及区域贸易增加值核算的合作具有重要意义。具体安排如下：首先，介绍 APEC TiVA Initiative 的项目背景；其次，阐述单一经济体和经济体间供给使用表的一般概念和价格关系；再次，给出 APEC 经济体间供给使用表编制的三阶段流程；最后，在说明 APEC 经济体基础数据的基础上，阐明带误差的 APEC 供给使用表内涵，分析带误差的 APEC 供给使用表编制的一般方法以及特殊数据的处理及平衡调整。

第二节　APEC TiVA Initiative 项目背景

全球价值链已经成为世界经济发展的重要特征，亚太地区拥有世界上最集成的生产网络。2014 年 5 月，亚太经合组织青岛贸易部长会议通过了《全球价值链中的 APEC 贸易增加值核算战略框架》，呼吁为亚太经合组织地区建立贸易增加值核算数据库。2014 年 11 月，APEC 领导人批准了《亚太经合组织贸易增加值核算战略框架》和《亚太经合组织贸易增加值核算战略框架行动计划》。因此，中美两国在 2014 年启动了亚太经合组织贸易增加值数据库计划，旨在 2018 年建成亚太经合组织贸易增加值（APEC TiVA）数据库，同时提升 APEC 各经济体贸易增加值统计能力和全球价值链分析的政策应用能力。

近年来，国家间贸易增加值数据库的建设日渐成熟，最有代表性的有 WIOD 数据库、WTO - OECD 贸易增加值数据库、欧洲 FIGARO 数据库以及亚洲开发银行数据库（ADB - MRIO）。然而，构建贸易增加值数据库的方法和基础数据仍在不断完善，尤其是单一经济体供给使用表（SUTs）①和服务贸易统计数据的改进。过去五年，亚太经合组织贸易增加值数据库

---

① 供给使用表以矩阵的形式记录了来自国内产业部门和进口的各种货物和服务的供给，以及这些供给如何在各种中间或最终使用（包括出口）之间分配。资料来源：联合国统计司 . 2008 年国民账户体系［M］. 北京：中国统计出版社，2012.

项目在充分吸收主流数据库成果的基础上，推动了亚太地区供给使用核算的发展。同时，基于亚太经合组织投入产出表，技术团队成员会同国际组织专家共同完成亚太经合组织贸易增加值数据库的建设，实施亚太经合组织贸易增加值数据库和 WTO－OECD 数据库的融合。

亚太经合组织贸易增加值数据库最显著的特点是其数据的官方性和权威性，即数据库所需的基础数据均为各经济体提供或得到各经济体的认可。目前，数据库包括三个模块：（1）亚太经合组织投入产出表；（2）亚太经合组织贸易增加值指标；（3）区分异质性的亚太经合组织投入产出表及贸易增加值指标。亚太经合组织贸易增加值数据库项目的构建方法和最佳实践，有利于实现各种方法的融合，推动亚太地区深入了解 TiVA 编制过程，鼓励亚太经合组织经济体进行更多的统计能力建设，并加强未来全球和区域的贸易增加值合作。

第三节　供给使用表的相关概念

一、单个经济体供给使用表

供给使用表是国民经济核算的重要组成部分，它由供给表和使用表构成，从产品和产业两个维度来刻画产品从何而来，又是如何被使用的，进而可全面地反映国民经济各部门的生产过程。投入产出表是单一维度的对称型表（产业×产业或产品×产品），供给使用表则是产品和产业混合维度的非对称表，并且在 SNA 的框架下，它也是编制投入产出表的基础。

供给使用表的核心是产品平衡，即在一个经济体中，产品供给和需求相等。从生产角度来看，在特定经济体中，一种可供经济运行的产品，要么来自经济体内生产，要么来自进口，这由供给表来刻画；从使用角度来看，同样数量的产品进入经济活动中，要么被用于中间品消耗，要么被用于最终产品的使用，其中，最终产品的使用又包括：最终消费、资本形成和出口，这由使用表来刻画。因此，供给使用表的平衡关系可由下式表示：产品供给＝产品需求，也即：

本经济体产出＋进口＝中间消耗＋最终消费＋资本形成＋出口

一般来说，供给表和使用表的平衡是在相同的产品分类和估价水平上编制而成，最常见的是按购买者价格计算。对于供给表，是一个“产品×产业”的长方形矩阵，从行方向看，是各种产品按购买者价格（市场价）

计算的总供给，等于基本价总供给加上贸易和运输加价以及产品税净额；从列方向看，是以基本价格计算的经济体内各产业的总产出（见表1－1）。对于使用表，也是一个“产品×产业”的长方形矩阵，从行方向看，表示各类产品的使用去向，包括中间使用和最终使用；从列方向看，则表示各产业生产投入的构成，包括中间投入和初始投入（见表1－2）。

表1－1　　　　供给表一般结构

		产业				经济体自身的供给	进口（CIF）	基本价的总供给	估值矩阵		购买者价的总供给
		1	2	…	M				贸易和运输加价	产品税净额	
产品	1										
	2										
	…										
	N										
	总产出										

表1－2　　　　购买者价格使用表一般结构

		产业				最终消费	资本形成	出口（FOB）	购买者价的总使用
		1	2	…	M				
产品	1								
	2								
	…								
	N								
基本价的增加值									
总产出									

除了购买者价格，供给使用表还有生产者价格和基本价格，三者根据2008年SNA定义如下：

（1）基本价格：是生产者从购买者那里获得单位货物或服务产出应收的金额，扣除生产、销售环节中所应付的所有税，再加上所获得的补贴。它不包括由生产商单独开具发票的任何运输费用。

（2）生产者价格：是生产者从购买者那里获得单位货物或服务产出应

收的金额，扣除增值税或类似可抵扣增值税后的金额，它不包括由生产商单独开具发票的任何运输费用。

（3）购买者价格：是购买者在指定时间地点获得每单位货物或服务所支付的金额，它不包括任何可抵扣增值税（VAT）或类似可抵扣税。货物的购买者价格包括按购买者要求在指定时间运送货物到指定地点而另行支付的运输费用。

基本价格、生产者价格和购买者价格的关系见图 1－1。

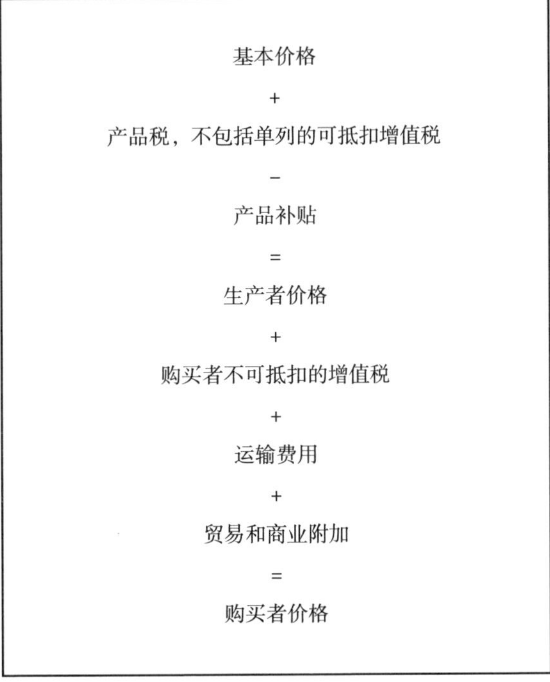

图 1－1　基本价格、生产者价格和购买者价格的关系

二、经济体间供给使用表

单个经济体供给使用表反映的是某个经济体产品的生产和使用情况，经济体间供给使用表则是通过经济体间的贸易将多个经济体的供给使用表联接起来，反映产品在不同经济体间的流动，从而进一步刻画各经济体间的生产联系。

以三个经济体为例，如表 1－3 所示，经济体间供给使用表仍然是产品和产业的混合维度，从列方向看，产品和产业交叉的部分为经济体间的供给表。其中，Sd^i 表示经济体 i 产品的经济体内生产产量，IM^i 表示经济体 i 产品的进口，S^i 表示经济体 i 产品的总供给，对每个开放经济体而言，经济体内生产加上进口为产品的总供给，进口在表中为各产品的总进口，并没有区分进口来源，因此，经济体内的供给表为对角矩阵上灰色区域的部分。从行方向看，产品和产业交叉的部分为经济体间的使用表，结构与投入产出表相似，使用表也包括三部分：中间使用（Z）、最终使用（F）和增加值（VA）。其中，Z^{ij} 中每一个元素表示经济体 i 的某种产品作为中间投入被经济体 j 的某个产业所使用，F^{ij} 表示经济体 j 使用经济体 i 的最终产品。当 $i=j$ 时，表示经济体对自身产品的使用，而 $i \neq j$ 时，则表示经济体 i 的产品向经济体 j 的出口。与投入产出表相比，Z^{ij} 能够更加精准地揭示经济体内部及经济体间生产过程中产业与产品的投入关系。此外，U^i 表示经济体 i 产品的总使用，VA^i 表示经济体 i 各产业的增加值，OUT^i 表示经济体 i 各产业的总产出。根据供给使用表的平衡关系，对于任意经济体都满足如下平衡关系：

$$Sd^a + IM^a = S^a \tag{1-1}$$

$$Z^{ia} + Z^{ib} + Z^{ic} + F^{ia} + F^{ib} + F^{ic} = U^i \tag{1-2}$$

$$Z^{ai} + Z^{bi} + Z^{ci} + VA^i = OUT^i \tag{1-3}$$

表 1-3　　经济体间供给使用表结构

<table>
<tr><td colspan="3" rowspan="3"></td><td colspan="3">产品</td><td colspan="3">产业</td><td colspan="3">最终使用</td><td rowspan="3">总使用</td></tr>
<tr><td>A</td><td>B</td><td>C</td><td>A</td><td>B</td><td>C</td><td rowspan="2">A</td><td rowspan="2">B</td><td rowspan="2">C</td></tr>
<tr><td>1…N</td><td>1…N</td><td>1…N</td><td>1…M</td><td>1…M</td><td>1…M</td></tr>
<tr><td rowspan="3">产品</td><td>A</td><td>1…N</td><td colspan="3" rowspan="3"></td><td>Z^{aa}</td><td>Z^{ab}</td><td>Z^{ac}</td><td>F^{aa}</td><td>F^{ab}</td><td>F^{ac}</td><td>U^a</td></tr>
<tr><td>B</td><td>1…N</td><td>Z^{ba}</td><td>Z^{bb}</td><td>Z^{bc}</td><td>F^{ba}</td><td>F^{bb}</td><td>F^{bc}</td><td>U^b</td></tr>
<tr><td>C</td><td>1…N</td><td>Z^{ca}</td><td>Z^{cb}</td><td>Z^{cc}</td><td>F^{ca}</td><td>F^{cb}</td><td>F^{cc}</td><td>U^c</td></tr>
<tr><td rowspan="3">产业</td><td>A</td><td>1…M</td><td>Sd^a</td><td></td><td></td><td colspan="3" rowspan="5"></td><td colspan="4" rowspan="5"></td></tr>
<tr><td>B</td><td>1…M</td><td></td><td>Sd^b</td><td></td></tr>
<tr><td>C</td><td>1…M</td><td></td><td></td><td>Sd^c</td></tr>
<tr><td colspan="3">进口</td><td>IM^a</td><td>IM^b</td><td>IM^c</td></tr>
<tr><td colspan="3">总供给</td><td>S^a</td><td>S^b</td><td>S^c</td></tr>
<tr><td colspan="3">增加值</td><td colspan="3" rowspan="2"></td><td>VA^a</td><td>VA^b</td><td>VA^c</td><td colspan="4" rowspan="2"></td></tr>
<tr><td colspan="3">总产出</td><td>OUT^a</td><td>OUT^b</td><td>OUT^c</td></tr>
</table>

在全球、双边和产业层面上，产品的总供给等于总需求，各产品的进口等于出口；同时，在全球层面，各经济体增加值之和等于全球 GDP，各

经济体总产出之和等于全球总产出。

三、经济体间供给使用表的价格关系

在贸易增加值核算的框架下，所有交易必须以相同的价格来记录。然而，在单个经济体供给使用表和经济体间供给使用表的视角下，进口的基本价格有所不同。

在单个经济体的供给使用表中，货物出口为离岸价格（FOB），货物进口为到岸价格（CIF），且均来自海关统计。对于出口国来说，离岸价格包含了经济体内的运输和贸易附加以及净税收，因此被视为购买者价格。对进口国来说，到岸价为进口经济体的边境价值，被视为基本价格，加上进口关税及产品税，减去补贴得到进口经济体的生产者价格，在此基础上加上进口经济体的运输及贸易加价即得到进口经济体的购买者价格。

在经济体间供给使用表中，到岸价格（CIF）并不是进口经济体真正意义上的“基本价格”，因为进口品在出口经济体中生产，从出口经济体的生产商到进口经济体的港口，还包含了两个经济体间的国际运费和保险，同时也包含了一定的出口经济体的运费及税费。因此，进口的基本价格应该追溯到出口经济体的出厂价格，进口产品的价格变化如图 1 –2 所示。

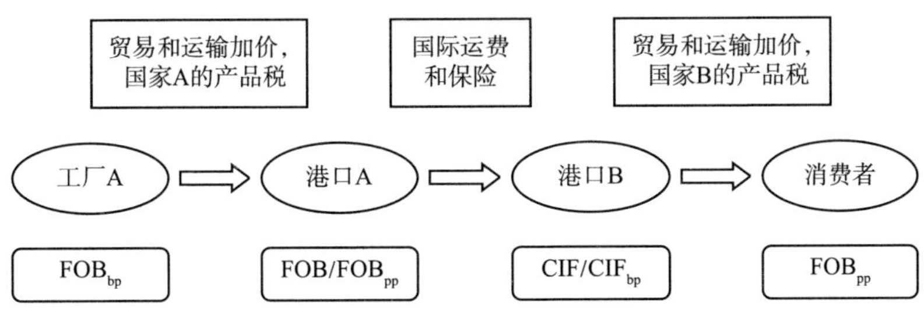

图 1 –2　经济体间供给使用表的进口产品价格变化

第四节　APEC 供给使用表编制的三阶段流程

一、数据的统一

产品和产业的共同分类是编制经济体间供给使用表的基础，国际商品贸易统计采用关税统一制度（HS）对贸易的货物进行分类，国际服务贸易统计通常使用“国际收支手册”（BPM）中的主要类别及相应的国际服

务贸易统计手册（EBOPS）分类中的子类别。单个经济体供给使用表或投入产出表通常使用适合本经济体统计需求的一组产品或产业分类，但通常彼此之间并不直接兼容。对于 APEC TiVA Initiative 项目，技术组基于与各经济体数据和主要国际机构经济体间投入产出表的兼容性，选择了 34 个产业（与 OECD 分类一致）和 51 种产品（与 ADB 分类一致）作为 APEC 供给使用表的分类维度。

共同年份的供给使用表也是编制经济体间供给使用表的必要条件，亚太经合组织经济体并不总是在相同基准年或相同频率下编制供给使用表/投入产出表。例如，加拿大每年编制供给使用表，墨西哥从 2008 年才开始编制供给使用表，并且每五年编制一次，中国目前编制了 2005 年、2012 年、2017 年、2018 年、2020 年的供给使用表。因此，APEC 各参与经济体提交的供给使用表/投入产出表在可用年份方面存在很大差异。考虑到各经济体可选择的供给使用表和经济周期对贸易增加值核算的潜在影响，我们选择了 2005 年和 2012 年作为 APEC 供给使用表的两个基准年。此外，为了与 OECD 和 WIOD 等主要国际机构的数据具有分析的可比性，APEC 经济体间的供给使用表以基本价格计价。①

二、APEC 供给使用表编制的三阶段流程

一般来说，编制经济体间供给使用表包括三个阶段：一是编制与国民经济账户统一的各经济体供给使用表；二是编制平衡的双边及全球货物和服务贸易数据；三是基于平衡的贸易数据将各经济体的供给使用表连接并进行平衡，每个阶段的内容及所解决的问题如下所示。

第一阶段：编制与国民经济账户一致的单个经济体供给表和使用表（附录 A 图 1）

- 确定和调整价格基础
- 将产品和产业调整为共同的产品和产业分类
- 统一不同的货币单位
- 估计和更新供给使用表至基准年份
- 供给使用表与国民经济账户的一致性调整

第二阶段：编制平衡的双边及全球货物和服务贸易数据（附录 A 图 2）

- 统一货物进出口的价格估计
- 估计双边货物贸易的误差

① 更详细的基础数据的情况请见本章第五节内容。

- 估计缺失的服务贸易数据
- 估计双边服务贸易数据的误差
- 双边贸易数据与国民经济账户的一致性调整

第三阶段：编制平衡的 APEC 供给使用表/投入产出表（附录 A 图 3）

- 基于国际贸易视角调整进口基本价
- 货物和服务进出口在全球及双边层面的平衡
- 货物和服务进出口在产品和部门层面的平衡
- 基于平衡的贸易数据联接各经济体供给使用表
- 经济体间供给使用表的平衡及转化

附录 A 图 3① 提供了编制亚太经合组织供给使用表和投入产出表的一般方法和详细步骤，然而在实践中，面对可用数据的限制和相关的技术挑战，要使 APEC TiVA 项目取得成功，需要对相关步骤灵活运用和适当地变通。

第五节　带误差的 APEC 供给使用表编制方法②

带误差的 APEC 供给使用表的编制是 APEC TiVA 数据库构建的核心环节之一。正如前文所述，APEC TiVA 数据库构建最大的特点在于官方性，即所有基础数据为各经济体相关机构提供，且得到各经济体官方认可。因此，在供给使用表可获得性有限的背景下，如何估计和更新缺失的单个经济体供给使用表，从而更加真实详尽地反映各经济体国民经济生产过程的全貌是 APEC 供给使用表编制的首要任务。本节将总结各经济体缺失供给使用表的估计方法以及将各经济体供给使用表连接的技术细节（如图 1－3 所示），具体分为以下五个部分：第一部分概述 APEC 经济体的基础数据情况；第二部分说明带误差的 APEC 供给使用表的内涵；第三部分阐述估计 APEC 经济体缺失供给使用表的一般方法；第四部分说明编制带误差的不平衡 APEC 供给使用表时联接各经济体供给使用表的步骤；第五部分总结 APEC 供给使用表估计和调整的一些特殊处理。

---

① 附录 A 图 3 是袁剑琴（SIC）和 Lin Jones（USITC）于 2017 年在 OECD 进行培训交流期间提出，感谢 OECD 的 Nadim Ahmad 和 Fabienne Fortanier 的重要意见和指导。

② 笔者非常感谢所有 SUT 工作组（BEA、CAS、SIC 和 UIBE）对本节所述方法论的重要贡献。

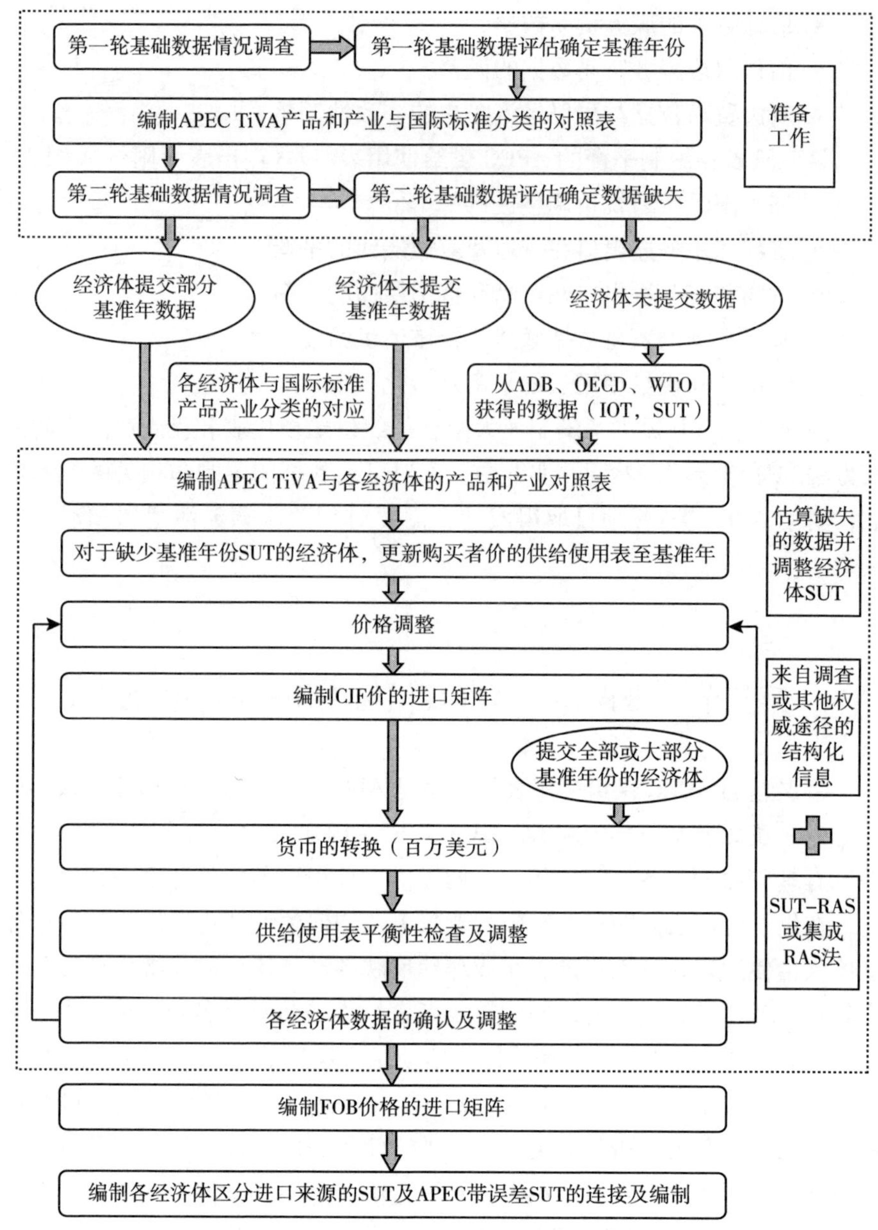

图 1-3　带误差的 APEC 供给使用表编制步骤

一、基础数据情况

基础数据的收集和了解是所有工作的基础，APEC 各经济体的供给使用核算能力差异较大，因此技术组在收集和评估基础数据的过程中做了大量的工作。2016 年和 2017 年技术组组织了两次数据调查和数据提交，并对各经济体提供了相应的能力建设培训。在第一次数据调查中各经济体提交了他们所能提供的数据，其中，仅有 8 个经济体提交了供给使用表和 5 个经济体提交了投入产出表，在这些数据中价格估计、时间、产品和产业分类、货币单位都不一致。通过此次数据评估，考虑到数据库的可比性和延续性，确定以基本价格为价格基础，同时，兼顾到各经济体编制供给使用表和投入产出表的周期性和贸易增加值对宏观政策的影响，选择 2005 年和 2012 年为编制的基准年份。

编制共同的产品和产业分类是基础数据评估的核心工作之一。单个经济体供给使用表或投入产出表通常使用适合本经济体统计需求的一组产品或产业分类，技术组基于与各经济体数据和主要国际机构经济体间投入产出表的兼容性，选择了 34 个产业（与 OECD 一致）和 51 种产品（与 ADB 一致）作为 APEC 供给使用表的分类维度。然而，各经济体的产品和产业分类彼此之间不兼容且与 APEC 的分类也不一致，因此，有必要编制 APEC 产品和产业分类与各经济体分类的对照表。国际上通用的产品分类为主产品分类（CPC），由联合国统计司于 1989 年制定，并经过多次修订，目前最新为 CPC 2.0。国际上通用的产业分类为国际标准产业分类（ISIC），由联合国统计司于 1958 年制定，经过多次修订目前最新为 ISIC Rev4.0。CPC 和 ISIC 都属于一般性的分类，不同的经济体基于自身的实际情况在 CPC 和 ISIC 的基础上经过修订则会形成经济体特有的产品和产业分类，如我国于 2002 年 10 月 1 日起正式实施的《国民经济行业分类》（GB/T 4754—2002）就改编自国际标准产业分类体系 3.0 版。此外，欧共体经济活动分类体系（NACE）和北美产业分类体系（NAICS）也是在 ISIC 基础上改编而成，并且建立在 NACE 基础上按活动划分的产品分类（CPA）也由此形成。由此可见，不同经济体的产品和产业分类虽然兼容性低，但都是基于国际分类标准进行分类的，因此，可利用国际分类标准来实现各经济体产品和产业分类的统一。在综合评估 APEC 各经济体分类的基础上，在产品层面，APEC 技术组编制了 APEC 产品分类与 CPCv1.1，CPCv2.0（2 - digit，4 - digit 和 5 - digit）以及 CPA（1 - digit 和 2 - digit）的对照表，在产业层面，编制了 APEC 产业分类与 ISIC Rev3.0，Rev4.0（1 - digit，2 - digit）以及 ADB - RETA 6483 的对照表，进而实现了各经济体产品和产业分类与 APEC 分类一致的目标。

2017 年，在确定了计价基础、共同产品和共同产业分类以及时间后，技术组组织了第二次数据提交和能力建设培训，在此次能力建设培训中，技术组专家协助各经济体编制或更新项目所需要的供给使用表和其他基础数据。

经过两轮调查，19 个 APEC 经济体上传了所需的供给使用表或投入产出表（菲律宾和巴布亚新几内亚除外）。已收集的资料当中，有十个经济体完整地上传了八套供给使用表，包括 2005 年和 2012 年的以基本价格计算的供给表、以基本价格计算的使用表、以购买者价格计算的使用表以及以到岸价格计算的进口使用表。其他经济体至少提交了某一年的部分供给使用表（各经济体可用数据情况参见附录 B 表 3）。

二、带误差的 APEC 供给使用表内涵

APEC TiVA Initiative 的目的是编制 APEC TiVA 数据库，并进行贸易增加值核算和全球价值链的应用研究。对于 APEC，各经济体供给使用表的编制水平差异较大，部分经济体具有较好的统计基础，编制了官方的时间序列供给使用表，部分经济体有较好的投入产出表，同时也编制了某些年份的供给使用表，还有些经济体缺乏统计基础并未编制供给使用表。考虑到供给使用表可获得性有限，同时也无法通过将投入产出表转化为供给使用表的方法获得，如巴布亚新几内亚（PNG）。因此，我们对标准的编制方法进行了部分调整：（1）对于有供给使用表的经济体，优先采用其供给使用表的信息，对于没有供给使用表而有投入产出表及其他相关数据的经济体，则尽可能地利用投入产出表的信息转化为供给使用表；（2）由于巴布亚新几内亚投入产出表、供给使用表以及国民经济核算等基础数据均严重缺失，所以在编制 APEC 供给使用表时，我们将其和世界其他经济体（RoW）设定为外生经济体，仅在最终形成投入产出表阶段，利用相似经济体的结构估算其投入产出表嵌入；（3）考虑到欧盟（EU）在全球贸易和全球价值链中的规模和重要性，我们基于欧盟 28 个经济体（EU28）的供给使用结构和双边贸易数据将其从世界其他经济体（RoW）中分离出来，作为单独的经济体处理，并与 APEC 供给使用表中各经济体的供给使用数据相连接。在后续的平衡调整过程中，EU28 的相关数据将由模型内生决定。综上所述，整个编制过程可以理解为先编制有误差的 APEC 供给使用表，经过欧盟经济体内生化处理以及平衡调整之后形成平衡的 APEC 供给使用表，在此基础上再转换为 APEC 经济体间投入产出表，三者的联系与区别如表 1 – 4 所示。

表 1-4　带误差的 APEC 供给使用表、平衡的 APEC 供给使用表与 APEC 经济体间投入产出表的异同

统计表类型	APEC（20）内生性	PNG 内生性	RoW 内生性	EU28 内生性
带误差的 APEC 供给使用表	√	×	×	×
平衡的 APEC 供给使用表	√	×	×	√
APEC 经济体间投入产出表	√	√	√	√

三、估计和更新缺失供给使用表的一般方法

受 APEC 各经济体可提供的供给使用表的局限性，工作小组需要在最终编制 APEC 供给使用表之前先估算出缺失的供给使用表。估算以基本价格计算的缺失供给使用表主要步骤如下。

（一）估算和调整购买者价格的供给使用表

对于没有提交所需的完整供给使用表的经济体，他们至少提供了一张以购买者价格计算的使用表和一张以基本价格计算的供给表（包括由基本价向购买者价格转换的估值矩阵）。这些供给使用表中，有一些为同一基准年，而有一些分属不同基准年。对于未上传任何供给使用表的经济体，如果数据可得，我们从国际组织获取其供给使用表或者投入产出表。① 我们使用这些数据作为估算缺失的供给使用表的起点，并且通过国民账户数据更新两个基准年（2005 年和 2012 年）的供给使用表或投入产出表。

供给表和使用表可分别运用目前流行的 RAS 法来更新。然而，传统的 RAS 方法需要基准年和更新年产品的总供给为控制量，这对于未提供相关数据的 APEC 经济体来说是不可获得的。因此，我们使用 SUT - RAS 方法作为替代，使得无须产品总供给就能够同时更新供给表和使用表（Temurshoev and Timmer，2011），这个方法也被用于构建 WIOD 数据库。

除所有可得的供给使用表结构以外，更新供给使用表所需的其他信息如下所示：

（1）分行业基本价格的总产出 $\mathbf{x}$；

（2）分行业基本价格的增加值 $\mathbf{v}$；

---

① 对巴布亚新几内亚（PNG），我们从 WIOD 获得了斐济的投入产出表作为其估算起点。

（3）购买者价格的最终需求 **y**；

（4）进口向量 **M**；

（5）贸易和运输加价与产品税 **t**。

从理论上说不论是贸易加价还是运输加价都不可能为负，且贸易和运输加价与产品税的合计为正值，但在实际中，贸易加价有存在负数的可能，为使方程有解和有意义，在计算 **t** 时，首先将负的贸易加价和运输加价设置为0，以保证 **t** 值为正，其次再设置贸易加价向量 **c**，使其等于负的贸易加价的绝对值，以保持产品的供给和使用相等。

如表1－5所示，灰色区域是需要估计的部分，其余区域需要从其他官方来源获取基准年份的数据（总产出 **q** 除外，其由内生决定）。

表1－5　　更新供给使用表所需信息

	产品	产业	最终需求	合计
产品		**U**（中间使用矩阵）	**Y**（最终使用矩阵）	**q**
产业	**V**（制造矩阵）			**X**
进口	**m′**（进口向量）			**M**
	T（估值向量）			**t**
Total	**q′**＋**c′**	**u′**＝**X′**－**v′**（中间使用合计）	**y′**（最终使用合计）	

定义向量 $\bar{\mathbf{x}}$ 和 $\bar{\mathbf{u}}$：

$$\bar{\mathbf{x}}=\begin{bmatrix}\mathbf{x}\\ \mathbf{M}\\ \mathbf{t}\end{bmatrix} \text{和}\ \bar{\mathbf{u}}=\begin{bmatrix}\mathbf{u}\\ \mathbf{y}\end{bmatrix} \tag{1-4}$$

进一步定义 $z_{ij}\equiv x_{ij}/a_{ij}$，其中 x_{ij} 是目标年中待估计的值，a_{ij} 是基准年中相应已知的值，假定若 $a_{ij}=0$，则 $z_{ij}=1$。

定义集合 $s_1=\{$产品$\}$，$s_2=\{$产业，不同类别的最终需求$\}$，$s_3=\{$产业，总进口，贸易与运输加价及产品税$\}$，SUT 的更新则可转化为以下最优化问题的求解：

$$\min_{z_{ij}\geq 0}\sum_i\sum_j |a_{ij}| z_{ij}\ln(z_{ij}/e)$$

s. t.

$$\sum_{j\in s_2} a_{pj}z_{pj} - \sum_{k\in s_3} a_{kp}z_{kp} = -c_p \quad \text{for all} \quad p\in s_1 \qquad (1-5)$$

$$\sum_{k\in s_1} a_{kj}z_{kj} = \bar{u}_j \quad \text{for all} \quad j\in s_2$$

$$\sum_{p\in s_1} a_{ip}z_{ip} = \bar{x}_i \quad \text{for all} \quad i\in s_3$$

我们定义基准年字母用脚标0表示，进而基准年向量可表示为：

$$\bar{U}_0 = [U_0 \quad Y_0] \text{ 和 } \bar{\mathbf{V}}_0 = \begin{bmatrix}\mathbf{V}_0\\ \mathbf{m}_0\\ \mathbf{T}_0\end{bmatrix} \qquad (1-6)$$

对于产品税净额和最终需求矩阵中的负数，我们定义矩阵 $\mathbf{P}_0$ 和 $\mathbf{N}_0$。

其中，$\mathbf{P}_0$ 由 $\bar{\mathbf{U}}_0$ 中所有非负元素构成，$\mathbf{N}_0$ 由 $\bar{\mathbf{U}}_0$ 中负值的绝对值元素构成，因此有 $\mathbf{N}_0 = \mathbf{P}_0 - \bar{\mathbf{U}}_0$。

进一步定义矩阵 $\mathbf{P}_0^v$ 和 $\mathbf{N}_0^v$，其中 $\mathbf{P}_0^v$ 由 $\bar{\mathbf{V}}_0$ 中所有非负元素构成，$\mathbf{N}_0^v$ 由 $\bar{\mathbf{V}}_0$ 中负值的绝对值元素构成，因此有 $\mathbf{N}_0^v = \mathbf{P}_0^v - \bar{\mathbf{V}}_0$。

根据拉格朗日乘数法，以上最优化问题可转化为以下求解方程：

$$\bar{\mathbf{U}} = \hat{\mathbf{r}}_u\mathbf{P}_0\hat{\mathbf{s}}_u - \hat{\mathbf{r}}_u^{-1}\mathbf{N}_0\hat{\mathbf{s}}_u^{-1} \qquad (1-7)$$

$$\bar{\mathbf{V}} = \hat{\mathbf{r}}_v\mathbf{P}_0^v\hat{\mathbf{r}}_u^{-1} - \hat{\mathbf{r}}_v^{-1}\mathbf{N}_0^v\hat{\mathbf{r}}_u \qquad (1-8)$$

其中，$\hat{\mathbf{r}}_u$，$\hat{\mathbf{s}}_u$，$\hat{\mathbf{r}}_v$ 分别是迭代的行乘数和列乘数的对角矩阵，且对角元素分别为 $\mathbf{r}_u$，$\mathbf{s}_u$，$\mathbf{r}_v$。进一步求解得到迭代乘数，进而实现SUT的更新：

$$\mathbf{r}_u = 0.5\times\hat{\mathbf{p}}_u^{-1}(-\mathbf{c}+\sqrt{\mathbf{c}\circ\mathbf{c}+4\times\mathbf{p}_u\circ\mathbf{n}_u}) \qquad (1-9)$$

其中，$\mathbf{p}_u = \mathbf{P}_0\mathbf{s}_u + \mathbf{N}_0^{v'}\hat{\mathbf{r}}_v^{-1}\mathbf{i}$，$\mathbf{n}_u = \mathbf{N}_0\hat{\mathbf{s}}_u^{-1}\mathbf{i} + \mathbf{P}_0^{v'}\mathbf{r}_v$

$$\mathbf{s}_u = 0.5\times\mathrm{diag}(\mathbf{P}_0^{v'}\mathbf{r}_u)^{-1}(\bar{\mathbf{u}}+\sqrt{\bar{\mathbf{u}}\circ\bar{\mathbf{u}}+4\times(\mathbf{P}_0^{v'}\mathbf{r}_u)\circ\mathbf{N}_0^{v'}\hat{\mathbf{r}}_u^{-1}\mathbf{i}}) \qquad (1-10)$$

$$\mathbf{r}_v = 0.5\times\mathrm{diag}(\mathbf{P}_0^v\hat{\mathbf{r}}_u^{-1}\mathbf{i})^{-1}(\bar{\mathbf{x}}+\sqrt{\bar{\mathbf{x}}\circ\bar{\mathbf{x}}+4\times(\mathbf{P}_0^v\hat{\mathbf{r}}_u^{-1}\mathbf{i})\circ\mathbf{N}_0^v\mathbf{r}_u}) \qquad (1-11)$$

SUT－RAS法提供了一套已知数据量最少情况下供给使用表的估计方法，然而如前文所述，APEC经济体数据完备程度各异，数据多样化的特征明显。在更新和估算供给使用表时，针对各经济体的数据情况，一方面，我们会适当地调整约束条件以吸纳更多的已知信息，另一方面，将

SUT－RAS 法与集成的 RAS 法相结合，从多个角度来估算未知数据和实现矩阵的平衡，进而提高估算的准确性。

（二）估计基本价格的供给使用表

在完成单个经济体购买者价格供给使用表的更新和一致性调整后，下一步则是对其进行价格调整，即将购买者价格的供给使用表转换为基本价格的供给使用表。由供给使用表的结构可知，供给表不需要做额外的处理，重点在于使用表的调整。基本价格等于购买者价格扣除贸易及运输附加和产品税净额，其中，贸易及运输附加和产品税净额在供给使用表中通常被称为估值矩阵。在一套平衡的供给表和使用表中，供给表中估值矩阵的合计值与使用表估值矩阵的合计值相等。在供给表中，贸易及运输附加的合计应为 0，因为不论以何种价格计价，产品实际消耗的运输和贸易服务量是一定的。在购买者价格中，产品的价格包含了各种运输费用和贸易附加费用，在以基本价格估计时，其相应的运输和贸易附加费用则应计入运输和贸易部门的总产出中，因此，在这一增一减的过程中，其合计值为 0。在购买者价格的使用表中，只有中间使用和最终使用为购买者价格，因此，估值矩阵的维度与中间使用和最终使用的维度相同，矩阵中每一个元素表示每个产业所使用的以购买者价格计价的产品中包含多少运输和贸易附加费用。

一些 APEC 经济体提供了详细的估值矩阵，而另一些经济体没有提供任何信息，这使得估算过程在不同情景下的步骤有所不同。一方面，如果经济体提供了详细的估值矩阵，称之为理想情景，我们可以直接扣除贸易及运输附加矩阵和税收净额矩阵获得以基本价格计价的使用表；另一方面，如果一个经济体只提供了供给表中每一个条目的总量数据，称之为一般情景，我们就需要先估算估值矩阵。

在理想情景中，经济体提供了国内贸易和运输费用矩阵和税收净额矩阵，在这种情况下，我们只需从购买者价格的使用表中扣除估值矩阵，就可以得到基本价格使用表。而一般情况则是，大多数经济体都没有提交如此详细的数据，我们所能够得到的是一个从供给表获得的贸易和运输加价以及税收净额的向量。在这种情况下，我们假设不考虑其用途，不论哪个行业使用的同一种产品都拥有相同的加价率和净税率，具体步骤如下所示。

1. *产品税净额矩阵*

这里的产品税净额是指产品税减去产品补贴后所得到的金额。因为我们没有产品税净额分布的详细信息，所以我们假设产品税净额依照使用比例分布，并增加了一个新行，称为产品税和补贴差额，每个单元格等于每一列的列和（如表1－6所示）。由于这里不存在列约束，所以不需要应用RAS方法去平衡矩阵。

表1－6　　　　　　　　　　产品税净额矩阵结构

	产业	最终使用	合计
产品	$Ntax_{ij}^0$	$Ntax_{ik}^0$	$Ntax_i$
产品税净额合计	$\sum_i Ntax_{ij}^0$	$\sum_i Ntax_{ik}^0$	

基于上述的比例假定，我们可以得到每种产品的净税率：

$$Ntaxr_i = \frac{Ntax_i}{Xtp_i} \tag{1-12}$$

从而可得产品税净额矩阵的初始值：

$$Ntax_{ij}^0 = Ntaxr_i \times U_{ij}, \quad Ntax_{ik}^0 = Ntaxr_i \times F_{ik} \tag{1-13}$$

其中，$Ntaxr_i$ 表示产品 i 的净税率，$Ntax_i$ 表示产品 i 的净税额，Xtp_i 表示产品 i 购买者价格的总供给，U_{ij} 表示购买者价格的中间使用元素，F_{ik} 表示购买者价格的最终使用元素。

2. 加价矩阵

加价包括国内贸易附加和运输费用，同样假设国内加价按使用结构分配。加价矩阵的行和是每种产品的总加价，且加价矩阵的列和是每个产业部门的总加价。

首先根据供给表分别计算国内贸易附加率和运输费率：

$$\text{国内贸易附加率：} trmr_i = \frac{Tr_i}{Xtp_i} \tag{1-14}$$

$$\text{国内运输费用率：} tpmr_i = \frac{Tp_i}{Xtp_i} \tag{1-15}$$

接着，计算贸易附加和运输费用的初始值：

$$Trm_{ij}^0 = trmr_i \times U_{ij}, \quad Trm_{ik}^0 = trmr_i \times F_{ik} \tag{1-16}$$

$$Tpm_{ij}^0 = tpmr_i \times U_{ij}, \quad Tpm_{ik}^0 = tpmr_i \times F_{ik} \tag{1-17}$$

其中，$trmr_i$ 表示产品 i 的贸易附加率；Tr_i 表示产品 i 的贸易附加额；$tpmr_i$ 表示产品 i 的运输费率；Tp_i 表示产品 i 的运输费。贸易附加矩阵和运输费用矩阵的结构见表1－7和表1－8。

表 1-7 **贸易附加矩阵结构**

	产业	最终使用	合计
产品	Trm_{ij}^0	Trm_{ik}^0	Tr_i
合计	0	0	0

表 1-8 **运输费用矩阵结构**

	产业	最终使用	合计
产品	Tpm_{ij}^0	Tpm_{ik}^0	Tp_i
合计	0	0	0

然后，在以下约束条件下，采用 RAS 法来平衡，进而得到平衡的加价矩阵：

$$\sum_i Trm_{ij}^0 = 0, \sum_i Trm_{ik}^0 = 0, \sum_i Tpm_{ij}^0 = 0, \sum_i Tpm_{ik}^0 = 0 \tag{1-18}$$

（三）按基本价格编制和调整进口使用矩阵

进口使用矩阵包含了编制 APEC 供给使用表的重要信息，然而，大多数 APEC 经济体都没有提供。因此，在完成第一步用国民账户协调和更新供给使用表，以及第二步将供给使用表从购买者价格转换为基本价格之后，我们才可以编制进口使用矩阵。

编制基本价格进口使用矩阵分三步：首先，根据到岸价格（CIF）编制进口使用矩阵，其中包括进口关税；其次，按照离岸价格（FOB_{pp}）对进口使用矩阵进行估算；最后，结合贸易份额构建国际使用表并估计以离岸价格（FOB_{bp}）计价的国际使用表。

1. 编制包括进口关税的到岸价（CIF）进口矩阵

估计进口使用表的关键在于获得进口使用结构，我们尽可能使用所有可得信息，其中包括经济体直接提交的供给使用表或投入产出表、国民账户数据以及其他可得数据。在理想情景下，经济体通过调查等方式编制了产品的进口使用去向结构，我们只需利用该结构分解进口列得到进口使用矩阵。然而，对于大多数 APEC 经济体，这类数据并不易得。对此，我们遇到了以下三种常见情况，并相应地采取了不同的方法。

（1）有非基准年的进口使用矩阵的经济体。对于这种情况，我们选择该经济体最接近 APEC 基准年的进口使用结构，并用其估算基准年份的进口使用矩阵。

（2）除了供给使用表外，再无其他可得数据的经济体。对于这种情况，我们结合 BEC 产品分类，用供给表的进口和进口关税列作为控制条件，将进口分为：中间产品、消费品和资本品。并基于可得的国民账户数据（如进口产品使用的调查），估计中间进口使用结构，进而推导出以到岸价格计算的包括进口关税的进口使用矩阵。

（3）无详细信息的转口处理，从产品的角度来看，若一个经济体的中间使用和最终使用（不包含出口）的合计大于进口，那么我们认为没有转口。反之，我们认为存在转口，即进口品一部分用于经济体的中间使用和最终使用，一部分用于转口。在进口矩阵的编制时，将出口考虑在内，并假定进口使用结构与国内使用结构一致，进而得到包含转口的进口矩阵。我们亦向各经济体征询意见，以便于我们调整分产品的转口数据，使其与国民账户数据和贸易统计更为一致。

2. 估算到岸价（CIF）进口矩阵

根据供给表中的进口和进口关税列计算进口税率，并将其应用到上一步所得到的进口使用矩阵中，然后剔除进口关税，进而得到不包含进口税的进口矩阵。

3. 估算离岸价格（FOB_{pp}）进口使用矩阵

到岸价格（CIF）和离岸价格（FOB_{pp}）的差值为国际运费和保险。我们采用 OECD 估计的分产品双边 CIF－FOB 费率来计算进口产品的国际运费和保险，然后从到岸价格计算的进口使用矩阵中扣除这些费用进而得到以离岸价格（FOB_{pp}）计算的进口使用矩阵。

四、带误差的 APEC 供给使用表的连接

带误差的 APEC 供给使用表是 APEC 供给使用表的不平衡版本，其中，世界其他经济体（RoW）被视为外生项。因为我们没有得到巴布亚新几内亚的供给使用表①，所以它也包含于 RoW 之中。

为了编制包含 20 个 APEC 经济体的带误差的 APEC 供给使用表，首先，我们基于平衡的双边贸易数据，得到各经济体分产品的双边贸易份额②，然

① 我们只编制了巴布亚新几内亚的投入产出表，其被用于编制平衡的 APEC 经济体间投入产出表。

② 贸易数据的平衡方法可参见：Committee on Trade and Investment. Methodologies of Constructing the APEC TiVA Database for Better Understanding Global Value Chains in the APEC Region（Chapter 2）[EB/OL]. APEC，https：//www. apec. org/Publications/2019/11/Methodologies－of－Constructing－the－APEC－TiVA－Database，2019－11.

后用这个份额去分解单个经济体的使用表，从而估算出单个经济体的国际供给使用表。接着，我们将单个经济体的国际供给使用表联接成 APEC 供给使用表。在这个过程中，出口到世界其他经济体的列作为残差项，该项包括所有 APEC 经济体之间的双边贸易所引起的估计误差、系统性偏差、与国民账户和贸易统计的不一致性以及其他统计误差，因此最后结果可能会使某些向世界其他经济体的出口额为负值。

带误差的 APEC 供给使用表保留了更多的原始信息，虽然它不可以直接被转换为对称的"产业×产业"投入产出表用以计算贸易增加值指标，但它是编制平衡的 APEC 经济体间投入产出表所需的核心数据基础。在此基础上，结合双边平衡的贸易数据来进行规划平衡，并得到最终平衡的 APEC 供给使用表，这是紧接着的又一个浩大的工程，本书不再详细叙述①，带误差的 APEC 供给使用表的结构参见附录 B1 -4。

五、估计和调整的特殊处理

APEC TiVA 核心技术工作组（CTTF）的供给使用表（SUT）工作组，由来自中国和美国的四个 SUT 团队组成。② 其任务是与 APEC 各经济体合作，处理提交的数据并估计缺失的供给使用表和投入产出表。在提交的数据有限或没有提交数据的情况下，技术小组作出了相当大的努力穷尽其他来源去寻求数据，其主要来源包括 OECD、ADB 以及经济体的相关科研机构。除了上述的标准方法外，技术小组还根据不同的数据提交情况，进行分类处理，有针对性地采取了一些特殊的估计和调整方法，具体总结如下：

（1）对于提交了两个基准年份（2005 年和 2012 年）的全部或大多数供给使用表的 APEC 经济体：这些已提交的数据中大多数都符合 APEC 产品和产业分类以及价格基础。技术小组需确认并对已提交的供给使用表进行一致性检验和调整。

（2）对于只提交了基准年份部分供给使用表的 APEC 经济体：技术小组基于已提交的数据，结合其他可获得的数据，对缺失数据作出估计。这

---

① APEC 供给使用表的平衡及转化方法可参见：Committee on Trade and Investment. Methodologies of Constructing the APEC TiVA Database for Better Understanding Global Value Chains in the APEC Region（Chapter 4）［EB/OL］. APEC，https：//www. apec. org/Publications/2019/11/Methodologies - of - Constructing - the - APEC - TiVA - Database，2019 - 11.

② 这四个团队分别是国家信息中心（SIC）、中国科学院数学与系统研究所（CAS）、对外经济贸易大学（UIBE）和美国经济分析局（BEA）。

个过程包括将经济体的产品和产业分类转换为 APEC 共同分类、估计缺失年份的供给使用表以及供给使用表的平衡调整。

（3）对于提交了非基准年份供给使用表的 APEC 经济体：技术小组应用前文提及的 SUT – RAS 方法或集成的 RAS 平衡方法将供给使用表更新为基准年份。这个过程可以充分利用已提交数据的结构信息，同时将国民账户数据更新到基准年。

（4）对于没有给技术组提交任何数据的 APEC 经济体：技术小组基于从其他研究机构（如 WIOD、OECD、ADB 等）获得的非官方数据，通过经济建模估计供给使用表和投入产出表。

（5）对于有缺失数据的经济体，无法按照标准方法以供给使用表作为编制起点，其实际的编制起点因数据的完备程度而异。例如，有些经济体从 OECD 或相关学术机构获得投入产出表，进而利用投入产出表、供给表以及国民经济核算的数据来推算使用表；或者有些经济体虽然没有官方的供给使用表，但有某些年份的 U 矩阵和 V 矩阵，结合经济体的投入产出表进而可以推算出其供给使用表。同时，在估计进口矩阵时，尽管没有标准的进口使用结构，但 APEC 经济体较好的投入产出进口矩阵却是很好的参考信息。因此，基础数据的多样性也决定了不同经济体编制起点的不同，同时，对投入产出表信息的充分利用在 APEC 数据库的编制过程中也起着非常重要的作用，如何灵活运用这些信息来实现 APEC 经济体之间供给用表的编制是技术小组面临的挑战。此外，在获得其他渠道的数据时，产品和产业的分类调整也是一项艰巨的工作，因为这些数据往往不是各经济体的标准分类，需要很多额外的信息去处理产品和产业的拆分。

（6）平衡调整贯穿在整个数据库的编制过程中，既包括对结果的平衡，也包括对过程的平衡。首先，在对各经济体数据的校验过程中，数据需满足供给使用核算下的平衡；其次，在估计进口使用矩阵时，所得到的经济体内使用应为非负；最后，各经济体每个环节的数据平衡调整，则是根据实际情况采用集成的 RAS 法来实现。

（7）APEC 供给使用表所有基础数据均具有官方权威性，在编制过程中，数据的每一次更新和调整均得到各经济体的确认；同时，无特殊说明，本数据库汇率采用的是基准年 IMF 年度汇率，特殊情况下则采用经济体建议的汇率。

2　APEC 贸易增加值指标的构建及应用

第一节　引　　言

在全球价值链时代，传统的出口指标已不能准确测度各经济体在国际贸易中的真实表现。首先，一个经济体出口品的价值并非全部被本经济体获得。随着国际生产分工的深入，一个经济体出口品的生产过程中需要使用大量的进口品，因此该经济体出口价值中含有大量的来自经济体外的增加值，这部分收入创造在经济体外而非本经济体内。另外，出口总值的核算方法存在重复计算问题。在全球生产网络中，一个经济体的某些出口品的价值会隐含在本经济体的进口品中进一步用于生产本经济体的其他出口品，因此这部分价值在该经济体的出口总值中被重复计算。由于经济体外增加值与重复计算问题的存在，传统的出口总值指标将夸大各经济体从国际贸易中的获益。在这一背景下，产生了第二代贸易统计指标“贸易增加值（Trade in Value Added，TiVA）”指标。① 该指标关注各经济体增加值在全球的流动情况，以此来测度各经济体在国际贸易中的真实利得。全球价值链中产生的收入沿经济体间的进出口贸易流动和分配，准确地追踪各经济体增加值在全球价值链中的流动，对于测度双边利益关系、把握双边贸易对经济的影响至关重要。

为了更好地理解全球价值链在亚太地区各经济体发展中发挥的作用，更好地揭示亚太地区各经济体参与全球价值链的经济表现，2014 年 5 月，在青岛召开的亚太经合组织（APEC）贸易部长会议通过了《全球价值链

① 如同“Trade in Goods”被翻译为货物贸易，“Trade in Value Added”也被译为“增加值贸易”。本章采用了另一种常用的翻译方式，译为“贸易增加值”，以此泛指以增加值为度量对象的各类贸易统计指标。

中的 APEC 贸易增加值核算战略框架》，呼吁为亚太地区建立贸易增加值数据库。中美两国在 2014 年启动了亚太经合组织贸易增加值数据库（APEC TiVA）建设计划，中方由商务部牵头，许宪春教授任中方技术组主席，国家统计局、海关总署、国家外汇管理局、中国科学院数学与系统科学研究院、国家信息中心、对外经济贸易大学等单位参与。本章将在以上合作项目研究成果的基础上（Chen et al.，2019）对 APEC TiVA 数据库中主要指标的构建方法与应用进行介绍。首先，对贸易增加值核算领域的研究进展进行综述。其次，介绍构建贸易增加值指标的数据基础和模型基础，即经济体间投入产出表（Inter – Economy Input – Output Table）与经济体间投入产出模型（Inter – Economy Input – Output Model）。再次，介绍 APEC TiVA 数据库中主要指标的构建方法，并结合实际应用介绍 APEC TiVA 指标的经济含义。最后，对 APEC TiVA 数据库建设的展望。

第二节　贸易增加值核算研究综述

从国际上来看，有关贸易增加值问题的讨论最早可追溯到赫梅尔斯等（Hummels et al.，2001）提出的垂直专业化（Vertical Specialization，VS）的概念。而对具体的核算方法的研究最早源于中国科学院数学与系统科学研究院陈锡康教授与杨翠红教授团队所开展的中美贸易顺差研究，该项研究利用反映加工贸易的单国投入产出模型将出口值分解为国内增加值与完全进口值，从国内增加值含量的角度测算了中美贸易差额（刘遵义等，2007）。之后，很多学者对贸易类型（加工贸易与非加工贸易）、企业异质性（内资企业与外资企业）等对中国出口国内增加值和垂直专业化的影响进行了研究（Chen et al.，2012；Ma et al.，2015；Yang et al.，2015），指出了研究中国贸易增加值问题区分贸易类型和企业异质性的重要性。

单国投入产出模型只能将出口总值分解为国内增加值和完全进口值。完全进口值既包括国外增加值也包括出口总值中重复计算的价值。对于完全进口值的进一步分解需要借助于国际投入产出模型，追踪全球生产中增加值的创造与跨境流动。世界投入产出数据库（WIOD）、OECD 国家间投入产出表等多国投入产出表的发布使得在国际投入产出模型中对出口总值进行分解成为可能。对于单边出口（一国向全世界的总出口）分解，库普曼等（Koopman et al.，2014）提出了著名的“KWW”分解方法，该方法可以将一国的总出口分解为国内增加值、国外增加值和重复计算部分。王直等（2015）进一步讨论了基于总出口分解的全球价值链测度方法。洛什等（Los et al.，2016）基于假设提取法（Hypothetical Extraction）提出了计算一国总出口中国内增加值含量的方法，该方法可作为“KWW”方法的简便替代，并证明了基于单国表和世界表计算得到的一国总出口中的国内增加值结果完全相同。对于双边出口总值的分解，目前存在两种不同的观点和方法。一种观点认为一国所有双边出口总值的分解结果的加总应该等于该国总出口的分解结果。该观点代表性的方法为王等（Wang et al.，2018）所提出的“WWZ”方法。另一种观点认为双边出口总值的分解不满足可加性，因为在双边分解结果加总的过程中将产生新的重复计算，从而双边出口分解的国内增加值加总结果大于总出口分解中的国内增加值结果（如 Los and Timmer，2018；Johnson，2018）。由于缺乏理论模型支撑，目前存在的两种观点尚未达成一致，其根本的分歧在于对重复计算的定义与解释不同（Miroudot and Ye，2021）。

与贸易分解相关的另一重要研究内容为全球价值链指标的构建与应用。全球价值链的出现与扩张使得传统的进出口贸易统计指标不能真实反映一国在国际贸易中的表现。这一背景催生了第二代贸易统计指标“贸易增加值（Trade in Value Added，TiVA）”指标，该指标关注一国增加值在全球的流动情况，以此来测度一国在国际贸易中的真实利得（Johnson and Noguera，2012；Timmer et al.，2013；Koopman et al.，2014）。基于国际投入产出模型的全球价值链测度方法提出之后，很多学者对贸易增加值指标的概念与方法（如夏明和张红霞，2015）、贸易方式对贸易增加值核算结果的影响（如 Chen et al.，2019）、中国参与全球价值链的技术含量（如倪红福等，2017）、全球价值链与环境的关系（如 Xia et al.，2015；Jiang et al.，2018；Chen et al.，2019；Duan and Yan，2019）、考虑收入初次分配的全球收入链（如李鑫茹等，2018）、基于区分内外资投入产出表的属权贸易测度（如陈全润和贾怀勤，2023）、全球价值链中的全球化程度（如 Xiao et al.，2020）、对外直接投资对出口增加值的影响（如徐国祥和张正，2020）、全球价值链的长度与上游度的测度（如 Antràs et al.，2012；陈全润，2018）等多个维度进行了探讨。

然而，TiVA 指标仅反映了全球生产的部分事实，依靠 TiVA 指标尚不能明确一国在全球生产中所从事的活动与所处的位置，而这往往是贸易政策制定者更为关心的问题。目前，学术界已开始研究第三代贸易统计指标“活动贸易（Trade in Activities）”指标（如 Timmer et al.，2019；de Vries et al.，2019；Chen et al.，2022），据此来揭示全球价值链中的活动分工，以及各国所处的位置与比较优势。各产业部门从事的活动类型及其贡献的测度主要通过各产业部门分职业类型的就业数据以及相应的劳动报酬数据来实现。基于分职业类型的就业数据可将各产业部门的活动分为“研发”活动、“市场营销”活动、“制造”活动和“其他”活动。通过从事以上活动的就业人员劳动报酬数据可将总增加值分解为由各种活动创造的增加值，从而识别出各个经济体在全球价值链中主要从事的活动以及产业升级过程。

第三节　数据基础与模型基础

贸易增加值指标的构建需要将各个经济体的生产与消费通过国际贸易联结起来，以此来追踪各经济体生产创造的增加值借助国际贸易在全球流动的情况，以及各经济体建立在生产—贸易—消费上的相互依赖关系。这就需要将各经济体的供给使用表通过双边贸易数据联结起来编制经济体间投入产出表。目前国际上使用较多的经济体间投入产出表包括世界投入产出数据库（WIOD）公布的世界投入产出表、OECD – WTO TiVA 数据库公布的经济体间投入产出表、GTAP 数据库公布的多区域投入产出表、Eora 全球多区域投入产出表、ADB 公布的多区域投入产出表。以上投入产出表在编制方法、产业部门分类、覆盖国家数量以及时间跨度等方面各有特点和优势。构建 APEC TiVA 数据库所采用的投入产出表为项目组联合 APEC 21 个经济体官方统计部门编制的 APEC 经济体间投入产出表（APEC Inter – Economy Input – Output Table）。该投入产出表包括 APEC 21 个经济体、EU 28 个经济体和世界其他经济体（RoW），共计 23 个经济体（经济体代码见表 2 – 1）；各个经济体有相同的 34 类产业部门和 51 类产品部门；时间为 2005 年和 2012 年两个年度。

表 2 – 1　　APEC 经济体代码

代码	经济体	代码	经济体
AUS	澳大利亚	NZL	新西兰
BRN	文莱	PER	秘鲁
CAN	加拿大	PHL	菲律宾
CHL	智利	PNG	巴布亚新几内亚

续表

代码	经济体	代码	经济体
CHN	中国	RUS	俄罗斯
EU28	欧盟 28 个经济体	SGP	新加坡
HKG	中国香港	THA	泰国
IDN	印度尼西亚	TWN	中国台湾
JPN	日本	USA	美国
KOR	韩国	VNM	越南
MEX	墨西哥	RoW	世界其他经济体
MYS	马来西亚		

简化起见，表 2－2 给出了包含 3 个经济体、n 个产业部门的 APEC 经济体间投入产出表的表式。从列方向看，APEC 经济体间投入产出表给出了各个经济体各个部门生产过程中的投入情况。例如，$\mathbf{Z}^{rr}$、$\mathbf{Z}^{sr}$、$\mathbf{Z}^{tr}$分别表示经济体 r 各产业部门生产过程中对本经济体中间品的消耗、对经济体 s 中间品的消耗、对经济体 t 中间品的消耗；$\mathbf{Z}^{sr}$、$\mathbf{Z}^{tr}$为经济体 r 进口的中间品。从行方向看，APEC 经济体间投入产出表给出了各个经济体各个产业部门生产出的产品的使用去向。例如，$\mathbf{Z}^{rr}$、$\mathbf{Z}^{rs}$、$\mathbf{Z}^{rt}$分别表示经济体 r 各产业部门生产的产品中被本经济体、被经济体 s 和被经济体 t 用作中间使用的部分；$\mathbf{f}^{rr}$、$\mathbf{f}^{rs}$、$\mathbf{f}^{rt}$分别表示经济体 r 各产业部门生产的产品中被本经济体、被经济体 s 和被经济体 t 用作最终使用的部分；$\mathbf{Z}^{rs}$、$\mathbf{Z}^{rt}$为经济体 r 的中间品出口，$\mathbf{f}^{rs}$、$\mathbf{f}^{rt}$为经济体 r 的最终品出口。

表 2－2　　简化的 APEC 经济体间投入产出表

	中间使用			最终使用			总产出
	经济体 r	经济体 s	经济体 t	经济体 r	经济体 s	经济体 t	
经济体 r	$\mathbf{Z}^{rr}$	$\mathbf{Z}^{rs}$	$\mathbf{Z}^{rt}$	$\mathbf{f}^{rr}$	$\mathbf{f}^{rs}$	$\mathbf{f}^{rt}$	$\mathbf{x}^{r}$
经济体 s	$\mathbf{Z}^{sr}$	$\mathbf{Z}^{ss}$	$\mathbf{Z}^{st}$	$\mathbf{f}^{sr}$	$\mathbf{f}^{ss}$	$\mathbf{f}^{st}$	$\mathbf{x}^{s}$
经济体 t	$\mathbf{Z}^{tr}$	$\mathbf{Z}^{ts}$	$\mathbf{Z}^{tt}$	$\mathbf{f}^{tr}$	$\mathbf{f}^{ts}$	$\mathbf{f}^{tt}$	$\mathbf{x}^{t}$
增加值	$(\mathbf{v}^{r})'$	$(\mathbf{v}^{s})'$	$(\mathbf{v}^{t})'$				
总产出	$(\mathbf{x}^{r})'$	$(\mathbf{x}^{s})'$	$(\mathbf{x}^{t})'$				

全球中间品流量矩阵 $\mathbf{Z}(3n \times 3n)$，全球最终需求矩阵 $\mathbf{F}(3n \times 3)$，全球总产出向量 $\mathbf{x}(3n \times 1)$ 以及全球增加值向量 $\mathbf{v}'(1 \times 3n)$ 表示如下：

$$\mathbf{Z} = \begin{bmatrix} \mathbf{Z}^{rr} & \mathbf{Z}^{rs} & \mathbf{Z}^{rt} \\ \mathbf{Z}^{sr} & \mathbf{Z}^{ss} & \mathbf{Z}^{st} \\ \mathbf{Z}^{tr} & \mathbf{Z}^{ts} & \mathbf{Z}^{tt} \end{bmatrix}, \ \mathbf{F} = \begin{bmatrix} \mathbf{f}^{rr} & \mathbf{f}^{rs} & \mathbf{f}^{rt} \\ \mathbf{f}^{sr} & \mathbf{f}^{ss} & \mathbf{f}^{st} \\ \mathbf{f}^{tr} & \mathbf{f}^{ts} & \mathbf{f}^{tt} \end{bmatrix}, \ \mathbf{x} = \begin{bmatrix} \mathbf{x}^{r} \\ \mathbf{x}^{s} \\ \mathbf{x}^{t} \end{bmatrix}, \ \mathbf{v}' = [\mathbf{v}^{r'} \quad \mathbf{v}^{s'} \quad \mathbf{v}^{t'}] \tag{2-1}$$

通过追踪各产业部门产出的使用去向，APEC 经济体间投入产出表的行向满足如下等式（其中，i 表示元素全为 1 的求和列向量）：

$$\mathbf{Zi} + \mathbf{Fi} = \mathbf{x} \tag{2-2}$$

进一步定义全球投入系数矩阵 $\mathbf{A} = \mathbf{Z}\hat{\mathbf{x}}^{-1}$，分块矩阵形式为：

$$\mathbf{A} = \begin{bmatrix} \mathbf{A}^{rr} & \mathbf{A}^{rs} & \mathbf{A}^{rt} \\ \mathbf{A}^{sr} & \mathbf{A}^{ss} & \mathbf{A}^{st} \\ \mathbf{A}^{tr} & \mathbf{A}^{ts} & \mathbf{A}^{tt} \end{bmatrix} \tag{2-3}$$

则等式（2-1）可写为：

$$\mathbf{Ax} + \mathbf{Fi} = \mathbf{x} \tag{2-4}$$

求解方程（2-2）得到如下经济体间投入产出模型：

$$\mathbf{x} = (\mathbf{I} - \mathbf{A})^{-1}\mathbf{Fi} \tag{2-5}$$

$\mathbf{L} = (\mathbf{I} - \mathbf{A})^{-1}$ 为全球 Leontief 逆矩阵，分块矩阵形式为：

$$\mathbf{L} = \begin{bmatrix} \mathbf{L}^{rr} & \mathbf{L}^{rs} & \mathbf{L}^{rt} \\ \mathbf{L}^{sr} & \mathbf{L}^{ss} & \mathbf{L}^{st} \\ \mathbf{L}^{tr} & \mathbf{L}^{ts} & \mathbf{L}^{tt} \end{bmatrix} \tag{2-6}$$

全球 Leontief 逆矩阵给出了世界各经济体各产业部门之间的完全关联关系。例如，$\mathbf{L}^{rs}$ 为 $n \times n$ 的子矩阵，其中的元素 l_{ij}^{rs} 表示经济体 s 的产业部门 j 生产单位产品对经济体 r 的产业部门 i 产出的直接影响和间接影响（完全影响）。

第四节　APEC TiVA 数据库主要指标

一、双边增加值贸易指标

在最终品贸易时代，我们关心一个经济体使用了另一个经济体产品的数量，即为一个经济体从另一个经济体的进口。然而，随着全球价值链的扩张，全球中间品贸易快速增长，一个经济体出口品生产的完成需要使用大量的进口品，从而使得该经济体出口额中含有很大比例的经济体外增加值。传统的贸易统计指标（如出口额）已不能准确衡量各经济体的真实贸易利得。在全球价值链时代，政策制定者转而关心一个经济体（直接和间接）使用了另一个经济体增加值的数量，以此来测度双边贸易关系。此时双边贸易的对象由货物与服务转变为增加值。

增加值贸易的定义及计算公式如下（Johnson and Noguera，2012）所示。

（一）增加值出口

经济体 r 向经济体 s 的增加值出口（$\boldsymbol{\pi}^{rs}$）定义为经济体 r 的增加值被经济体 s 最终使用的数量。计算公式如下：

$$\boldsymbol{\pi}^{rs} = \mathbf{w}^{r\prime}\mathbf{L}\mathbf{f}^{s} \tag{2-7}$$

其中，$\mathbf{w}^{r\prime}$表示经济体 r 的增加值率（各产业部门增加值与总产出的比率）行向量；**L** 为全球 Leontief 逆矩阵；$\mathbf{f}^{s}$ 表示经济体 s 的最终需求列向量（其他经济体最终需求为 0）。

（二）增加值进口

经济体 r 从经济体 s 的增加值进口（$\boldsymbol{\pi}^{sr}$）定义为经济体 s 的增加值被经济体 r 最终使用的数量。计算公式如下：

$$\boldsymbol{\pi}^{sr} = \mathbf{w}^{s\prime}\mathbf{L}\mathbf{f}^{r} \tag{2-8}$$

其中，$\mathbf{w}^{s\prime}$表示经济体 s 的增加值率行向量；**L** 为全球 Leontief 逆矩阵；$\mathbf{f}^{r}$表示经济体 r 的最终需求列向量（其他经济体最终需求为 0）。

（三）增加值贸易差额

经济体 r 与经济体 s 的双边增加值贸易差额（$\boldsymbol{\pi}^{rs} - \boldsymbol{\pi}^{sr}$）定义为经济体 r 向经济体 s 的增加值出口额与经济体 r 从经济体 s 的增加值进口额之差。计算公式如下：

$$\boldsymbol{\pi}^{rs} - \boldsymbol{\pi}^{sr} = \mathbf{w}^{r\prime}\mathbf{L}\mathbf{f}^{s} - \mathbf{w}^{s\prime}\mathbf{L}\mathbf{f}^{r} \tag{2-9}$$

从双边增加值贸易的定义和计算公式可以看出，两个经济体即便没有传统的双边贸易（两个经济体相互不进口对方生产的产品），但两个经济体之间仍然有可能发生增加值贸易。例如，经济体 A 不向经济体 B 出口任何产品，经济体 B 最终使用的一篮子产品中含有从经济体 C 进口的产品，而经济体 C 在生产经济体 B 消费的产品的过程中使用了来自经济体 A 的中间品，因此会产生经济体 A 的增加值。换句话说，经济体 B 最终使用的一篮子产品中隐含了经济体 A 的增加值，从而经济体 A 向经济体 B 出口了增加值。

基于 2012 年 APEC 经济体间投入产出表，利用双边增加值贸易公式对中国与各经济体之间的增加值贸易进行了核算。图 2－1 将中国向各经济体的增加值出口值和货物与服务出口值进行了对比。可以看出，中国的双边增加值出口值明显小于货物与服务出口值。传统的进出口贸易指标严重扭曲了双边贸易状况，增加值贸易指标应在辅助贸易谈判、改善双边经贸关系方面发挥更大作用。图 2－2 给出了中国与各经济体的增加值贸易情况。可以看出，2012 年中国内地增加值出口的主要去向为美国（USA）、中国香港（HKG）、欧盟 28 个经济体（EU28）、日本（JPN）和韩国（KOR）。中国的增加值进口主要来自欧盟 28 个经济体（EU28）、美国（USA）、日本（JPN）和韩国（KOR）。

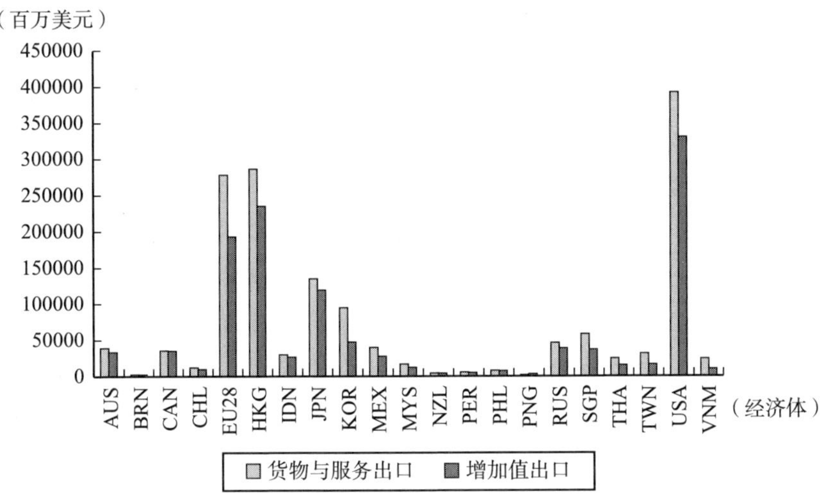

图 2－1　中国内地增加值出口和货物与服务出口（2012 年）

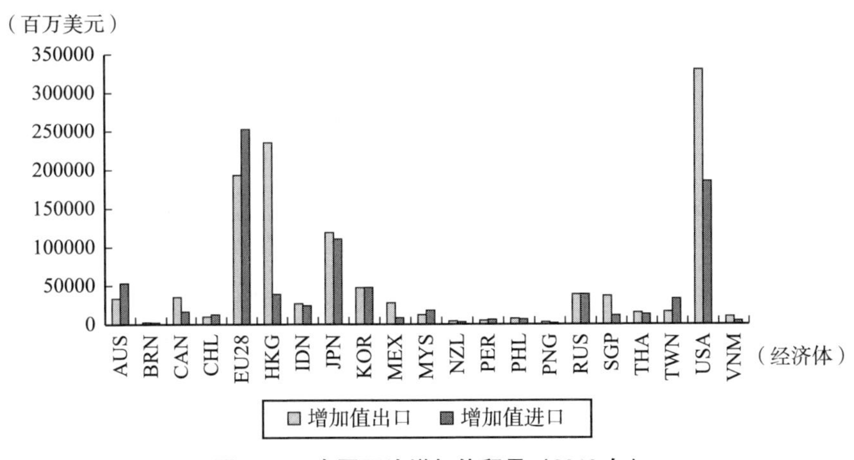

图 2－2　中国双边增加值贸易（2012 年）

二、测度经济体间依存度的新指标

世界经济体的经济通过国际贸易紧密联系在一起。双边贸易的一端联系着进口国的需求，另一端联系着出口国的生产。因此，出口国的经济增长在一定程度上依赖于进口国的经济活动。测度各经济体之间依赖程度的传统指标为贸易依存度，其定义如下：

$$d^{rs} = \frac{e^{rs}}{GDP^{r}} \tag{2-10}$$

其中，e^{rs}为经济体 r 向经济体 s 的出口量；GDP^{r} 为经济体 r 的国内生产总值（GDP）。经济体 r 对经济体 s 的贸易依存度指标 d^{rs}等于经济体 r 向经济体 s 的出口量占经济体 r 的 GDP 的比重。该指标试图衡量经济体 r 的 GDP 在多大程度上依赖于经济体 s 对经济体 r 出口的需求。

构建该指标的经济统计学基础来自支出法 GDP 核算。支出法 GDP 可表示为最终消费支出（C）、资本形成总额（I）与出口（E）之和再扣除进口（M），即 GDP = C + I + E - M。若出口 E 与其他组成部分相互独立，则出口 1 单位产品将产生 1 单位 GDP。因此，经济体的出口量占该经济体 GDP 的比重越高说明该经济体对出口的依赖程度越高。若将出口按各经济体进一步划分，可计算出该经济体的 GDP 对各贸易伙伴的依赖程度。然而，在全球生产的大背景下，一国（地区）出口品的生产往往需要大量进口品的投入。在此情况下，出口（E）与进口（M）不再独立。出口的增加将同时引起进口的增加，从而 1 单位出口创造的 GDP 将小于 1 单位，具体数值取决于出口生产对进口品的使用强度。因此，出口对 GDP 的贡献因出口品而异、因各经济体而异。使用传统的贸易依存度指标来衡量经济体间的依赖度将产生较大偏差。

增加值贸易指标的出现为测度经济体之间的依存度提供了新选择。将传统的贸易依存度指标公式中的双边出口值修正为双边增加值出口值即可得到测度经济体间依存度的新指标。此时，经济体之间的相互依赖不再建立在出口需求之上，而是建立在最终需求之上。一个经济体的最终需求可以通过复杂的全球生产网络直接或间接地带动另一个经济体 GDP 的增长。经济体间依存度指标可测度一个经济体对另一个经济体最终需求的依赖程度。一个经济体创造的 GDP（增加值），按使用去向可分为被本经济体最终使用的部分（即内需所拉动的 GDP）和被其他经济体最终使用的部分（即外需所拉动的 GDP）。通过追踪世界各经济体最终需求所拉动的某一特定经济体 GDP 占该经济体 GDP 总量的比重，可以测度该经济体对世界各经济体的依赖程度。

经济体 r 对经济体 s 的依赖程度可以表示为：

$$d^{rs} = \frac{\boldsymbol{\pi}^{rs}}{GDP^{r}} = \frac{\mathbf{w}^{r'}(\mathbf{I}-\mathbf{A})^{-1}\mathbf{f}^{s}}{GDP^{r}} \tag{2-11}$$

其中，π^{rs}为经济体 r 为满足经济体 s 的最终需求而产生的增加值（经济体 r 向经济体 s 的增加值出口）；GDP^{r} 为经济体 r 的 GDP 总量。该指标表征了经济体 r 由经济体 s 的最终需求拉动的 GDP 份额，可以测度经济体 r 的生产在多大程度上取决于经济体 s 的最终需求。

表 2-3 和表 2-4 分别给出了 2005 年和 2012 年 APEC 21 个经济体之间的依存度指标。从行方向来看，表示某个特定经济体的 GDP 中由各个经济体最终需求拉动的份额。以表 2-3 的第一行为例，表示 2005 年澳大利亚（AUS）的 GDP 中有 81.34% 是由本经济体的最终需求拉动，有 0.01% 由文莱（BRN）拉动，有 1.95% 由中国（CHN）拉动。若将欧盟 28 个经济体和世界其他经济体（RoW）考虑进来，则每行的合计为 100%。从表 2-3 和表 2-4 可以看出，中国对美国的依赖程度较大，但依赖度随时间呈下降趋势。2005 年和 2012 年中国对美国的依赖度分别为 7.35% 和 3.95%，说明在这两个年度中国的 GDP 中分别有 7.35% 和 3.95% 由美国的最终需求拉动。中国对内需的依赖度随时间呈上升趋势，由 2005 年的 76.03% 上升到 2012 年的 80.48%。内需在拉动中国经济增长中的作用越来越重要。从各经济体对中国的依赖度来看，中国的最终需求对各经济体 GDP 的贡献变得越来越重要。例如，美国对中国的依赖程度由 2005 年的 0.60% 上升到 2012 年的 1.15%。日本和韩国对中国的依赖度分别由 2005 年的 1.20% 和 3.50% 上升到 2012 年的 1.86% 和 4.12%。

三、基于出口总值分解的指标：经济解释与分解框架

在全球价值链时代，一件出口品的制造通常需要多个经济体共同参与完成。因此，从价值构成来看，一个经济体出口品的价值主要包括以下几部分：（1）本经济体增加值（Domestic Value Added）。由于该经济体参与了出口品的生产过程，从而会在本经济体内创造增加值。（2）经济体外增加值（Foreign Value Added）。一个经济体出口品的生产过程中需要使用大量的进口品，因此该经济体出口品的价值中含有大量的来自其他经济体的增加值。（3）重复计算的价值。在全球生产网络中，一个经济体的某些出口品的价值会隐含在本经济体的进口品中进一步用于生产本经济体的其他出口品，因此这部分价值在该经济体的出口总值中被重复计算。

表 2 – 3　　亚太经济体间依存度指标（2005 年）

单位：%

	AUS	BRN	CAN	CHL	CHN	HKG	IDN	JPN	KOR	MEX	MYS	NZL	PER	PHL	PNG	RUS	SGP	THA	TWN	USA	VNM
AUS	81. 34	0. 01	0. 27	0. 05	1. 95	0. 70	0. 51	3. 19	1. 00	0. 20	0. 21	0. 51	0. 02	0. 11	0. 02	0. 15	0. 22	0. 34	0. 51	3. 64	0. 09
BRN	4. 07	46. 63	0. 29	0. 04	5. 34	0. 50	7. 39	16. 46	4. 96	0. 24	0. 26	0. 73	0. 02	0. 17	0. 00	0. 18	0. 27	1. 10	0. 38	7. 47	0. 10
CAN	0. 23	0. 00	72. 90	0. 06	0. 94	0. 32	0. 15	1. 29	0. 36	0. 49	0. 08	0. 05	0. 03	0. 07	0. 00	0. 15	0. 15	0. 13	0. 22	19. 33	0. 07
CHL	0. 27	0. 00	0. 78	65. 53	4. 03	0. 64	0. 30	2. 15	1. 72	0. 85	0. 12	0. 06	0. 38	0. 08	0. 01	0. 24	0. 24	0. 22	1. 09	8. 96	0. 08
CHN	0. 48	0. 00	0. 63	0. 08	76. 03	1. 49	0. 28	2. 93	0. 92	0. 35	0. 21	0. 08	0. 03	0. 10	0. 00	0. 46	0. 23	0. 27	0. 34	7. 35	0. 12
HKG	1. 33	0. 02	1. 31	0. 13	10. 47	46. 55	1. 94	4. 49	2. 72	0. 73	0. 56	0. 33	0. 10	0. 46	0. 01	0. 88	1. 06	1. 01	1. 08	17. 95	0. 46
IDN	0. 70	0. 01	0. 30	0. 05	2. 23	0. 63	73. 33	4. 70	1. 55	0. 22	0. 53	0. 10	0. 02	0. 38	0. 01	0. 18	0. 40	0. 56	0. 74	5. 50	0. 15
JPN	0. 39	0. 01	0. 29	0. 05	1. 20	0. 27	0. 21	87. 82	0. 80	0. 23	0. 18	0. 08	0. 03	0. 15	0. 00	0. 19	0. 20	0. 41	0. 69	4. 03	0. 07
KOR	0. 64	0. 01	0. 60	0. 12	3. 50	1. 75	0. 41	2. 96	73. 03	0. 52	0. 25	0. 11	0. 04	0. 18	0. 01	0. 51	0. 42	0. 41	0. 41	6. 34	0. 21
MEX	0. 13	0. 00	0. 56	0. 05	0. 45	0. 13	0. 05	0. 45	0. 19	81. 91	0. 03	0. 02	0. 03	0. 03	0. 00	0. 08	0. 10	0. 06	0. 11	12. 26	0. 02
MYS	2. 46	0. 10	0. 87	0. 12	4. 57	3. 24	1. 46	6. 51	2. 08	0. 77	35. 13	0. 39	0. 06	0. 69	0. 01	0. 53	2. 10	1. 88	1. 99	16. 85	0. 46
NZL	2. 89	0. 01	0. 59	0. 08	2. 87	1. 18	0. 49	2. 63	1. 07	0. 42	0. 25	74. 30	0. 04	0. 33	0. 02	0. 30	0. 37	0. 38	0. 62	7. 57	0. 18
PER	0. 21	0. 00	0. 95	0. 80	3. 08	0. 97	0. 15	1. 29	0. 42	0. 54	0. 07	0. 04	78. 51	0. 06	0. 00	0. 16	0. 12	0. 11	0. 50	7. 82	0. 06
PHL	0. 50	0. 01	0. 54	0. 04	3. 02	1. 39	0. 51	3. 67	0. 75	0. 68	0. 62	0. 09	0. 02	73. 90	0. 00	0. 20	0. 40	0. 92	0. 85	7. 68	0. 17
PNG	0. 19	0. 00	0. 19	0. 64	0. 52	0. 21	0. 09	0. 82	0. 25	0. 14	0. 07	0. 03	0. 25	0. 06	34. 35	0. 20	0. 15	0. 12	0. 19	2. 88	0. 03
RUS	0. 29	0. 00	0. 40	0. 05	2. 03	0. 56	0. 18	1. 66	0. 66	0. 29	0. 12	0. 06	0. 03	0. 10	0. 01	66. 93	0. 28	0. 21	0. 40	5. 46	0. 13
SGP	3. 70	0. 17	1. 05	0. 29	3. 83	3. 55	3. 12	5. 70	3. 00	1. 30	3. 01	1. 17	0. 30	1. 82	0. 04	2. 02	23. 46	2. 12	3. 09	15. 30	0. 65
THA	1. 72	0. 02	0. 69	0. 15	3. 90	1. 38	1. 41	5. 30	1. 29	0. 56	1. 10	0. 23	0. 05	0. 48	0. 01	0. 42	0. 70	52. 71	0. 66	12. 36	0. 57
TWN	0. 57	0. 01	0. 71	0. 05	3. 79	0. 61	0. 27	3. 81	1. 00	0. 36	0. 41	0. 11	0. 03	0. 22	0. 01	0. 24	0. 44	0. 72	66. 44	7. 27	0. 23
USA	0. 19	0. 00	1. 03	0. 04	0. 60	0. 36	0. 05	0. 83	0. 24	0. 59	0. 06	0. 03	0. 02	0. 07	0. 00	0. 11	0. 13	0. 08	0. 18	92. 68	0. 03
VNM	2. 72	0. 01	0. 86	0. 15	4. 79	0. 99	0. 70	5. 85	1. 26	0. 80	0. 70	0. 20	0. 06	0. 51	0. 01	0. 67	1. 08	1. 01	1. 12	13. 72	52. 18

资料来源：基于 2005 年 APEC 经济体间投入产出表计算得到。

表 2-4　　亚太经济体间依存度指标（2012 年）　　单位：%

	AUS	BRN	CAN	CHL	CHN	HKG	IDN	JPN	KOR	MEX	MYS	NZL	PER	PHL	PNG	RUS	SGP	THA	TWN	USA	VNM
AUS	83.80	0.00	0.16	0.04	3.57	0.15	0.32	2.47	0.83	0.11	0.16	0.31	0.02	0.08	0.03	0.15	0.20	0.19	0.36	1.23	0.09
BRN	3.31	39.52	0.29	0.05	3.42	0.22	2.09	21.48	5.95	0.26	0.33	2.22	0.03	0.27	0.03	0.30	1.05	1.17	0.47	2.75	1.35
CAN	0.16	0.00	79.38	0.06	0.95	0.11	0.12	0.59	0.21	0.38	0.06	0.03	0.04	0.03	0.01	0.16	0.08	0.06	0.08	10.89	0.03
CHL	0.46	0.00	0.49	73.02	5.17	0.21	0.16	1.47	0.94	0.44	0.11	0.03	0.35	0.06	0.03	0.31	0.17	0.13	0.45	3.26	0.13
CHN	0.40	0.01	0.42	0.12	80.48	2.82	0.32	1.42	0.57	0.33	0.15	0.05	0.06	0.09	0.02	0.46	0.44	0.18	0.20	3.95	0.12
HKG	0.55	0.01	0.49	0.11	16.23	45.22	0.44	1.69	0.68	0.35	0.20	0.07	0.06	0.16	0.06	0.47	0.34	0.29	0.56	5.63	0.26
IDN	0.57	0.01	0.21	0.04	2.68	0.28	78.30	2.91	1.06	0.17	0.49	0.05	0.03	0.32	0.02	0.26	1.14	0.50	0.41	2.20	0.17
JPN	0.24	0.00	0.23	0.04	1.86	0.09	0.29	88.11	0.57	0.20	0.14	0.03	0.02	0.08	0.01	0.26	0.17	0.36	0.25	2.23	0.11
KOR	0.71	0.01	0.47	0.15	4.12	0.29	0.64	2.35	65.27	0.59	0.21	0.07	0.10	0.13	0.06	0.76	0.61	0.30	0.31	3.93	0.31
MEX	0.20	0.00	0.79	0.15	0.74	0.10	0.12	0.56	0.23	78.93	0.07	0.03	0.09	0.03	0.02	0.20	0.11	0.08	0.10	9.76	0.03
MYS	1.90	0.09	0.58	0.08	5.75	0.47	1.99	5.97	1.50	0.62	53.22	0.26	0.06	0.46	0.03	0.64	1.72	1.41	0.84	5.58	0.53
NZL	2.94	0.00	0.32	0.05	1.86	0.13	0.42	1.80	0.63	0.18	0.18	75.05	0.04	0.21	0.05	0.21	0.25	0.18	0.23	2.41	0.14
PER	0.17	0.00	0.94	0.59	3.49	0.16	0.11	1.05	0.54	0.25	0.08	0.02	78.02	0.04	0.01	0.21	0.12	0.12	0.17	4.03	0.04
PHL	0.25	0.00	0.31	0.04	2.59	0.14	0.31	1.79	0.50	0.30	0.20	0.03	0.02	77.56	0.03	0.28	0.25	0.47	0.30	3.22	0.22
PNG	0.27	0.01	0.25	0.52	0.68	0.09	0.16	0.52	0.31	0.18	0.12	0.04	0.20	0.08	35.83	0.21	0.12	0.10	0.14	2.48	0.06
RUS	0.20	0.00	0.23	0.04	1.98	0.26	0.18	1.19	0.53	0.15	0.12	0.03	0.03	0.07	0.02	75.74	0.25	0.14	0.19	2.28	0.07
SGP	1.39	0.08	0.54	0.10	4.20	0.53	2.41	2.27	1.10	0.38	0.72	0.13	0.06	0.28	0.19	0.53	21.17	0.61	0.41	4.51	0.37
THA	1.48	0.03	0.47	0.12	3.53	0.32	1.54	3.08	0.72	0.39	0.59	0.17	0.07	0.47	0.04	0.47	0.49	59.86	0.36	4.42	0.44
TWN	0.63	0.01	0.61	0.11	6.87	0.50	0.64	3.29	0.90	0.55	0.40	0.08	0.06	0.20	0.04	0.62	0.57	0.54	58.50	5.40	0.38
USA	0.20	0.00	0.95	0.08	1.15	0.15	0.10	0.61	0.23	0.60	0.07	0.02	0.05	0.04	0.01	0.18	0.14	0.07	0.11	89.87	0.03
VNM	1.11	0.01	0.71	0.09	3.08	0.37	0.96	4.88	1.47	0.38	0.75	0.11	0.05	0.58	0.05	0.90	0.80	0.86	0.49	7.47	51.77

资料来源：基于 2012 年 APEC 经济体间投入产出表计算得到。

对出口总值进行分解需界定清楚其中的经济体内增加值、经济体外增加值和重复计算值的构成。为阐述出口总值中的重复计算问题，考虑如下简化的例子（如图 2－3 所示）。国家 A 出口 10 万美元煤炭到国外用于生产价值 50 万美元的钢材，然后将该 50 万美元的钢材进口回国生产价值 100 万美元的金属制品，进一步将该 100 万美元的金属制品出口到国外用于生产价值 1000 万美元的发动机，然后将该 1000 万美元的发动机进口回国生产价值 2000 万美元的汽车，最终，国家 A 将 2000 万美元的汽车出口到国外用于居民消费。

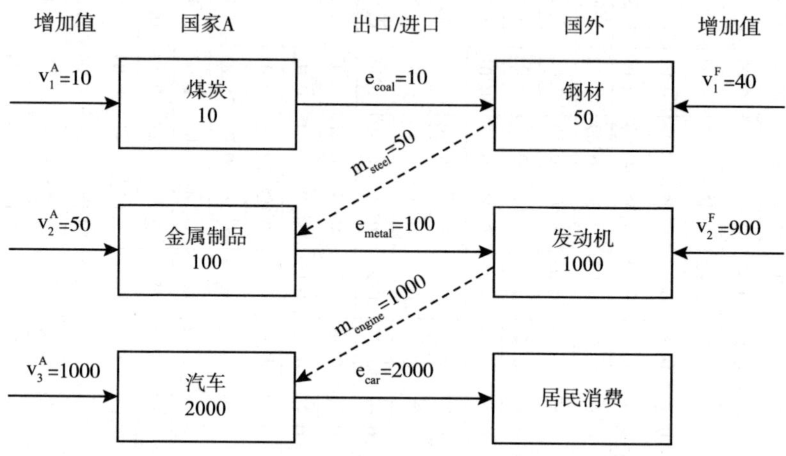

图 2－3　国家 A 向国外的总出口（单位：万美元）

国家 A 的每项出口值都可分解为在全球生产过程中所创造的（经济体内和经济体外）增加值。

（1）煤炭出口。

$$e_{coal} = v_1^A \tag{2-12}$$

10 万美元 = 10 万美元

（2）金属制品出口。

$$\begin{aligned} e_{metal} &= m_{steel} + v_2^A \\ &= e_{coal} + v_1^F + v_2^A \\ &= v_1^A + v_1^F + v_2^A \end{aligned} \tag{2-13}$$

100 万美元 = 10 万美元 + 40 万美元 + 50 万美元

（3）汽车出口。

$$\begin{aligned} e_{car} &= m_{engine} + v_3^A \\ &= e_{metal} + v_2^F + v_3^A \\ &= v_1^A + v_1^F + v_2^A + v_2^F + v_3^A \end{aligned} \tag{2-14}$$

2000 万美元 = 10 万美元 + 40 万美元 + 50 万美元 + 900 万美元 + 1000 万美元

在上述全球生产过程中，由于国家 A 的一些出口品被（间接）用作生产其他出口品（出口的煤炭和金属配件被用作生产汽车），其价值已隐含在其他出口品中，将所有出口品合计得到出口总值时将引发重复计算问题。国家 A 的出口总值 e 可分解为：

$$\begin{aligned} e &= e_{coal} + e_{metal} + e_{car} \\ &= v_1^A \\ &\quad + v_1^A + v_1^F + v_2^A \\ &\quad + v_1^A + v_1^F + v_2^A + v_2^F + v_3^A \end{aligned} \tag{2-15}$$

从上式可以看出，在国家 A 的出口总值中，v_1^A 被重复计算 2 次，v_2^A 被重复计算 1 次，v_1^F 被重复计算 1 次。国家 A 的出口总值可分解为经济体内增加值、经济体外增加值、重复计算的经济体内增加值、重复计算的经济体外增加值：

$$\begin{aligned} e &= v_1^A + v_2^A + v_3^A \text{（经济体内增加值）} \\ &\quad + v_1^F + v_2^F \text{（经济体外增加值）} \\ &\quad + 2v_1^A + v_2^A \text{（重复计算的经济体内增加值）} \\ &\quad + v_1^F \text{（重复计算的经济体外增加值）} \end{aligned} \tag{2-16}$$

2110 万美元（出口总值）= 1060 万美元（经济体内增加值）
+940 万美元（经济体外增加值）
+70 万美元（重复计算的经济体内增加值）
+40 万美元（重复计算的经济体外增加值）

重复计算的增加值 110 万美元（ = 70 万美元 + 40 万美元）恰为国家 A 的汽车出口生产过程中使用掉的煤炭出口量和金属制品出口量。重复计算之所以会发生是因为出口集合中的一些产品（如煤炭和金属制品）在全球生产系统中被用来生产其他出口品（如汽车），被消耗掉的出口品的价值已隐含在使用该产品的其他出口品的价值中，在计算总出口的过程中该部分价值将被重复计算。

库普曼等（Koopman et al.，2014）提出了一种出口总值的分解方法（分解框架如图 2 – 4 所示）。该方法可将一个经济体的出口总值（E）分解为经济体内增加值（DVA）、经济体外增加值（FVA）、重复计算的增加值（PDC）。重复计算的增加值由重复计算的经济体内增加值（DDC）和重复计算的经济体外增加值（FDC）构成。在图 2 – 3 的例子中，经济体

A 的出口总值 2110 万美元可分解为本经济体增加值 1060 万美元，经济体外增加值 940 万美元，重复计算的增加值 110 万美元（其中，重复计算的经济体内增加值 70 万美元，重复计算的经济体外增加值 40 万美元）。经济体外增加值（FVA）与重复计算的增加值（PDC）之和与出口总值之比即为经典的垂直专业化（Vertical Specialization，VS）指标（Hummels et al.，2001）。在图 2－3 的例子中，经济体 A 出口的垂直专业化率为 (940＋70＋40)/2110＝0.498。

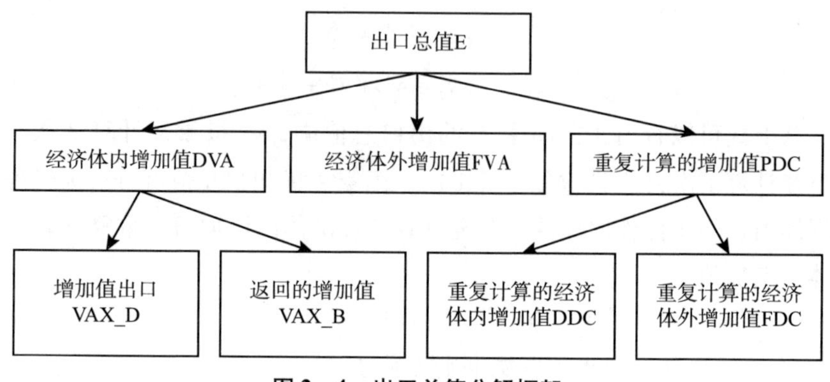

图 2－4　出口总值分解框架

出口总值中的本经济体增加值可以进一步分解为增加值出口（VAX_D）和返回的本经济体增加值（VAX_B）。增加值出口的定义已在前文介绍，指一个经济体的增加值被其他经济体直接和间接最终使用的数量。返回的本经济体增加值是指该经济体的增加值隐含在本经济体的出口品中出口到其他经济体后，进一步用于生产其他产品，最后进口回本经济体被最终使用。在图 2－3 的例子中，由于所有最终品（汽车）的使用都发生在经济体 A 之外，因此不存在返回的本经济体增加值的情况，出口中含有本经济体的增加值数量均为增加值出口量（1060 万元）。

利用出口总值的分解结果可以进一步构造贸易增加值相关指标。例如，可以计算出口增加值率，即一个经济体出口总值中含有的经济体内增加值与出口总值的比率（DVA/E）。该指标可以测度一个经济体单位出口中的本经济体增加值含量。图 2－5 给出了 2005 年和 2012 年两个年度各经济体出口增加值率的情况。从图 2－5 可以看出，2005 年和 2012 年中国的出口增加值率均在 0.75 左右，即中国出口 1000 美元产品产生的中国增加值为 750 美元。与 2005 年相比，中国 2012 年的出口增加值率略有上升。增加值率的上升由两方面原因导致：一是国内产品对进口品的替代。

中国国内生产部门为出口品生产供应了更多的中间产品，国内产品对进口品的替代使得全球价值链在中国国内的链条变长，从而在国内创造更多份额的增加值（Kee and Tang，2016）。二是中国在全球价值链中逐步升级。中国在全球价值链中从事的活动正逐步由增加值含量较低的组装制造活动转向增加值含量较高的研发和市场营销活动。该升级过程已经在人均地区生产总值较高的省份展开（Chen et al.，2022）。

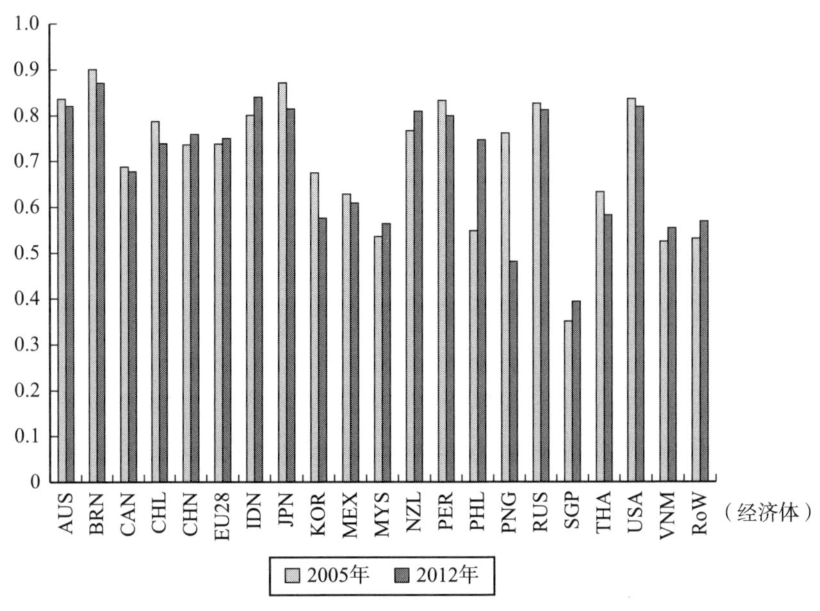

图 2－5　各经济体出口增加值率

四、全球生产指标：全球价值链收入

在全球价值链中，世界各经济体通过国际分工发挥各自比较优势共同生产产品，并且根据各自的贡献从中获得收入。全球价值链收入（GVC income）衡量了一个经济体直接和间接地从全球最终品生产中获得的增加值（Timmer et al.，2013）。全球价值链收入指标可以测度一个经济体在不同产品的全球价值链中创造增加值的能力，从而体现各个经济体在全球价值链中的竞争力。

下面以图 2－3 展示的汽车的全球价值链为例对全球价值链收入指标的含义进行解释。在汽车全球价值链中，全球生产系统共生产出了价值2000 万美元的汽车。其中，国家 A 的煤炭部门、金属制品部门、汽车部门参与了汽车全球价值链的生产，并且分别获得了 10 万美元、50 万美元、

1000 万美元的增加值。因此，国家 A 从汽车全球价值链中共获得 1060 万美元的全球价值链收入，占比为 1060/2000 ×100% =53%。国外的钢材部门、发动机部门分别从汽车全球价值链中分别获得了 40 万美元、900 万美元的增加值。国外获得的全球价值链收入共计 940 万美元，占汽车全球价值链总收入的 47%。

在经济体间投入产出框架下，各个经济体从世界范围内第 i 种最终品的全球价值链中获得的增加值可以表示为：

$$\mathbf{v}^{i}=\mathbf{WL}\tilde{\mathbf{f}}^{i} \tag{2-17}$$

其中，$\mathbf{v}^{i}$ 为各经济体从第 i 种最终品的全球价值链中获得的增加值组成的列向量。$\mathbf{L}$ 为 Leontief 逆矩阵；$\tilde{\mathbf{f}}^{i}$ 为由各个经济体生产的第 i 种最终品组成的列向量（其他部门最终品为 0）。$\mathbf{W}$ 为由各经济体增加值率组成的对角块矩阵，满足（以三个经济体为例）：

$$\mathbf{W}=\begin{bmatrix}\mathbf{w}^{r'} & \mathbf{0} & \mathbf{0}\\ \mathbf{0} & \mathbf{w}^{s'} & \mathbf{0}\\ \mathbf{0} & \mathbf{0} & \mathbf{w}^{t'}\end{bmatrix} \tag{2-18}$$

图 2-6 以“计算机、电子与光学设备制造业”全球价值链收入为例，给出了 2012 年 APEC 主要经济体以及欧盟在“计算机、电子与光学设备制造业”全球价值链收入中的份额。从图 2-6 可以看出，中国（CHN）在“计算机、电子与光学设备制造业”全球价值链收入中获得的份额最高，约占 23.5%。美国（USA）、欧盟 28 个经济体（EU28）、日本（JPN）和韩国（KOR）也获得了较高份额的收入，分别占 15.6%、12.8%、8.5% 和 5.0%。这说明中国在“计算机、电子与光学设备制造业”全球价值链中具有较强的增加值创造能力，在整个价值链创造的增加值中有 23.5% 在中国创造，这展现出中国较强的竞争力。然而需要注意的是，由于一国增加值（GDP）的统计采用常住单位原则，目前的全球价值链收入测度结果尚不能区分出由内资企业创造的增加值和由外资企业创造的增加值。在外资企业创造的增加值中，一部分资本收入将通过收入分配环节转移回母公司所在地，从而可能会使得一国从全球价值链中获得的国民收入小于以增加值测度的全球价值链收入。对于该问题的进一步探究需要借助于区分内外资的投入产出表，从国民收入的视角进行研究。有关区分内外资的中国投入产出表与供给使用表的编制方法将在后面的章节进行介绍。

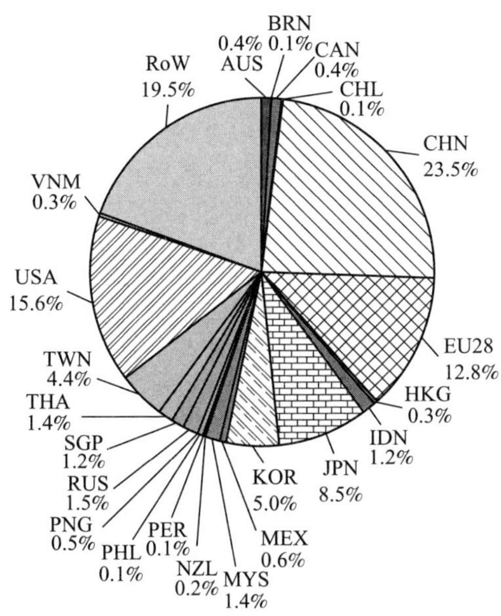

图2-6 “计算机、电子与光学设备制造业”全球价值链收入构成

第五节 总结与展望

在全球价值链快速发展的背景下，中间品贸易增长迅速，一件产品的生产往往需要多个经济体共同参与完成。“世界制造”的出现使得传统的货物和服务进出口贸易指标不能够准确测度各经济体的贸易利得以及双边经贸关系。APEC 贸易增加值（APEC TiVA）指标的构建旨在帮助亚太地区经济体更好地认识和理解全球价值链以及测度各自参与全球价值链的状况和双边增加值贸易情况。本章重点介绍了 APEC TiVA 指标数据库中的双边增加值贸易指标、国家间依存度指标、出口总值分解指标和全球价值链收入指标。

APEC TiVA 指标数据库的建设未来可围绕以下三个方面推进：（1）APEC 经济体间时间序列投入产出表的编制。目前项目组仅编制了 2005 年和 2012 年两个年度的投入产出表，为反映世界经贸关系的最新变化以及适用政策分析的需要，未来可尝试编制时间序列投入产出表。待各个经济体最新年份的官方供给使用表编制完毕后，可对 APEC 经济体间投入产出表进行更新。（2）考虑编制区分企业类型的投入产出表。相关研究表明，不同类型企业的生产技术以及原材料来源结构有很大不同，如果忽略企业类型在生产技术上的异质性，相关增加值贸易指标的测度结果将产生较大偏差。未来可考虑编制区分内外资（或企业规模）的 APEC 经济体间投入产出表，提高 APEC TiVA 指标测度结果的准确性。（3）考虑与 OECD 编制的经济体间投入产出表进行对接。目前的 APEC 经济体间投入产出表仅对 APEC 21 个经济体进行了区分，“欧盟 28 个经济体”以及“世界其他经济体”都为合并的大经济体。OECD 编制的经济体间投入产出表进一步对 OECD 经济体进行了细分，并涵盖了范围更广的发展中经济体。APEC 经济体间投入产出表的优势在于采用了 APEC 经济体的官方数据，数据质量高。未来可将 APEC 经济体间投入产出表与 OECD 经济体间投入产出表进行对接融合，实现优势互补，提高经济体间投入产出表的数据质量。

3　中国投入产出表和供给使用表编制方法的新进展

各经济体的投入产出表与供给使用表是编制 APEC 经济体间投入产出表的重要基础数据。作为重要的 APEC 经济体，中国官方统计部门一直致力于投入产出表与供给使用表编制方法的发展与创新，并取得了长足进步。其中一项具有里程碑意义的工作为 2017 年中国投入产出表的编制。2017 年中国投入产出表和供给使用表编制工作从 2016 年初启动，当时开展了投入产出调查试点工作，之后经历了正式调查、数据收集、处理和平衡等工作，编表工作于 2019 年 8 月底完成。该基准年份表的编制在一定程度上实现了投入产出表与供给使用表编制工作的同步与并重，推动中国供给使用表编制工作前进了一大步。另外，表中的产品部门分类更加细化，编表的时效性比以往也有显著提升。

为了使经济统计领域的学者更好地了解中国投入产出核算工作的最新进展，推进投入产出表和供给使用表的开发应用，本章对 2017 年中国投入产出表和供给使用表的编制方法及主要变化进行总结和梳理。首先，简要回顾中国投入产出表的编制工作；其次，介绍 2017 年中国投入产出表和供给使用表的主要编制方法；再次，概述 2017 年编表方法的主要变化；又次，总结 2017 年编表方法的特点和有关问题；最后，对下一步将要开展的工作进行展望。

第一节　中国投入产出表编制工作的简要回顾

中国从 20 世纪 50 年代末开始对投入产出理论方法进行研究。后来，中国科学院等研究机构编制了 1973 年全国投入产出表，以及 1979 年和 1981 年的全国投入产出表。国家统计局也曾编制 1983 年全国投入产出表。这些探索研究工作，为中国投入产出表的编制积累了重要经验。

1987年3月31日，国务院办公厅印发《关于进行全国投入产出调查的通知》，决定由国家统计局负责开展全国投入产出调查，编制1987年全国投入产出表，以后每五年进行一次。中国编表工作开始规范化、制度化和经常化。

到目前为止，中国按照有关统计和核算制度，在1987年、1992年、1997年、2002年、2007年、2012年和2017年这些调查年份编制了110～140多个部门的投入产出表。① 在两个调查年份之间编制过1990年、1995年、2000年、2005年、2010年和2015年的投入产出简表，部门分类30～40个，2020年的投入产出表是个例外，部门分类有153个。

第二节　2017年中国投入产出表和供给使用表的主要编制方法

2017年以前，国家统计局以编制投入产出表为主。2017年，国家统计局同时开展了投入产出表和供给使用表的编制。2017年投入产出表为“149产品部门×149产品部门”表，供给使用表为“149产品部门×89产业部门”表（公布的供给使用表是“70产品部门×60产业部门”表）。目前，有关数据已通过国家统计局数据库和《2019年中国统计年鉴》《2017年中国投入产出表》等相关出版物公布。

回顾2017年投入产出表和供给使用表编制的整个过程，主要编制方法可以概括为四个方面：一是整体设计；二是获取数据；三是数据处理；四是数据平衡。以下分别详细说明。

一、整体设计

整体设计是编制投入产出表和供给使用表的基础性工作，包括确定编表规模，制定部门分类。例如，需要根据全国经济总量情况、投入产出分析需求和经济管理需要，结合最新的国民经济行业分类，确定编表的规模和具体部门分类。根据调查企业类型、企业数量和地域分布，以及调查经费情况等确定投入产出的调查单位数量规模。另外，整体设计还包括制定编表工作的整个流程、确定编表框架和思路等。

---

① 2020年底，国家统计局根据经济普查数据和投入产出调查资料编制了153个部门的2018年投入产出表。

二、获取数据

2017 年投入产出表和供给使用表的基础数据包括投入产出调查数据、国民经济核算数据、国家统计局专业统计数据、国家部委的有关数据（财政支出决算、税收和进出口等），以及部分行业协会的数据。其中，投入产出调查是最重要的数据来源，以下简要介绍一下 2017 年投入产出调查的有关情况。

投入产出调查大致可区分为三种情况。一是核算系统负责调查，包括在七个代表性的省份开展“农林牧渔业投入构成调查”，大约涉及 700 家农林牧渔业企业或单位；规模以上工业制造成本调查，对规模以上大型工业企业进行全面调查，规模以上中小微型企业进行重点调查，涉及约 15000 个调查单位；建筑业成本费用调查，涉及约 300 个调查单位；服务业成本费用调查，涉及约 6000 个调查单位。核算系统负责的国家调查点合计 22000 个。二是国家统计局的内部联合调查，包括核算司与工业司联合开展的规模以下工业成本费用调查，涉及 10 个省的规模以下工业企业约 2000 个；核算司与投资司联合开展的投资构成调查，对计划投资 2 亿元以上项目全面调查投资构成情况，2 亿元以下项目进行抽样调查。三是国家统计局与有关部委和国企联合开展的调查，包括国家统计局与工信部、海关总署和邮政局联合开展的电信成本费用调查、进口商品使用去向调查和邮政业成本费用调查，以及和铁路总公司联合开展的铁路运输成本费用调查。

三、数据处理

对于获得的基础数据，根据编制投入产出表和供给使用表的需要进行部门对照、转换分解和口径调整等处理。

一是要对获取的数据，进行分析和复核。例如，考虑投入产出调查获取的数据是否合理，对于各种原因造成的不合理数据，向各省（自治区、直辖市）复核有关情况，必要时听取调查企业的反馈，进行有关调整等。

二是投入产出调查数据向核算指标的转换。在该项工作中，需将各项调查数据对应到各投入产出部门的中间投入或增加值，但是对应关系不全是一一对应，需要建立调查指标到核算指标的转换分解关系。这里特别要考虑调查指标的经济含义与核算概念、原理对应是否准确。

三是其他来源数据的处理。例如，海关货物进出口数据的归类和处理，要建立起海关的 HS8 商品编码和投入产出部门的对应关系，并根据贸易方式对数据进行调整处理。以及税收数据的处理等，包括对国内增值税，进口商品的关税、消费税和增值税，进行出口退税的处理。

四、数据平衡

投入产出表和供给使用表的数据平衡是一项漫长又琐碎的工作，既需要整体的宏观视野，又需要从具体产业和产品的微观视角入手。从具体操作角度简要地说，一是编制好供给表，保持供给表数据（产出）基本稳定，同时对于其中相对“薄弱”的数据进行标记。二是对投入产出表的每个部门从生产投入和产品使用两个方面调整平衡，包括对各部门中间投入数据的清洗和补充，最终使用数据的协调，中间投入数据的反复分析和调整等。三是如有必要，对供给表中的“薄弱”数据进行微调。

在数据平衡过程中，还要始终注意对各类关系的检验。包括中间投入的非负数的检验，各部门列平衡关系的检验，行平衡关系的检验，以及表式之间的关系的平衡检验。

最后还要进行合理性判断。包括居民消费合理性检验，例如某些产品部门是否该有数，城镇居民和农村居民的消费比例是否合理。还有资本形成的合理性判断，某些产品部门的固定资本形成是否有数，存货变动正负数是否合理。另外，检验每个部门的直接消耗系数，部门的主要消耗是否合理，性质相近部门消耗差异是否合理等。

第三节　2017 年中国投入产出表和供给使用表编制方法的主要变化

2017 年中国投入产出表和供给使用表的编制方法发生了许多新变化，主要包括以下五个方面。

一是核算标准的变化。按照 2008 年 SNA 国际标准，2016 年中国国民经济核算体系引入了“经济所有权”等概念，对研发支出等核算方法进行了改革。针对研发支出核算方法的改革，2017 年投入产出表和供给使用表对各部门开展的研发活动，统一调整到研发部门进行处理。同时根据“经济所有权”概念，在编表时对海关统计的来料加工进出口数据进行了调整。

二是行业分类的变化。按照最新的 2017 年国民经济行业分类标准，制定了投入产出表和供给使用表的部门分类（产品分类和产业分类）。同时，由于行业分类的变化，2017 年度许多的基础数据处于新旧分类过渡阶段，在编表时需要对基础数据进行新旧分类转换处理。

三是基本框架的变化。2017 年的编表工作，是在投入产出和供给使用整体框架下进行的，而不是仅侧重于投入产出表的编制。虽然未达到国际标准推荐的方法，即先编制供给使用表，再推算投入产出表，但实现了两者编制工作的并重。另外，投入产出表中不再单独设置生产法和支出法 GDP 数据误差项，我们站在国民经济核算的整体角度，研究了专业和核算数据不衔接、GDP 核算内部方法不协调的问题，提出了处理意见和建议，初步发挥了供给使用表的核算框架作用。

四是基础数据和编制方法的变化。为了在供给表中更加准确地反映建筑和服务部门产品供给的情况，通过“主要业务活动收入”调查，获取“四上”建筑业和服务业企业生产的不同类型产出的数据。改变了以往建筑和服务部门供给表（矩阵）只有主对角线有数据的情况，提高了供给表的精度和质量。全面对接“营改增”新税收政策。全国各行各业全面实施“营改增”后，2017 年投入产出表和供给使用表数据收集和编制方法等也做了相应的调整。为同时完成投入产出表和供给使用表的编制，制定了“五步骤”编表方法，提高了编表的数据质量。

五是部门分类和时效性的变化。2017 年投入产出表比 2012 年分类多了 10 个产品部门。同时编表时效性比以往更强了，在参考年后 20 个月完成编表工作，比以往至少提前 4 个月。当然对比国际上的先进国家，在分类上还有不小的改进余地。

第四节　2017 年中国投入产出表和供给使用表编制方法的特点和有关问题

2017 年之前，中国的编表工作以编制投入产出表为主。根据工作需要和情况变化，2017 年的编表工作基本上做到了投入产出表和供给使用表编制并重。以下简要介绍 2017 年投入产出表和供给使用表的“五步骤”编制方法，然后再介绍如何编制 2017 年供给使用表，以及我国目前不宜直接编制供给使用表的原因。

一、“五步骤”编制方法

根据编制 2017 年投入产出表和供给使用表的实际需要，以及中国的基础资料状况，我们制定了“五步骤”编制方法。第一步先编制供给表初表。主要利用各产业部门各类产品的生产信息，以及产品进口、税收和流通费用等数据编制供给表初表。第二步编制投入产出表初表。主要利用投入产出调查信息，得到各类产品生产过程中对产品的消耗编制投入产出表初表。第三步编制使用表初表。通过整合供给表和投入产出表，在一定的假设条件下，得到产业部门的生产对产品的消耗，形成使用表初表。第四步对投入产出表和使用表进行“联动”平衡调整。利用投入产出表和使用表的关联性，在平衡调整投入产出表时，同步调整使用表数据。第五步独立编制完成投入产出表和供给使用表。在投入产出表基本平衡时，断开投入产出表和使用表的关联，利用其他资料和信息分别独立平衡投入产出表和供给使用表，完成投入产出表和供给使用表的编制。

二、供给表和使用表编制简要情况

供给表包括国内供给（国内生产）、进口和价格调整三部分。国内生产的编制，主要利用农林牧渔业产值，规模以上工业产出表、规模以下工业营业收入，建筑和服务业的“四上”企业生产活动调查（108 表），建筑和服务业产值等数据。进口编制主要利用了海关总署的货物数据和外汇管理局的服务数据。价格调整主要包括税收和流通费调整，利用了税务总局的税收数据（主要是国内增值税数据），以及海关总署的进口税（进口关税、消费税和进口增值税）数据。

税收数据的处理是这次编表中新增的部分，需要对基础数据进行调整处理才能符合编制供给表的需求。例如，国内增值税的处理：税务总局提供的是分行业的国内应交增值税，我们需要结合增值税的税率，以及国内生产表，把分行业的增值税转换为分产品的增值税，用于编制供给表（见表 3－1）。进口税的处理：海关总署提供的进口税（进口关税、消费税和进口增值税）包括分 HS8 代码商品的三者合计税收数据，以及单列的进口关税。先处理合计数以及进口关税，由于进口消费税对应的商品项较少，所以结合消费税的税率和总数，计算得到分产品的消费税，进口增值税则通过合计数扣减进口关税和消费税得到。

使用表的编制。使用表初表的第Ⅰ、第Ⅲ象限，利用投入产出表和产出表，通过产品工艺假定推算得到；第Ⅱ象限来自投入产出表的最终使用部分。使用表的初表平衡通过两个环节实现，首先与投入产出表进行联动平衡，然后断开两表的关联，参考行业协会数据以及其他宏观经济数据等进行最终平衡，使用表见表 3－2。

表 3-1　供给表表式

供给表（SNA2008）

产业部门 产品部门	产业部门1	⋮	产业部门j	⋮	产业部门m	进口（到岸价）	基本价格总供给	产品税			产品补贴	商业毛利和运输费用	按购买者价格计算的总供给
								进（出）口税	不可抵扣增值税	（其他的）产品税			
产品部门1 ⋮ 产品部门i ⋮ 产品部门n	基本价格												
产出（基本价格）													

表 3-2　使用表表式

使用表（SNA2008）

	产业部门 产品部门	中间使用				最终使用										总使用（购买者价格）	产品税净额
						最终消费支出				资本形成总额							
		产品部门1	⋮	产品部门m	中间使用合计	居民消费支出	为住户服务的非营利机构消费支出	政府消费支出	合计	固定资本形成总额	存货变动	贵重物品获得减处置	合计	出口	最终使用合计		
中间投入	产品部门1 ⋮ 产品部门n	第Ⅰ象限（购买者价格）				第Ⅱ象限（购买者价格）											
增加值	劳动者报酬 生产税净额 固定资产折旧 营业盈余	第Ⅲ象限															
产出（基本价）																	

三、中国不直接编制供给使用表的原因

对于直接编制供给使用表的工作，目前主要的困难在于直接编制使用表。使用表中很重要的是各产业部门对各种产品的消耗信息。目前，我国产业部门是主要业务活动或主要产品相同的法人单位集合而成，由于产业部门内部的法人单位生产活动差异性较大，难以通过对少数法人单位的中间消耗调查推断整个产业部门对产品部门的消耗。所以直接编制使用表，要么开展全面调查，收集全部产业部门的消耗情况，但是成本巨大；要么通过对少数法人单位的中间消耗调查推断整个产业部门的消耗，但是数据可靠性较差，难以符合编表需要。

第五节　未来工作展望

展望中国投入产出表和供给使用表编制工作，有以下几个方面的重点工作值得进一步研究和关注。

一是编制进口矩阵。为了更好地发挥投入产出表的分析作用，特别是在全球价值链时代，体现中国贸易大国的影响；同时为了加强 APEC 经济体之间的数据合作，为 APEC 经济体间投入产出表的编制提供数据支撑，我们需要编制高质量的进口矩阵来更加细致和全面地反映我国生产消费投资与国际社会的联系。

二是研究如何发挥供给使用表的核算框架作用。通过 2017 年供给使用表的编制，初步发挥了供给使用表的核算框架作用，但是考虑到进一步完善供给使用表的编制，以及与季度 GDP 核算数据的衔接等，还需要开展大量的研究。

三是投入产出核算工作的进一步拓展。例如，探讨在一定条件下，编制年度供给使用表和投入产出表的可行性等。

四是探索投入产出调查和经济普查合并，整合结构调查和总量调查，利用投入产出调查的结构数据和经济普查的总量信息，编制颗粒度更高、部门分类更细的投入产出表和供给使用表。

4　区分企业异质性的供给使用表和投入产出表的编制及应用

第一节　APEC 贸易增加值数据库的工作背景简要介绍①

2014 年 5 月，APEC 在青岛召开的贸易部长会议通过了《促进亚太地区全球价值链（GVCs）发展合作战略蓝图》和《全球价值链中的 APEC 贸易增加值核算战略框架》，呼吁为 APEC 地区建立贸易增加值数据库。2014 年 11 月，中美两国共同启动《APEC 全球价值链贸易增加值核算技术团队行动计划》，确定由中美两国共同启动 APEC 贸易增加值数据库建设计划，APEC 各经济体参与改进与全球价值链核算相关的统计数据。此行动计划的目标是到 2018 年构建 APEC 贸易增加值（APEC TiVA）数据库②，同时还致力于 APEC 各经济体在贸易增加值统计数据编制和全球价值链分析应用等方面的能力建设。

《APEC 全球价值链贸易增加值核算技术团队行动计划》主要有两个目标：一是编制 APEC 21 个经济体的年度供给使用表（Supply and Use Tables，SUTs）、投入产出表（Input-output Tables，IOTs）以及 APEC 经济体间投入产出表，为实现各年度、各经济体的贸易增加值核算提供数据基础；二是对于具备数据与技术条件的经济体，编制区分企业异质性的供给使用表和投入产出表，包括区分企业所有制、区分出口企业和非出口企

---

① 本部分内容选自亚太经济合作组织贸易增加值核算项目（APEC TiVA）报告一（Section Ⅱ）：APEC TiVA Initiative Report One—Methodologies of Constructing the APEC TiVA Database for better Understanding Global Value Chains in the APEC Region（http：//www. apectivagvc. org/archives/3657），有删减。

② 该数据库现已完成，已于 2019 年正式上线，详见 http：//www. apectivagvc. org。

业、区分企业规模等维度的扩展供给使用表（Extended Supply and Use Tables，ESUTs）和扩展投入产出表（Extended Input-output Tables，EIOTs）。

APEC 成员中发展中经济体众多，经济发展水平各异，对于全球价值链的认识参差不齐，因此各经济体在相应的核算数据（特别是供给使用表和投入产出表相关的数据）和技术水平方面差异很大。为了保障计划的可行性，2015 年和 2016 年，在中国 APEC 合作基金等的大力支持下，由中美两国专家领衔的核心技术团队通过专题国际会议、调查问卷、专题培训等多种方式对 APEC 各个经济体的数据基础进行充分考察，最终确定将 2005 年、2012 年作为两个基准年份，编制 APEC 各经济体的供给使用表和投入产出表；有条件的经济体编制这两个年份的扩展供给使用表（ESUTs）和扩展投入产出表（EIOTs）。

综合考虑各经济体的数据与技术条件，最后确定加拿大、墨西哥、美国和中国四个经济体编制各自的扩展供给使用表（ESUTs）。其中，加拿大的企业异质性分为规模、出口状态和所有制三个维度：根据雇用人员的数量按规模分为小型企业（0 ~ 49 人）、中型企业（50 ~ 249 人）和大型企业（250 人及以上）；根据出口状态分为出口企业、非出口企业；根据公司所有制分为外国控制或本国控制的企业。墨西哥的企业异质性分为出口状态、所有制、规模等三个维度：根据出口状态分为出口型企业和非出口型企业；根据企业所有制分为国内企业、内资跨国企业、外商独资企业和外资子公司；根据雇用人员的数量按规模分为小型企业（1 ~ 50 人）、中型企业（51 ~ 250 人）和大型企业（251 人及以上）。美国编制了区分企业所有制的供给使用表，将企业分为美国母公司（内资跨国公司）、外国跨国公司（外资跨国公司）、非跨国公司三类。中国编制了区分内资企业和外资企业的扩展供给使用表和投入产出表，并试编了区分企业规模（大型、中型、小型）的投入产出表。

第二节　APEC 经济体编制扩展供给使用表的情况[①]

本节主要简述加拿大、中国、墨西哥和美国这四个经济体编制扩展供

① 本部分内容节选自亚太经济合作组织贸易增加值核算项目（APEC TiVA）报告一（Section Ⅱ）：APEC TiVA Initiative Report One—Methodologies of Constructing the APEC TiVA Database for better Understanding Global Value Chains in the APEC Region（http：//www. apectivagvc. org/archives/3657），有删减。

给使用表（ESUTs）和扩展投入产出表（EIOTs）的方法、过程、分析结果和经验。

根据数据基础情况，这四个经济体构建扩展供给使用表（ESUTs）时对异质性的区分各有侧重，并形成了各自的做法和估算方法，编制年份也不尽相同。加拿大和墨西哥公布的 ESUTs 按照 OECD 提出的 ESUTs 框架所建议的划分标准，从企业所有权、出口状态以及企业规模等方面区分企业异质性。美国通过区分美国的跨国公司和非跨国公司来体现企业异质性，其中，跨国公司进一步细分为美国母公司和外国母公司的美国子公司。美国的结果能够清晰地说明蕴含在上游外国子公司所供给的投入中的国内增加值是如何对下游产业的出口产生显著影响的。中国通过区分国内企业（DOEs）和外商投资企业（FIEs）来体现企业异质性。中国是唯一一个用 APEC TiVA 产业/产品分类构建 ESUTs 的经济体，这使其能够更直接地将结果与完整的 APEC TiVA 数据库作对比。

一、加拿大①

加拿大的 ESUTs 从企业规模（size）、企业所有权（country of control）和出口状态（export status）的维度考虑了企业异质性（每次只按一个特征分类），并使用该系列的 ESUTs 构建了 2010 年、2011 年和 2012 年的 TiVA 测度指标库。分析结果显示，与标准 SUTs 相比，基于 ESUTs 的测算减小了 TiVA 测度指标的数据偏差，并且根据 ESUTs 计算的出口中的国内增加值含量较小。由此推出的 ESUTs 和 TiVA 测度指标为分析小型企业与大型企业、内资企业与外资企业以及非出口企业与出口企业在全球价值链中的参与情况提供了更为丰富的研究视角。在 ESUTs 的构建中仍然存在一些问题和挑战，包括：微观数据库和国民账户体系对产出和投入概念的定义不一致；经销商进口产品的最终使用去向信息有限；用于分配产出和投入（包括国内投入和进口投入）的产品信息有限；不同类型公司之间的企业间交易信息有限；等等。

（一）数据来源

ESUTs 的编制主要基于标准 SUTs 以及微观层面的企业生产、所有制性质、进出口等数据。

加拿大的标准 SUTs 每年发布一次，大约有三年的滞后期。最详细的产品和部门分类包括 481 种产品和 235 个产业。为了构建 ESUTs，需要将

① 更多信息，请参见 http://www.iariw.org/copenhagen/wulong1.pdf。

标准的 SUTs 与 466 个产品和 98 个产业的微观数据相连接，其中包含 97 个营利性产业部门（Business Sector）和 1 个综合的非营利性产业部门（Aggregate Nonbusiness Sector）。通过合并细分的建筑产业和细分的饮料产业（如葡萄酒，饮料等），98 个产业部门进一步汇总为 87 个产业部门。

（二）估算方法

利用通用企业标识符将企业层面的调查数据与政府统计数据库联系起来，可以得到区分企业异质性的企业层面数据。微观数据库提供了加拿大企业层面的所有法人企业的产出、中间投入、增加值、货物进出口、商业服务进出口以及企业所有权的信息。该微观数据库将国民账户的商业微观数据库与以下几个截面数据连接起来：

（1）企业贸易统计（Trade by Enterprise Characteristics，TEC）微观数据库（进口和出口）：TEC 微观数据库通过将海关贸易记录与加拿大的工商登记单位（Business Register）匹配连接得到。海关数据从加拿大边境服务局（CBSA）的行政文件中提取。所有与 CBSA 打交道的企业都有相应的业务编号（BN），用于完成诸如进出口、税收和工资单等各种程序。通过使用工商登记业务注册表（Business Registry）可将根据 BN 收集的出口和进口数据汇总为企业层面数据。

（2）国际商业服务贸易（International Transactions in Commercial Services）：国际服务贸易有四种类型，即旅游、运输、商业服务和政府服务。ESUTs 只考虑企业层面的国际商业服务贸易。

（3）外国子公司统计数据（Foreign Affiliate Statistics，FAS）：FAS 数据涵盖加拿大境内外国直接投资者拥有超过 50% 的有表决权的股份的国内实体（MODAs）的活动和财务状况等信息。内部 FAS 数据是外国直接投资统计的延伸，提供了外国控制企业对加拿大经济的产出、就业、生产力和国际贸易的影响等数据。

TEC 微观数据库、FAS 数据库和商业服务贸易数据库所涵盖的企业与国民账户的商业微观数据库所涵盖的企业的匹配度很高。对于 TEC－进口数据库，大约 75% 的企业都与国民账户的商业微观数据库相关联，约占进口数据库中的总进口的 95%。没有关联到的企业规模较小，一般为非法人企业，因此在仅包括法人企业的国民账户的商业微观数据库中匹配不到这些企业。

加拿大分别编制了区分企业规模、企业所有权和出口状态的 ESUTs，具体分类标准如下所示：

（1）企业规模：小型企业（0～49 人）；中型企业（50～249 人）；大型企业（250 人及以上）。

(2) 出口状态：出口企业、非出口企业。

(3) 企业所有权：外国或本国控制的公司。

二、墨西哥

墨西哥基于 APEC 框架，分别编制了 2013 年区分企业出口状态、企业所有权和企业规模的 ESUTs。具体的数据来源、编制时遇到的问题以及整个估算过程简述如下。

（一）数据来源

两个主要的数据来源是 2014 年经济普查（EC）和对外贸易数据库（FTD）。EC 提供了 2013 年企业层面的统计信息。FTD 根据统一的商品名称和编码系统提供了海关的通关交易信息。

（二）估算方法

出口企业是指其生产或销售的一部分被送往国外市场或从事某种出口加工活动的企业，非出口企业指的是那些只在国内市场进行生产或销售的企业。墨西哥将 EC 和 FTD 进行匹配，筛选出在国外登记了货物和（或）服务交易的机构作为该经济体的出口企业，将 EC 中其余仅在国内登记货物和（或）服务交易的机构列为非出口企业。其中，根据 EC 和 FTD 匹配筛选出的出口企业货物出口占总出口值的 84%。

为了确定出口企业和非出口企业经济活动的分配比例，根据企业经济活动的经济普查总产值来估计分配系数。根据分配系数对供给使用表的每个单元进行分解，先计算出口企业的相关数据，再从总值中减去出口企业对应的数值得出非出口企业的相关数据。

根据 FTD 和从 EC 中提取的包含企业外国资本信息的子公司数据库，将企业分为内资企业、内资子公司、外资企业和外资子公司四种所有权类型。

根据雇用人员的数量，将企业分为小型企业（1~50 人）、中型企业（51~250 人）和大型企业（251 人及以上）三种规模类型。

三、美国①

美国利用本国跨国公司和非跨国公司的数据区分企业异质性，将企业分为三类，即美国母公司（内资跨国公司，Domestic - Owned MNEs）、外国跨国公司（外资跨国公司，Foreign - Owned MNEs）和美国本国公司（Domestic - Owned Firms）。主要的数据来源、方法和主要结果概述如下。

---

① 更多相关信息，请参见 https://www.bea.gov/system/files/papers/WP2018-12.pdf。

（一）数据来源

ESUTs 主要利用了两个数据源：（1）美国经济分析局（Bureau of Economic Analysis，BEA）发布的时间序列供给使用表；（2）BEA 发布的跨国企业经济活动（Activity of Multinational Enterprises，AMNE）数据和服务贸易统计数据。除了这两个主要数据来源以外，还直接使用了美国普查局（US Census Bureau）的部分数据。

基于 BEA 的 AMNE 统计数据可将企业异质性引入供给使用表中。AMNE 是 BEA 进行的法定调查，并被用于估计跨国公司对国内（美国）经济和外国东道国经济的影响，统计数据涵盖了美国母公司（内资跨国公司）和外国跨国公司（外资跨国公司）控股的美国子公司的财务和经营特征。

（二）估算方法

对于 2005 年和 2012 年的相关数据，基于 AMNE 外商投资调查数据估算外资跨国公司的经营情况，基于 AMNE 对外投资调查数据估算内资跨国公司的经营情况。AMNE 调查表中包括 31 个行业的内资跨国公司和外资跨国公司的增加值、销售额和货物贸易的组成部分。由于公布的 AMNE 外商投资数据中包含的外资所有权占多数（majority-foreign-owned）的公司会同时出现在 AMNE 外商投资和对外投资数据库中，因此在内资跨国公司的划分中并未包括这些公司。

关于按公司类型划分的 BEA 服务贸易数据，则是根据 AMNE 企业层面数据，将服务贸易数据分配到不同行业。但是，运输、旅游和政府货物与服务贸易三个服务贸易类别无法直接与 AMNE 数据中的企业数据匹配。运输、旅游、政府货物与服务贸易数据的所有权归属主要是基于其主要从事的贸易类型来划分，同时考虑基于 ESUTs 的按所有权类型划分的总产出数据。旅游服务出口是根据 2012 年 BEA 旅游卫星账户数据、2013 年国际航空旅客调查数据和 2012 年按所有权类型划分的总产出数据进行分配的。由于旅游服务的进口和个人旅游进口通常不是由企业而是由个人消费者产生的，因此这些进口被归为最终需求。

编制 ESUTs 的另一个数据来源是美国 BEA 和普查局正在合作进行的微观数据链接项目（Microdata Linking Project）。通过链接 2012 年制造业普查中产业活动单位（Establishment）数据和 BEA 组织的 2012 年外商投资调查和对外投资调查数据，可以识别 MNEs 的类型；通过其他普查数据，也可以区分企业规模和出口强度。此外，为构建 ESUTs，还需要进行以下调整和计算：从公司到产业活动单位的调整、将购买者价格使用表转换为基本价格使用表、对公司分类型进行估计等。

基于编制完成的 ESUTs 后可以推导出对称的“产业部门 × 产业部门”的扩展投入产出表（EIOTs）。在 ESUTs 中，只有分产品的出口数据，但对称的投入产出表中则需要分产业部门和企业类型的出口，编制时需要利用出口份额来进行估算。对于估算过程中产生的误差，可将其调整到非出口活动，以确保投入产出表的表内平衡。经过这些步骤得到“出口调整”后的对称投入产出表后，可以此为基础计算得到贸易增加值等指标。

四、中国

中国科学院（CAS）团队基于 APEC TiVA 项目的产品/产业框架为中国构建了 2012 年区分企业异质性的 ESUTs，主要将企业类型分为了内资企业（Domestic－Owned Enterprises，SOEs）和外资企业（Foreign-invested Enterprises，FIEs）。具体的编制方法等将在第三节阐述。

第三节　区分企业异质性的中国供给使用表和对称型投入产出表的编制及实证分析[①]

一、中国编制扩展的供给使用表的必要性

如前所述，生产的日益全球化凸显了全球价值链（Global Value Chain，GVC）研究的必要性，而投入产出分析技术是衡量 GVC 和相关贸易增加值指标的主要工具之一。在许多经济体中，投入产出表由供给表和使用表推导得到，这使得投入产出表的更新较快。中国目前的编制实践则有所不同，先是直接编制投入产出表，具体是每隔两年或三年编制一次（其中，每隔五年即逢 2、逢 7 年份编制基于专项调查的基准投入产出表，逢 0、逢 5 年份基于最近一次基准投入产出表，编制投入产出延长表），投入产出表在两年或三年后公布。相对供给表和使用表推导法，中国投入产出表的编制有一定滞后性。

多年以来，国家统计局在逢 2、逢 7 年份编制投入产出表的同时，一直

① 本部分内容选自亚太经济合作组织贸易增加值核算项目（APEC TiVA）报告一：APEC TiVA Initiative Report One—Methodologies of Constructing the APEC TiVA Database for better Understanding Global Value Chains in the APEC Region（http：//www.apectivagvc.org/archives/3657），有删减。

在编制供给使用表，但不管是供给使用表还是投入产出表都没有区分企业异质性。不同类型的企业在生产投入、劳动和资本密集度、出口结构方面存在较大差异。如图 4-1 和图 4-2 所示，在进口投入品的使用比重方面，外商投资企业（Foreign Invested Enterprises，FIEs）及港澳台商投资企业要显著高于内资企业（Domestic Owned Enterprises，DOEs）。如图 4-3 和图 4-4 所示，在出口交货值占工业销售产值的比重方面，外商及港澳台商投资企业要显著高于内资企业。在投入产出分析中，简单地采用同质性假定会在很多方面产生估计误差。因此，有必要编制区分企业异质性的供给使用表。

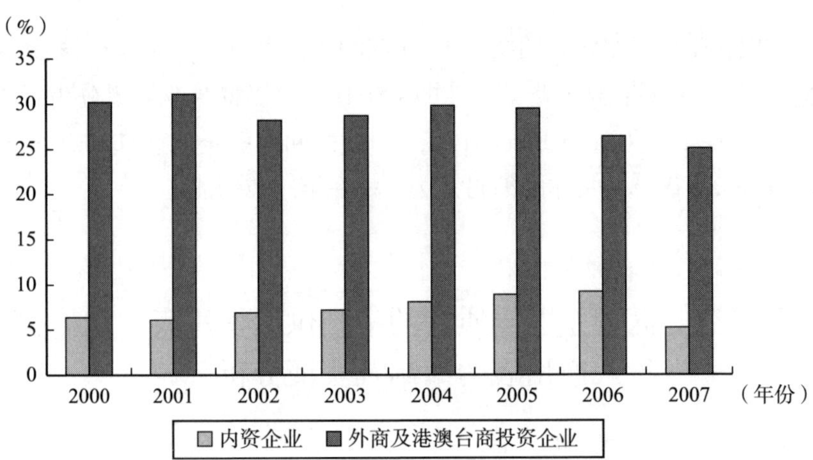

图 4-1　2000～2007 年制造业企业生产投入中进口品的比重

资料来源：Ma H，Wang Z，Zhu K，2015。

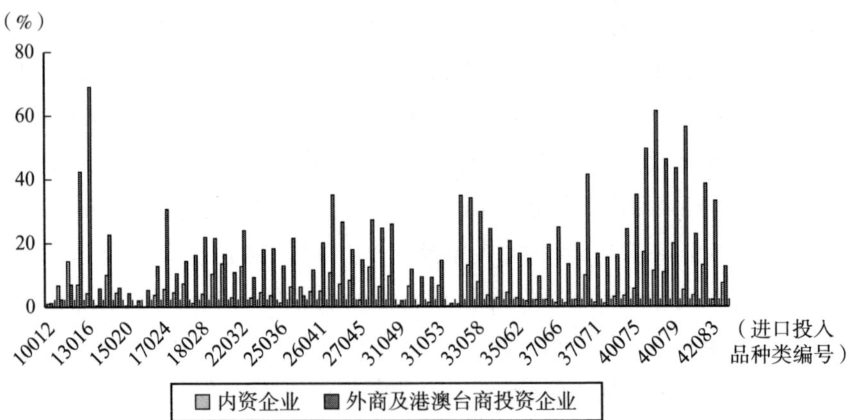

图 4-2　2007 年分部门制造业企业生产投入中进口品的比重

注：横轴上数字的后两位代表 139 部门投入产出表的部门序号，具体见附录 B 表 5。
资料来源：Ma H，Wang Z，Zhu K，2015。

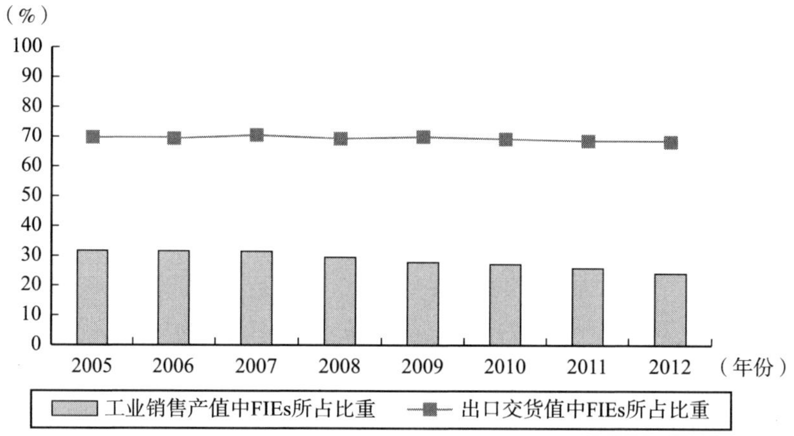

图4-3　外商及港澳台商投资企业在工业销售产值和出口交货值中的占比情况

资料来源：根据《中国工业统计年报》历年数据计算。

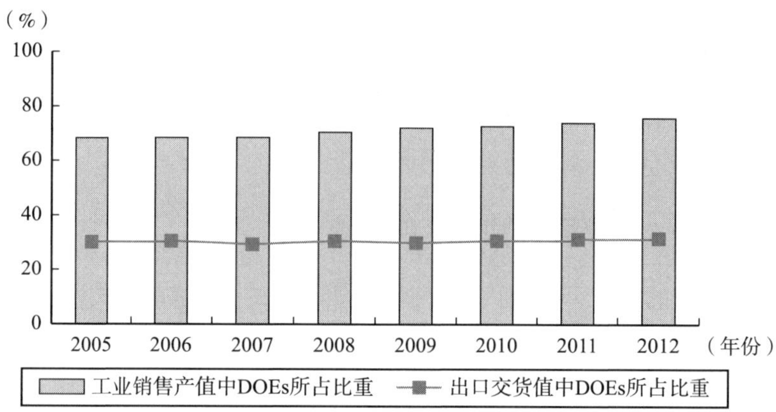

图4-4　内资企业在工业销售产值和出口交货值中的占比情况

资料来源：根据《中国工业统计年报》历年数据计算。

二、区分企业异质性的供给使用表编制程序说明和主要数据来源

根据中国企业异质性数据的可获得性，对于中国区分企业异质性的供给表、使用表和投入产出表（Extended Supply and Use Table with Firm Heterogeneity）的编制主要集中在一个层面，即将企业分为外资企业（FIEs）和内资企业（DOEs）两种类型。需要说明的是，中国区分企业异质性的供给使用表编制过程和其他几个经济体略有不同。根据国家统计局（NBS）目前的编表实践，是先编制供给表和投入产出表，然后根据产品工艺假定推导得到使用表。区分企业异质性的投入产出表也遵循了相同的

编表程序。

涉及的数据来源主要有两大类：一是投入产出核算相关的数据，包括国家统计局编制的按照我国国民经济行业分类的供给使用表（62 个产业部门 ×96 个产品部门），以及 APEC 产业和产品部门分类标准（34 个产业部门 ×51 个产品部门）对应的 2012 年供给使用表（APEC SUTs），包括基本价格和购买者价格供给使用表和进口使用表。APEC SUTs 是编制 ESUTs 的基础数据，在此基础上对企业异质性进行拆分。二是有关对内资企业和外资企业进行拆分涉及的数据，主要来源于国家统计局国家数据库—年度数据、《中国工业统计年鉴 2013》、《中国建筑业统计年鉴 2013》、《大中型批发零售住宿餐饮等服务业统计年鉴 2013》（非全口径，规模以上企业）、《中国金融年鉴 2013》、《中国经济普查年鉴—2013》、中经网统计数据库等。从这些数据来源中，主要是得到产业部门产出中的内外资企业占比、2003 ~2012 年外商直接投资（FDI）累计额占固定资产投资完成额占比、产业部门工业销售产值中内外资企业占比、具有资质等级的所有独立核算的建筑业企业中内资企业和外资企业“总产值”比重、主营业务收入/银行实收资本/外资保险公司“原保费收入”中外资企业占比等指标，作为拆分内资企业、外资企业产出的基础。

三、区分企业异质性的供给表的编制

编制完成的2012 年区分内资企业和外资企业的供给表的表式列于表4 –1。

表 4 –1　　区分企业异质性的供给表

		产业部门		以生产者价格表示的国内供给	进口	进口税	以生产者价格表示的总供给	不可抵扣的增值税	商业毛利和运输费	以购买者价格表示的产品总供给
		FIEs	**DOEs**							
产品部门	**FIEs**	$\mathbf{S}^F$								
	DOEs		$\mathbf{S}^D$							
产出										

注：列的具体拆分方法是：每个产业部门按照外商及港澳台商投资企业和内资企业的产出份额进行拆分，即 $s_{ij}^F = s_{ij} \times (x_j^F / x_j)$，$s_{ij}^D = s_{ij} \times (x_j^D / x_j)$。其中 s_{ij}^F 是 $\mathbf{S}^F$ 的元素，表示第 j 产业部门中 FIEs 提供的第 i 种产品的数量。s_{ij} 是 $\mathbf{S}$ 的元素，表示第 j 产业部门提供的第 i 种产品的数量。s_{ij}^D 是 $\mathbf{S}^D$ 的元素，表示第 j 产业部门中 DOEs 提供的第 i 种产品的数量。x_j 是第 j 产业部门的产出，x_j^F 是第 j 产业部门中 FIEs 的产出，x_j^D 是第 j 产业部门中 DOEs 的产出。这种拆分方法暗含的假设是：对某一产业部门而言，FIEs 和 DOEs 所提供的产品结构相同。

处理方法和数据来源简述如下。

假设某一产业部门中内资企业和外资企业提供的产品结构相同。

用某一产业部门的所有产品乘以该产业部门产出中内资企业所占的比重，得到该产业部门中内资企业提供的产品。用某一产业部门的所有产品都乘以该产业部门产出中外资企业所占的比重，得到该产业部门中外资企业提供的产品。

对于工业部门，“产业部门产出中内外资企业占比”用“产业部门工业销售产值中内外资企业占比”来近似估计。

对于其他部门，“产业部门产出中内外资企业占比”用“产业部门总产值/主营业务收入/营业收入中内外资企业占比”来近似估计。

考虑到农业、建筑业和一些服务部门的内外资企业产出数据的匮乏，我们对这些部门进行了合并，然后对合并后的部门拆分内外资。我们将国家统计局供给表中的 62 个产业部门合并为 52 个，96 个产品部门合并为 84 个，编制完成了 2012 年区分内资企业和外资企业的 52 × 84 的供给表（附录 B 表 6、表 7 分别是常规 SUTs 和扩展 SUTs 的产业部门和产品的对照表）。

拆分后的供给表，农业部门和服务业部门内资企业提供的产品份额较高；“汽车制造业”“计算机、通信和其他电子设备制造业”等参与全球价值链程度较高的产业，外资企业提供的产品份额较高，尤其是“计算机、通信和其他电子设备制造业”，外资企业提供的产品比重为 74.37%。

四、区分企业异质性的“产品 × 产品”投入产出表的编制

根据国家统计局国民经济核算司提供的 2012 年投入产出表、进料加工进口矩阵、非加工进口矩阵、来料加工进口矩阵以及来料加工出口加工费，结合海关提供的进出口商品详细数据，国家外汇管理局提供的国际收支相关数据，和工业统计资料中内外资工业企业相关数据，编制完成了 2012 年区分内/外资企业和加工贸易/非加工贸易的“产品 × 产品”投入产出表。处理方法简述如下。

第一，将海关提供的总进出口、总来料加工进出口、总进料加工进出口、外资及港澳台资企业总进出口、外资企业来料加工进出口和总进料加工进出口商品详细数据（HS8 位编码）按 HS – IO 的对应表，归并统计得到区分内外资企业的总进出口数据和加工贸易进出口数据（以 IO 部门计）。以此数据为基础按内外资企业和加工贸易/非加工贸易拆分 IO 表中的总产出、总进出口、加工贸易进出口，得到编制区分企业异质性表的控

制数（投入和产出）。

第二，根据拆分后的 IO 表中内外资企业和加工贸易/非加工贸易进出口和产出的控制数，将非加工进口矩阵和加工进口矩阵（来料加工进口矩阵和进料加工进口矩阵之和）拆分为内资企业和外资企业的非加工进口矩阵和加工进口矩阵。

第三，根据内外资企业的加工和非加工贸易出口投入中国内增值部分（总产出减去进口品中间总投入）的结果，结合工业统计资料中内外资工业企业相关数据，编制内外资企业的加工和非加工贸易的增加值部分。根据内外资企业满足国内需求的产出部分，将国内品的最终需求拆分为来自内资企业国内品和外资企业国内品两个部分。

第四，根据内外资企业的加工和非加工贸易投入中国内中间投入部分（总产出减去中间进口总投入和增加值）的结果，结合内外资企业国内中间品的结果，拆分国内中间投入矩阵。

第五，是平衡方法，以各分块矩阵对应相加汇总得到原始投入产出表（加上来料加工进口矩阵）为最优先满足的平衡条件，其次为列平衡，最后是行平衡，平衡条件的分析以行为主，残值可计入其他项。

如前所述，区分企业异质性的使用表是基于产品工艺假定，由上一节和本节中分别得到的区分内、外资企业的供给表和对称的投入产出表推导得到。

五、内外资企业在拉动国内增加值、国外增加值等方面的差异分析

根据区分企业异质性的“产品×产品”投入产出表，我们对内外资企业在拉动国内增加值、国外增加值等方面的差异进行了初步分析。

（一）出口、出口增加值以及垂直专业化率上内外资企业的差异

如表 4-2 所示，内资企业出口占总出口的 52.63%，内资企业出口的国内增加值率为 82.39%，外资企业出口的国内增加值率为 65.01%。内资企业出口的国内增加值率高于外资企业出口的国内增加值率，可能的原因是，相比外资企业，内资企业中非加工出口的比重较高（如表 4-3 所示，内资企业非加工出口和外资企业非加工出口的占比分别为 87.50% 和 32.60%）。一般而言，非加工出口的国内增加值率要高于加工出口的国内增加值率，这意味着非加工出口占比较高的内资企业出口的国内增加值率，要高于外资企业出口的国内增加值率。

表 4－2　　2012 年中国出口、出口增加值以及垂直专业化率上内外资企业的差异

项目	出口（亿元）	内资企业占比（%）	外资企业占比（%）	出口中的国内（国外）成分（%）	内资企业出口中的国内（国外）成分（%）	外资企业出口中的国内（国外）成分（%）
出口	141410	52. 63	47. 37			
出口增加值	104868	58. 47	41. 53	74. 16	82. 39	65. 01
垂直专业化水平	36543	35. 86	64. 14	25. 84	17. 61	34. 99

注：出口中的国内成分指的是，出口增加值占出口的比重，即出口的国内增加值率。出口中的国外成分指的是，出口中进口产品的比重，即垂直专业化率。内资企业出口中的国内（国外）成分、外资企业出口中的国内（国外）成分，计算方法类似。

资料来源：基于笔者团队编制的中国 2012 年区分内外资企业的投入产出表计算得到。

表 4－3　　2012 年中国分企业类型和贸易类型的出口

项目	CN	CP	FN	FP
出口规模（亿元）	65115	9303	21839	45153
出口占比（%）	46. 05	6. 58	15. 44	31. 93
内资企业出口中的贸易类型占比（%）	87. 50	12. 50		
外资企业出口中的贸易类型占比（%）			32. 60	67. 40

注：CN：内资企业非加工出口；CP：内资企业加工出口；FN：外资企业非加工出口；FP：外资企业加工出口。表 4－5 同。

资料来源：基于笔者团队编制的中国 2012 年区分内外资企业的投入产出表计算得到。

（二）出口、出口增加值以及垂直专业化率上内外资企业的差异：制造业

对比表 4－2 和表 4－4 可以发现，不管是内资企业还是外资企业，制造业企业出口的国内增加值率低于整体经济出口的国内增加值率。表 4－4 中的 79. 16% 和 62. 48%，分别低于表 4－2 中的 82. 39% 和 65. 01%。原因可能是，相比所有部门作为一个整体，制造业部门内资企业和外资企业非加工出口的占比较低。表 4－5 中的 82. 78% 和 25. 71% 分别低于表 4－3 中的 87. 50% 和 32. 60%。

表 4 -4　2012 年中国出口、出口增加值以及垂直专业化率上内外资企业的差异：制造业

项目	出口（亿元）	内资企业占比（%）	外资企业占比（%）	出口中的国内（国外）成分（%）	内资企业出口中的国内（国外）成分（%）	外资企业出口中的国内（国外）成分（%）
出口	114784	47.06	52.94			
出口增加值	80727	52.97	47.03	70.33	79.16	62.48
垂直专业化水平	34056	33.05	66.95	29.67	20.84	37.52

资料来源：基于笔者团队编制的中国 2012 年区分内外资企业的投入产出表计算得到。

表 4 -5　2012 年中国分企业类型和贸易类型的出口：制造业

项目	CN	CP	FN	FP
出口规模（亿元）	44714	9303	15626	45153
出口占比（%）	38.95	8.10	13.61	39.33
内资企业出口中的贸易类型占比（%）	82.78	17.22		
外资企业出口中的贸易类型占比（%）			25.71	74.29

资料来源：基于笔者团队编制的中国 2012 年区分内外资企业的投入产出表计算得到。

（三）出口结构和出口的国内增加值率上内外资企业的分部门差异

如表 4 -6 所示，内资企业中出口较多的部门是“纺织服装鞋帽皮革羽绒”和“化学工业”。外资企业中出口较多的部门是“通信设备及电子设备”和“电气机械及器材制造业”。在出口的国内增加值率方面，内资企业和外资企业在“电气机械及器材制造业”“通信设备及电子设备”和“仪器仪表及办公机械”这三个部门上差异较大。

表 4 -6　2012 年中国内资企业和外资企业分部门出口结构和出口的国内增加值率

部门	出口结构			出口的国内增加值率		
	内资企业（%）	外资企业（%）	总出口（亿元）	内资企业（%）	外资企业（%）	总出口（%）
食品制造及烟草加工业	3.20	1.90	2888	90.40	86.38	88.79
纺织业	7.10	2.27	5214	86.38	82.64	85.39
纺织服装鞋帽皮革羽绒	**14.73**	5.55	11328	86.02	82.07	84.84

续表

部门	出口结构			出口的国内增加值率		
	内资企业（%）	外资企业（%）	总出口（亿元）	内资企业（%）	外资企业（%）	总出口（%）
木材加工及家具制造业	4.69	1.84	3651	83.70	81.69	83.08
造纸印刷及文教体育用品	6.70	4.50	6352	77.78	72.06	75.32
石油加工业	2.26	0.66	1620	57.22	52.41	56.03
化学工业	**11.55**	6.30	10069	79.12	74.00	77.17
非金属矿物制品业	3.89	0.99	2700	86.81	84.09	86.21
金属冶炼及压延加工业	6.17	2.02	4562	74.83	72.50	74.20
金属制品业	4.84	2.95	4405	81.24	75.87	79.06
通用、专用设备制造业	**9.00**	7.25	9263	80.72	72.70	76.91
交通运输设备制造业	6.52	3.92	5905	78.81	76.32	77.81
电气机械及器材制造业	8.49	**10.78**	11136	**76.80**	**66.24**	70.59
通信设备及电子设备	8.75	**44.41**	31712	**61.65**	**49.62**	51.41
仪器仪表及办公机械	1.49	4.32	3430	72.71	55.33	59.40
工艺品及其他制造业	0.63	0.34	548	91.27	84.82	88.85
以上所有部门			114784	79.16	62.48	70.33

资料来源：基于笔者团队编制的中国2012年区分内外资企业的投入产出表计算得到。

（四）国内增加值、贸易增加值以及对外依存度上内外资企业的差异

如表4－7所示，2012年中国国内增加值中，外资企业贡献了16.33%。在出口增加值中，外资企业贡献了25.46%。外资企业的对外依存度为30.47%，高于内资企业的17.40%。①

表4－7　　2012年中国国内增加值、贸易增加值和对外依存度

项目	GDP	内资企业	外资企业
国内增加值（亿元）	536800	449161	87639
国内增加值中内资企业和外资企业占比情况（%）		83.67	16.33
贸易增加值（亿元）	104868	78166	26702
贸易增加值中内资企业和外资企业占比情况（%）		74.54	25.46
对外依存度（%）	19.54	17.40	30.47

资料来源：基于笔者团队编制的中国2012年区分内外资企业的投入产出表计算得到。

① 本节中对外依存度指的是，出口增加值占GDP的比重。

表4－8是分部门情况。在贸易增加值方面，“批发和零售业”和“农林牧渔业”这两个部门对内资企业贡献较大，“通信设备及电子设备”和“批发和零售业”这两个部门对外资企业贡献较大。在对外依存度方面，劳动密集型产业（如“纺织业”“纺织服装鞋帽皮革羽绒”“木材加工及家具制造业”）和参与全球价值链程度较高的产业（如“电气机械及器材制造业”“通信设备及电子设备”“仪器仪表及办公机械”）的对外依存度较高。

表4－8　2012年中国各行业增加值占GDP比重、贸易增加值结构以及对外依存度

部门	内资企业			外资企业		
	各行业增加值占GDP的比重（%）	贸易增加值结构（%）	对外依存度（%）	各行业增加值占GDP的比重（%）	贸易增加值结构（%）	对外依存度（%）
农林牧渔业	11.50	**8.87**	13.43	0.81	0.58	21.64
煤炭开采和洗选业	2.36	3.21	23.74	0.59	0.45	23.56
石油和天然气开采业	1.54	2.30	25.90	0.64	0.74	35.37
金属矿采选业	1.05	1.59	26.32	0.17	0.15	27.27
非金属矿及其他矿采选业	0.59	0.66	19.57	0.18	0.14	23.87
食品制造及烟草加工业	3.78	2.35	10.82	4.25	1.89	13.57
纺织业	1.16	3.44	**51.86**	1.99	3.23	**49.40**
纺织服装鞋帽皮革羽绒	0.75	2.52	**58.11**	3.37	3.72	**33.57**
木材加工及家具制造业	0.69	1.43	**36.11**	1.32	1.43	**32.89**
造纸印刷及文教体育用品	0.97	2.29	**40.99**	2.99	3.98	**40.58**
石油加工业	1.42	2.12	26.01	1.23	1.14	28.15
化学工业	3.62	6.34	30.48	7.92	8.58	33.02
非金属矿物制品业	2.23	1.70	13.27	2.01	1.23	18.66
金属冶炼及压延加工业	3.74	5.51	25.63	3.49	3.23	28.18
金属制品业	0.98	1.63	28.93	2.26	2.48	33.41
通用、专用设备制造业	2.37	2.96	21.76	5.34	5.22	29.79
交通运输设备制造业	1.50	1.69	19.61	7.00	3.59	15.64
电气机械及器材制造业	1.09	1.95	**31.09**	3.89	5.41	**42.30**

续表

部门	内资企业			外资企业		
	各行业增加值占GDP的比重（%）	贸易增加值结构（%）	对外依存度（%）	各行业增加值占GDP的比重（%）	贸易增加值结构（%）	对外依存度（%）
通信设备及电子设备	0.46	1.79	**68.32**	10.25	**22.60**	**67.21**
仪器仪表及办公机械	0.17	0.40	**40.58**	1.15	2.13	**56.49**
工艺品及其他制造业	0.67	1.16	**30.14**	0.90	0.96	**32.41**
电力热力供应业	2.64	3.40	22.43	0.80	0.63	23.99
燃气生产和供应业	0.09	0.06	10.77	0.30	0.11	10.78
水的生产和供应业	0.14	0.09	10.53	0.15	0.05	10.75
建筑业	8.08	0.56	1.20	0.57	0.02	1.04
交通运输及仓储业	4.47	6.47	25.19	2.09	2.52	36.69
邮政业	0.22	0.18	13.79	0.02	0.01	14.06
信息传输、计算机服务	1.81	0.99	9.49	4.18	1.34	9.76
批发和零售业	8.32	**14.88**	31.12	14.22	**14.67**	31.44
住宿和餐饮业	1.68	1.16	12.06	2.30	0.90	11.95
金融业	7.24	7.49	18.02	3.06	1.87	18.59
房地产业	6.13	1.90	5.40	4.21	0.75	5.42
租赁和商务服务业	1.87	3.36	31.21	3.21	3.31	31.47
研究与试验发展业	0.41	0.48	20.47	0.15	0.11	22.33
综合技术服务业	1.50	0.83	9.61	0.52	0.18	10.49
水利环境和公共设施	0.54	0.22	7.17	0.17	0.05	9.87
居民服务和其他	1.72	1.00	10.14	0.51	0.18	10.86
教育	3.42	0.18	0.91	0.93	0.03	0.93
卫生社保和福利	2.00	0.07	0.64	0.36	0.01	0.52
文化体育和娱乐	0.70	0.56	14.01	0.46	0.38	25.31
公共管理	4.39	0.22	0.86	0.04	0.00	0.88

资料来源：基于笔者团队编制的中国2012年区分内外资企业的投入产出表计算得到。

第四节　结　　论

鉴于不同类型的企业在生产投入、劳动和资本密集度、出口结构方面存在较大差异，有必要编制区分企业异质性的供给使用表。本章简要介绍了 APEC TiVA 贸易增加值项目中加拿大、墨西哥、美国和中国在编制区分企业异质性的供给使用表和投入产出表的编制方法、估算方式以及存在的一些问题。以中国 2012 年的数据为例，较为详细地介绍了中国在编制区分内资企业、外资企业异质性的供给使用表方面的估算方法，并根据初步编制完成的区分企业异质性的“产品×产品”投入产出表，对中国内资企业和外资企业在拉动国内增加值、国外增加值等方面的差异进行了分析。结果显示，在出口的国内增加值率、出口结构、贸易增加值以及对外依存度上，内资企业和外资企业均存在较大差异，更加凸显了区分不同类型企业异质性的必要性。

专题二

国际资金流量核算研究

5　国际资金循环的数据及分析方法

本章研究如何测度国际资金循环（Global Flow of Funds，GFF），内容一共包括四个部分。第一，给出 GFF 的定义，在此基础上确定 GFF 统计范围，并利用经济理论构建 GFF 统计框架。第二，梳理 GFF 的概念和已有数据源，进行整合以衡量 GFF，包含国际投资头寸（IIP）、对外直接投资调查（CDIS）、国际证券投资调查（CPIS）、国际综合金融统计（CBS）和国民账户体系中的“世界其他地方”账户，这些数据集为 GFF 分析提供了有价值的信息。第三，使用资产负债表法对 IIP 中世界其他地方的数据进行分解，对外资产负债统计矩阵显示出在 GFF 概念下可以获取哪些海外部门金融数据。据此，本章采用“经济体 × 经济体”的形式编制了 GFF 矩阵。第四，对如何运用 GFF 矩阵给出实证分析。

第一节　引　　言

资金循环概念由柯普兰（Copeland）于 1952 年首次提出，国际资金循环（GFF）是国内资金循环的延伸。GFF 将国内经济与世界其他地方联系起来，为分析跨境互联性和全球金融相关性提供有价值的信息。20 世纪 90 年代金融市场开始放松管制，与此相应，学者们也开始探索研究 GFF。石田定夫（1993）提出了 GFF 分析的概念，讨论了 GFF 的概念，并对日本、美国和德国之间的国际资本流动进行了测度。辻村和米佐塔（Tsujimura and Mizosita，2002a，2003）利用这一研究成果，运用 GFF 的视角分析了欧洲金融一体化。张（Zhang，2005，2008）基于动态资金循环将实物交易与金融交易联系起来，并通过国内储蓄—投资、对外贸易和国际资本流动三个因素建立了 GFF 分析的理论框架。此外，他还建立了 GFF 相关计量经济模型。辻村 K 和辻村 M（Tsujimura K. and Tsujimura M.，2008）基于 GFF 概念进行了开创性的研究，使用金融矩阵方法来研究金融政策的传导，并使用国际证券投资调查（CPIS）和国际综合金融统计（CBS）的数据来研究欧元区国际资金流动的影响。

艾伦等（Allen et al.，2002）通过考察一国总资产负债表中的存量变量及其主要部门的资产负债表，为理解新兴市场危机提供了一个统计框架，该框架与2008年SNA具有一致性，且对构建“from-whom-to-whom”（W－to－W）形式的GFF矩阵非常有用（Cerutti et al.，2017）。

2009年4月，二十国集团财长和央行行长“强化国际合作和推进金融市场一体化”工作小组，号召国际货币基金组织（IMF）和金融稳定委员会（FSB）识别信息缺口，并为加强数据收集和报告提供适当的建议。重点是其中的第15条建议提到编制“资金循环”统计，该建议还提出了编制部门金融头寸和流量表，所以，当前还需要理解和测度各经济体之间的资金循环——即GFF。

曼尼克等（Manik et al.，2012）指出了在“W－to－W”基础上采用综合方法编制金融流量和头寸的重要性，“W－to－W”是G20数据缺口倡议（DGI）第15条建议的主要组成部分之一。2008年全球金融危机凸显，有必要了解一个经济体的各个部门及其跨境交易对手之间的金融互联性。但是由于数据限制，此方面的分析应用一直受到阻碍。

斯通（Stone，1966a，1966b）建立了一个封闭经济体的资产负债表的标准矩阵形式，在资产和负债方面区分金融资产和实物资产，试图将投入产出分析中的使用（U）表和供给（V）表转换为资金流量表，他认为资金流量表也可以是一个基于“W－to－W”格式的矩阵。

国际社会认识到现有数据存在局限性，不能反映金融体系固有的风险。前人研究主要讨论GFF的基本概念，并提出构建一个GFF统计框架的建议。因此，IMF统计部曾组织了7个具有系统重要性金融中心的经济体，尝试构建一个按地理细分的包含国内和对外资本存量的GFF框架（Errico et al.，2013）。这些学者明确了关键的概念和现有的数据来源，并使用资产负债表法（BSA）来对国际投资头寸中的世界其他地方进行细分。对外统计矩阵（元数据）显示国外部门金融数据可通过国际投资头寸表获得。主要成果是建立了按国家/区域经济细分的存量和流量数据原型模板。

埃里科等（Errico et al.，2014）提出了一种基于IMF统计部开发的新GFF概念框架来观测美国影子银行系统的方法。该GFF使用对外存量和流量矩阵来映射部门与一些外国之间的债权关系。该文强调了持有大额头寸和总流量的美国银行业与欧元区和英国银行业的相互联系。张（Zhang，

2017，2016，2015）讨论了 GFF 的数据来源、统计框架、分析方法等相关问题，并讨论了如何应用大数据技术度量 GFF（Zhang，2018）。

金融危机的频发及其对经济的损害，促使政策制定者更加关注金融稳定。统计学家们正呼吁，通过观测 GFF 来回应这一焦点问题。DGI 并没有就制定 GFF 提出具体建议，这项工作仍处于萌芽阶段。

根据早期工作，本章提出了一种新的统计方法来测量 GFF，并提供了一个经验案例。为了利用 GFF 测度金融压力，观察系统性金融危机的溢出效应，观察引发国际金融危机的情况，有必要加强 GFF 统计方法的研究。第一，本章提出了一个基于“W - to - W”的集成框架，即国际收支统计（BOP）、国际投资头寸统计（IIP）、资金流量账户（FFA）及国际清算银行（BIS）公布的国际银行统计（IBS）。第二，本章列出并整合了用于编制 GFF 的现有数据来源，这些数据主要来自对外直接投资调查（CDIS）、国际证券投资调查（CPIS）、国际投资头寸（IIP）数据和国际清算银行统计的国际区域金融统计（LBS）。还需要将 GFF 账户整合到 SNA，但是，这需要在新的数据收集系统中有额外的对外金融头寸数据。第三，本章试图编制 11 个经济体的统计矩阵，其中包括美国、日本和中国。作为世界上最大的三个经济体，其金融风险影响重大，可以作为突出的例子进行分析。此外，2016 年 1 月，国家外汇管理局首次发布了截至 2015 年 6 月底的 CPIS 和 LBS 数据。它使按照国际通用统计标准进行国际比较成为可能。利用 GFF 的统计数据，本章演示了在“W - to - W”框架基础上，如何理想地将汇总的金融头寸和流量的特定金融工具数据，细分到分类的经济体和金融工具。最后利用 GFF 矩阵对中、日、美三国的基本观测事实进行了实证分析，探讨了 GFF 矩阵的分析方法。

第二节　国际资金循环的统计框架

GFF 是指与国内和国际资本流动有关的对外资金循环，目标是观测国内和海外资本存量，以显示对外资金循环的特征和结构，包括投资—储蓄、经常收支差额相关的国内资金循环和相关的国际资本存量和流量的循环。利用 GFF 统计数据，可以观察交易对手之间的相互联系和跨境资本流动的传导渠道，从而分析金融脆弱性、风险累积以及失衡的原因和影响。这可以为金融政策当局的决策提供依据。

为了通过 GFF 衡量金融压力以及观测系统性金融风险的溢出效应，需要一个新的与 GFF 运作结构相适应的统计框架，使用一个综合框架作为统计监测系统的基础非常重要。金融市场的资金循环与国际收支紧密相连，如果经常账户处于盈余状态，那么世界其他地区的资金外流（即净资本外流）就会过剩。相反，则国内部门将有过剩的资金流入。因此，在开放经济体制下对国内外经济实体方面进行分析时，储蓄—投资差额与经常账户差额相对应。而且，当研究国内和外部资金流动之间的金融联系时，国内净资金外流对应的是资本账户余额。因此，国内储蓄—投资平衡、金融盈余或赤字、经常账户和对外资金流动之间的关系应在一个综合框架内表示，以便全面和定期监测 GFF。

该综合框架基于 BSA 法，使用存量数据。数据类别包括金融资产、负债和净头寸，它反映对外金融头寸和流量两个方面。使用综合框架来构建 GFF 统计将为分析跨境互联性、全球流动性和全球金融相互依赖性提供有价值的信息。此外，该框架还可以扩展到流量数据。下一步将按部门和对应国家解读数据来源。

作为生成 GFF 矩阵的过渡性准备，需要使用对外资产和负债（EAL）矩阵。通过表 5－1，可以将世界其他地方的资金循环账户与其他国家之间的相关信息联系起来，构建 GFF 矩阵。EAL 矩阵也是基于 BSA 法构建的，它描述的范围为世界其他地方部门、主要观测国家和所有其他经济体，横轴上显示每一金融工具/债务发行人（债务人）的存量，纵轴上显示债务持有人（债权人）的存量。该表描述了被观测国家或区域的对外资金循环矩阵，并将 EAL 矩阵根据不同金融工具细分到对应国家。

表 5－1　　基于资产负债表法的对外资产和负债矩阵（EAL）

经济体 / 金融工具	经济体 A			经济体 B			…			其他经济体			世界总和		
	A	L	NP	A	L	NP	A	L	NP	A	L	NP	A	L	NP
直接投资															
证券投资															
权益证券															
债务证券															
长期															
短期															

续表

金融工具＼经济体	经济体 A			经济体 B			…			其他经济体			世界总和		
	A	L	NP	A	L	NP	A	L	NP	A	L	NP	A	L	NP
金融衍生工具															
其他金融工具															
其他权益															
债务工具															
储备资产															
世界总和															

注：其他经济体即全世界减去观测的经济体的部分。

EAL 矩阵识别了特定的部门，这些部门与国家一样，显示了世界其他地方的数据，以及这与其他经济体或地区的关系。每一栏对应有关部门的资产负债表，每行按工具列出资产和负债，每个单元格确定交易对手部门。

表 5 -1 提供了按对应经济体、部门和金融工具展示跨境存量的统计框架。它显示了可获得的按经济体分类的对外金融资产和负债存量数据。EAL 矩阵第 2 ~ 第 4 列的数据显示了经济体 A 对外金融资产、负债和净资产，以及主要使用的金融工具。这是一个二维结构的统计表，即可以知道谁做了什么。矩阵显示对外金融资产和负债头寸，显示 IIP 分类和工具的可用数据：直接投资、证券投资（权益和债务证券，后者按长期和短期划分）、其他投资（分别为银行和其他，使用 BIS 的 IBS 数据）和储备资产。表 5 -1 显示了在 GFF 框架中监测区域或经济体和跨境（按经济体和部门）金融头寸的可能性。但是，通过该矩阵还无法观察资金是通过什么工具从谁到谁（W - to - W），这需要一个三维结构的统计矩阵。

虽然表 5 -1 是按照传统账户格式建立的，但它不能显示衡量金融头寸和流量所需的部门间“W - to - W”关系。因此，为了了解“谁向谁融资，多大金额，使用哪种金融工具”的问题，需基于“W - to - W”构建 GFF 矩阵。表 5 -2 反映了这种方法，并显示了金融工具的类别。

表 5-2　　　基于 W-to-W 的金融工具矩阵

对手方（投资方）	对手方（投资对象）				
	经济体 A	经济体 B	…	其他经济体	世界总和
经济体 A					
经济体 B					
…					
其他经济体					
世界总和					

表 5-2 根据特定分析来编制，即按照“W-to-W”形式设计的金融工具矩阵。根据具体分析目的，观察对象可以只涵盖一定数量的相关经济体。列显示了一个经济体被其他经济体使用的资金（资产），行显示了一个经济体是否从其他经济体筹集了资金（负债）。表 5-2 准确反映了实证数据与基础结构之间的关系。将其他经济体设定为一个部门，金融工具与 GFF 的关系如下：其他经济体 = 世界上所有经济体的总和 - 被观测经济体的总和。可以利用表 5-2 推测相应的投入系数，观察金融工具的变化对金融市场的影响，并确定对其他相关经济体的影响程度。

根据分析需要，可以根据这个“W-to-W”表得出的 GFF 矩阵，来说明经济体与经济体之间通过各种金融工具的关系。这些工具显示了金融头寸之间的联系，如直接投资和证券投资。同样地，每一种金融工具都可以在这个矩阵中基于“W-to-W”进行分解。表中横行的工具描述了一个经济体相对于对手方资产的情况，纵列的工具描述了一个经济体相对于对手方负债的情况。如果所有的金融工具都加起来，那么这个金额将等于给定经济体的对外金融资产和负债的总和。这样，EAL 将基于 IIP 按照对应经济体和主要工具细分。

表 5-3 提供了推导 GFF 矩阵的统计框架，符合 IIP 统计标准，是基于“W-to-W”的结构建立 GFF 统计框架，并且符合复式记账原则。根据《国际收支和国际投资头寸手册》第六版（BPM6）的 IIP 统计标准，IIP 按对外金融资产和对外负债设置。每一列对应有关经济体的资产负债表，经济体、资产和负债按金融工具的行来列示，每个单元格确定了对手方。

表 5－3　　　　　　　　一个经济体的 GFF 矩阵

		a	b	c	d	e	f	g	
债权人 债务人	金融工具	经济体 A	经济体 B	经济体 C	…	其他经济体	金融工具合计	总负债	
经济体 A	直接投资								1
	证券投资								2
	金融衍生工具								3
	其他工具								4
经济体 B	直接投资								5
	证券投资								6
	金融衍生工具								7
	其他工具								8
经济体 C	直接投资								9
	证券投资								10
	金融衍生工具								11
	其他工具								12
……	……								13
其他经济体	直接投资								14
	证券投资								15
	金融衍生工具								16
	其他工具								17
金融工具合计	直接投资								18
	证券投资								19
	金融衍生工具								20
	其他工具								21
总资产									22
净资产									23
储备资产									24
货币黄金									25
特别提款权									26
IMF 储备头寸									27
其他储备资产									28
调整项目									29
净头寸									30

注：（1）净资产是资产和负债的差额（SNA，2008）；（2）调整项目是对 GFF 中的净资产、储备资产和净金融头寸进行平衡的项目，列于表中 29 行。它是根据各经济体净资产衍生得来；a. 调整项目 = 净金融头寸 − 净值 − 储备资产；b. 净金融头寸 = 净值 + 储备资产 + 调整项目。

表5－3中，资产分直接投资、证券投资、金融衍生工具、其他投资和储备资产五个部分。负债分为直接投资、证券投资、金融衍生工具和其他投资四个部分。净头寸是对外金融资产加上储备资产减去负债。按照此统计框架设计的GFF统计可以反映特定时点上一个经济体对世界其他经济体金融资产和负债的存量信息。重要的是，GFF统计与IIP统计标准基本保持了一致性，同时也表现出了独特的方法学特征，可以总结为以下几点。

（1）为反映“W－to－W”关系，GFF统计在“行”采用了各经济体（部门）与交易科目并列处理的方法，在各经济体内（部门内）列入直接投资、证券投资、金融衍生商品、其他投资四个项目。这样就可以从双向综合观察某经济体的某一交易项目来自何方、流向何处及多大规模。例如，表5－3中的a5～a8（第a列第5～第8行）表示位于a列的经济体A使用哪种金融工具将多少资金用于交易经济体B，这可以提供双向的信息与经济体B的融资结构，可以识别和了解融资规模和相应的对手方信息。同时，也可以从其他经济体获取经济体A的行向量（向其他经济体融资的状况）。还可以从经济体A、经济体C获取经济体B的行向量（经济体B从经济体A和经济体C融资的相关信息）。

（2）为反映一个经济体国际资本的实际情况，以及为建立GFF矩阵表后的应用分析的需要，这里采用“W－to－W”原则对经济体（部门）进行行列设置。还设立了一个“其他经济体”部门（参见第e列和第14～第17行，它们可以表示为e14、e15、e16、e17）。这个“其他经济体”与世界总量的关系可以表述为：“其他经济体的负债”＝负债总额－观测经济体的负债总额。即，e14＝f14－（a14＋b14＋c14＋d14），…，e17＝f17－（a17＋b17＋c17＋d17）。

（3）每“列”显示某经济体在某一交易科目的资金运用，即谁用什么项目输出多少资金；每行代表某经济体如何通过四种金融工具筹集资金，即谁用什么项目筹集多少资金。这一行的合计与第22行的列的总数之差，显示某经济体在某一特定时间点对外资金运用与筹集的差额，即资金的净输出。例如，经济体A净资产等于经济体A总资产减去总负债，即a23＝a22－（g1＋g2＋g3＋g4）。

（4）与各经济体的各种交易工具相对应，第24～第28行显示了部分储备资产，具体为货币黄金、特别提款权、在IMF储备头寸以及其他储备资产。表5－3将储备资产作为一种工具表示，显示了净资产与净金融头寸及其各组成部分之间的平衡关系。例如，经济体A的储备资产组成可以表示为a24＝a25＋a26＋a27＋a28。

（5）表5－3中最下面一行，即第30行，反映了净IIP的情况，对应表5－3中每个经济体获得的净头寸。这些数据来自IIP，反映了各经济体对外金融头寸的总体均衡状况。从理论上讲，把储备资产加到一个经济体的金融资产净值中，就可以揭示这个经济体的对外金融净头寸。例如：a30＝a23＋a24，b30＝b23＋b24，…。然而，由于存在IIP数据与其他数据集不兼容、金融投资项目选择困难等因素，实际对外净金融投资数据与上述理论关系并不一致。因此，为达到平衡，使得第24行的储备资产加上第23行的净资产等于第30行的净金融头寸，需要建立一个调整项来平衡GFFM的净资产、储备资产和净头寸，并列在第29行。每个经济体的净头寸使用净资产计算，也就是说，净金融投资＋储备资产和调整项＝净金融头寸，如a30＝a23＋a24＋a29，b30＝b23＋b24＋b29，…，e30＝e23＋e24＋e29。

（6）由于编制GFF矩阵的主要目的是观察跨境资本头寸，因此矩阵中的对角线元素为零。每项头寸都是经济体内和经济体外之间金融投资的结果，不包括某经济体对经济体自身的金融投资。

（7）在表5－3上半部分的粗线框中，如果将每个经济体的金融工具行合并，可以得到一个行数和列数相同的方阵。因此，可以利用这个方阵对实际情况做一些统计推断。

表5－3所描绘的统计框架，以及相应的数据源可以提供融资信息。据此可分析金融稳定性、一经济体内部和经济体之间GFF的可比性，以及采取相应金融政策对经济体内以及全球金融市场的波及效果。在此基础上，出于金融监管的某些特殊需要，还可对表5－3做进一步分解，按照“W－to－W”模式分别编制每一种金融工具的单独矩阵，如表5－2所示。

此外，使用“W－to－W”形式来编制GFF矩阵也可以提高数据的质量和一致性，提供更多的交叉检查和平衡信息的机会。利用存量数据建立的GFF矩阵也可以扩展到流量数据，量化资金的双边流动。通过表5－3，可以发现，以往的统计信息并不能明确“双边融资的主要部分是什么，使用的是什么金融工具，双边融资的结构和规模是什么”等综合问题。

第三节　GFF数据来源

GFF数据应该基于现有统计数据，且具有共同的统计方法（IMF，2006）。GFF数据来源不仅包括国民账户中的世界其他地方，还包括货币与金融统计数据（IMF，2016a）、IIP 统计数据和 BIS 的 IBS 数据。主要数据的原型模板如图 5－1 所示。观测 GFF 有两个数据源：（1）实施国内资产负债（DAL）矩阵的数据源；（2）建立 EAL 矩阵的数据源。这两个矩阵可以扩展到流量数据。

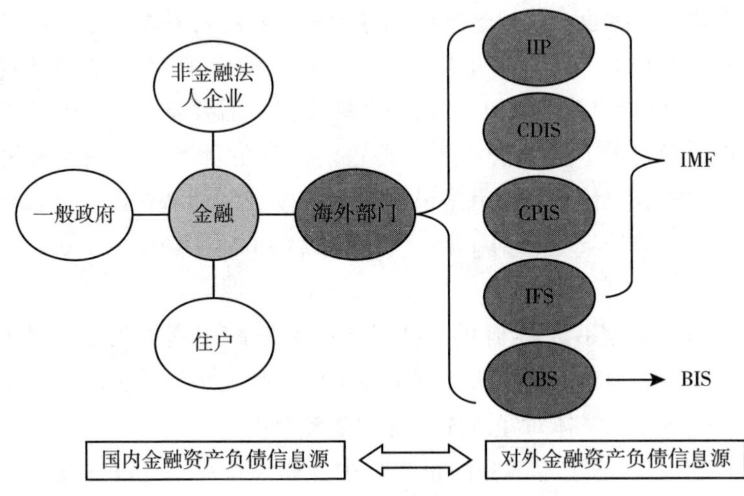

图 5－1　测量 GFF 的原始数据模板

DAL 矩阵以 BSA 为基础，海外部门来自国民账户和 IIP。EAL 矩阵根据 IMF 和 BIS 的数据来源，列出了根据 IIP 分类的对外金融存量数据。IIP 是国内矩阵和国外矩阵之间的连接。本章将重点放在 EAL 数据源上，并整合经济变量来建立 GFF 矩阵。

BSA 矩阵使用来自 IMF 的货币和金融统计数据、IIP 和国民账户的数据来推导。BSA 矩阵可以为居民和非居民提供有关一个经济体金融企业的存量头寸的信息。在 EAL 矩阵中，IMF 和 BIS 收集的具有双边对手方的详细信息的数据集如下：

（1）对外直接投资（Errico et al.，2013）：CDIS（IMF，2015）提供了双边对手方关于对内直接投资头寸（即对报告经济体的直接投资）的详细信息，并按直接投资者的经济体进行交叉分类。它还提供对外直接投资头寸（即报告经济体的对外直接投资）的数据，按直接投资经济体进行交叉分类，并提供所有经济体的镜像数据。①

① 术语“镜像数据”是指从不同角度观察同一数据。例如，银行对家庭的贷款可以被称为家庭对银行债务的镜像数据。

（2）证券投资：CPIS 提供通过双边对手方的详细信息，包含报告经济体持有的资产存量头寸和所有经济体的衍生（镜像）负债。CPIS 的目的是改进对权益、长期债券和短期债券等形式持有的证券投资资产的统计。它还用于收集包括发行人常住地的地理细分、跨境股票、长期债券和票据以及短期债务工具等全面信息，以便汇编或改进 IIP 统计中的证券投资资本数据。

（3）其他投资：其他投资是指除直接投资、证券投资、金融衍生工具和雇员股票期权和储备资产以外的剩余类别的头寸和交易。① 其他投资包括：（a）其他股权；（b）货币和存款；（c）贷款（包括使用 IMF 的信用和 IMF 贷款）；（d）非人寿保险技术准备金、人寿保险和年金应享权利、养恤金应享权利和标准化担保下的催缴准备金；（e）贸易信贷和预付款；（f）其他应收/应付账款；（g）特别提款权（SDR）分配（SDR 持有被纳入储备资产）。为了反映双边对手方在贷款、存款和其他资产负债方面的情况，本章使用了 BIS 国际银行统计（IBS）数据代替 IIP 统计数据。

（4）BIS 编制并公布了两套关于国际银行活动的统计数据，即国际区域金融统计（Locational Banking Statistics，LBS）和国际综合金融统计（Consolidated Banking Statistics，CBS）。本章使用来自 LBS 的跨境债权和债务数据②作为主要来源，因为这些统计数据提供了有关银行资产负债表的货币构成及其交易对手的地理细分的信息。LBS 数据捕捉了位于报告经济体的国际活跃银行与居住在 200 多个经济体的对手方之间的未偿债权和债务。银行在不合并的基础上记录其头寸，包括同一银行集团各办事处之间的内部头寸。数据的编制遵循常住性原则，与 BOP 统计数据一致，与 IIP、CDIS 和 CPIS 兼容。在这方面，BIS 的 LBS 数据与 BOP 统计的银行业流量数据相比，其主要优势在于按交易对手方对报告的系列数据进行了详细细分。这一特征使我们能够从交易对手方对银行信贷的需求变化中，识别出银行流量的供给因素的变化。

（5）对于储备资产数据，使用 IIP 作为基础数据源，可以参考官方外汇储备币种构成（COFER）。为了补充储备资产的数据，还可以使用国际金融统计（IFS），包括世界总储备、世界黄金、在 IMF 的世界储备头寸、世界 SDR 持有和世界外汇。

---

① Balance of Payments Manual（6th edition）[M]. IMF，2009：111.

② 国际清算银行的国际区域金融银行统计（LBS）是由设在选定国家的银行办事处报告的，包括许多离岸金融中心，并排除了这些国家以外的银行办事处的资产和负债。报告 LBS 的国家数量从 1977 年的 14 个增加到 2017 年的 47 个。

但无论哪种储备资产数据不含交易对手信息，都不能构成矩阵形式，也不能反映基于“W - to - W”形式的经济体之间的关系。因此，为了观察一经济体的对外资产和负债的平衡情况，作为参考，可以单独用 IIP 数据填充储备资产的单元格。

为了观察总的净头寸，本章使用 IIP 数据来补充构建 EAL 矩阵。IIP 是经济体资产负债表的一个子集，净 IIP 加上非金融资产价值等于经济体净值，这是经济体资产负债表的平衡项目。IIP 是时点数，通常是在财政年度的开始（开盘值）或结束（收盘值）统计数据。

如果这些统计基础上的概念、定义和分类在各个经济体之间是标准化的，那么 GFF 可以提供一个统计框架。幸运的是，这些标准可以从 2008 年 SNA、IMF 的《货币与金融统计手册 2000》和国际收支平衡表手册（BPM6）以及 BIS 的 IBS 报告指南中获得。表 5 - 4 显示了测量 GFF 的各种数据源、如何获取它们以及它们的基本特性。

表 5 - 4　　观测 GFF 的数据集

<table>
<tr><th>项目</th><th>数据来源</th><th>频率</th><th>地理范围</th><th>起始时间</th><th>基准</th><th>网址</th></tr>
<tr><td>直接投资</td><td>CDIS（IIP）</td><td>年度</td><td>106 报告国（对内）、71 报告国（对外）、交叉分类</td><td>2009 年末</td><td>BPM6</td><td>cdis. imf. org</td></tr>
<tr><td rowspan="2">证券投资</td><td rowspan="2">CPIS（IIP）</td><td>年度</td><td>86 报告国、交叉分类</td><td>2001 年末</td><td rowspan="2">BPM6</td><td rowspan="2">data. imf. org</td></tr>
<tr><td>半年度</td><td>72 报告国、交叉分类</td><td>2013. 06</td></tr>
<tr><td rowspan="2">金融衍生工具</td><td>CPIS</td><td>年、季</td><td rowspan="2"></td><td rowspan="2">2013. 06</td><td rowspan="2">BPM6</td><td rowspan="2">data. imf. org</td></tr>
<tr><td>IIP</td><td>年、季</td></tr>
<tr><td rowspan="3">其他投资</td><td>LBS</td><td>季度</td><td>41 报告国（地理基准）</td><td>1999Q1</td><td rowspan="3">SNA/BPM6</td><td rowspan="2">stats. bis. org</td></tr>
<tr><td>CBS</td><td>季度</td><td>31 报告国（最终风险基准）</td><td>1998Q2</td></tr>
<tr><td>IIP</td><td>年、季</td><td></td><td></td><td>data. imf. org</td></tr>
<tr><td rowspan="4">储备资产</td><td>IFS</td><td>年、季、月</td><td>194 报告国</td><td>1948</td><td>SNA/MFS /BPM6</td><td rowspan="4">data. imf. org</td></tr>
<tr><td>COFER</td><td>季</td><td>146 报告国</td><td>1999</td><td>BPM6</td></tr>
<tr><td rowspan="2">IIP</td><td>年</td><td rowspan="2">152 报告国</td><td>1945</td><td rowspan="2">BPM6</td></tr>
<tr><td>季</td><td>2009</td></tr>
</table>

注：IMF 数据（IMF，2016b，2016c）从 http：//data. imf. org 提取；BIS 数据从 http：//stats. bis. org/statx/toc/LBS. html 和 http：//stats. bis. org/statx/toc/CBS. html 提取，2018 - 09 - 13。

通过以上对构建的必要统计框架和数据来源的研究，可以得知，建立GFF统计的关键问题是数据源的基准和数据报告的及时性。一些数据是由IMF和BIS编制的，它们都是基于BPM6进行统计的，但有些数据是重叠的。例如，CPIS是由IMF编制的，主要是证券统计，而银行统计是由BIS编制的，但银行信贷业务也包括一些证券交易，需要避免重复计算。

第四节 GFF矩阵表的编制

一、观测一项金融工具的一个矩阵模型

根据表5－2的框架，为了对某一金融投资专项进行跟踪分析，首先，创建了衡量某一金融工具的矩阵，即证券投资矩阵，如表5－5所示。

表5－5使用的数据为IMF公布的按照地理分类的证券投资数据，其中包括11个经济体以及“其他经济体”，这些经济体在全球证券市场中占有较大的比重，对国际政治和经济的影响也较大。表5－5是一个基于“W－to－W”基准的矩阵，列表示资产，行表示负债，且这个矩阵是一个方阵，行数和列数相同，可以按照不同需求使用矩阵来进行各种统计估计。

表5－5具有以下四个特征。第一，通过“W－to－W”的形式，可以观察和分析相关经济体在证券投资中的双边关系。对角线上的元素为“空”，表示矩阵中不包括经济体内金融投资。第二，可以了解全球证券市场的结构，以及相关经济体在证券市场中的比例和影响。第三，用每一列的证券资产减去对应的每一行的负债，就可以看到净资产和交易对手的相关信息。第四，表5－5显示了各经济体和全球证券投资市场的资产负债平衡情况。

表5－5的具体分析说明如下：如果净资产数为正，则净负债行出现一个零，表示对应经济体的净负债。如果净资产是负数，净资产列中会出现一个零，表示对应经济体的净资产。经过这个处理后，可以看到平衡情况，即每一行的总和等于每一列的总和，而矩阵中的行和等于列和。在下一部分中，将使用矩阵数据进行实证分析。

二、多种金融工具矩阵

根据表5－3的布局，本部分讨论如何创建对外存量矩阵。例如，表5－6显示了在GFF框架中，一个经济体可以通过金融工具在区域/经济体和跨境层面监测金融状况。表5－6也基于“W－to－W”基准，列表示资产，行表示负债，矩阵的行数和列数相同，是一个方阵。

表 5－5　　2016 年末总证券投资矩阵

单位：百万美元

债权人／债务人	加拿大	中国	法国	德国	意大利	日本	韩国	荷兰	瑞士	英国	美国	其他	合计	净资产	总负债
加拿大		5553	25813	48142	4041	70860	4881	23673	36807	55454	826639	387153	1489016	0	1489016
中国	13749		13470	3510	436	15445	11522	12020	4484	40919	107805	606704	830064	0	830064
法国	33303	5431		359306	150859	252108	12083	179248	76318	202251	482972	1159813	2913691	0	2913691
德国	35534	6558	212441		79907	123469	6158	215459	83842	200214	372832	1405913	2742327	234460	2976787
意大利	6542	1079	253093	159755		53148	1244	39178	8835	63398	92112	472337	1150721	135055	1285776
日本	60270	11894	98948	23920	5450		14737	52485	26596	263692	861587	621939	2041518	1836192	3877710
韩国	14747	2700	8394	7836	549	23934		11696	9198	36215	179534	194346	489150	0	489150
荷兰	19565	3100	258758	238844	54492	116360	4174		68477	151937	448078	595437	1959223	0	1959223
瑞士	24062	4345	24519	48592	8455	28263	4552	21008		82263	430555	219214	895827	364698	1260525
英国	77039	14457	232128	189062	65760	166578	20586	107874	74092		1182407	1192991	3322974	245270	3568244
美国	793370	125687	255673	364398	105045	1595299	139742	473853	293416	1075336		6983607	12205426	0	12205426
其他	218762	178856	1130488	1533421	810782	1432246	83081	606807	578460	1396565	4777138		19376996	1092845	20469841
合计	1296944	359659	2513726	2976787	1285776	3877710	302761	1743301	1260525	3568244	9761659	20469841	49416934		
净负债	192072	470405	399966	0	0	0	186389	215922	0	0	2443767	0			
总资产	1489016	830064	2913691	2976787	1285776	3877710	489150	1959223	1260525	3568244	12205426	20469841			

资料来源：IMF. 国际证券投资调查（CPIS）［EB/OL］. http：//www. imf. org/external/data. htm，2018－03－10.

表 5 – 6 **2016 年末对外资产负债矩阵** 单位：百万美元

债务人＼债权人		加拿大	中国	法国	德国	意大利	日本	韩国	荷兰	瑞士	英国	美国	其他	合计	总负债
加拿大	DI		15933	6002	11591	1005	21673	1088	69608	41110	31128	292002	520679	1011819	2950785
	PI		5553	25813	48142	4041	70860	4881	23673	36807	55454	826639	347576	1449439	
	OI		7939	6768	1530	144	2877	994	4738	1055	59038	187291	217153	489527	
中国	DI	10001		22191	60404	7054	142021	95068	29221	11439	19390	70120	2288239	2755147	4100461
	PI	13749		13470	3510	436	15445	11522	12020	4484	40919	107805	587697	811058	
	OI	5910		19156		421	30479	24438	2837	1211	33938	29234	386632	534255	
法国	DI	4021	1935		63817	19737	16154	839	92986	73634	81927	57187	656318	1068554	5752377
	PI	33303	5431		359306	150859	252108	12083	179248	76318	202251	482972	1575985	3329863	
	OI	2087	14175		103101	38225	56612	1348	61395	24290	351852	88525	612350	1353960	
德国	DI	2398	2313	45526		35418	22968	5114	146029	64989	66523	74792	933923	1399993	5101712
	PI	35534	6558	212441		79907	123469	6158	215459	83842	200214	372832	1415632	2752046	
	OI	1112		45990		18516		2936	37481	29310	330026	43562	440741	949673	
意大利	DI	96	–10	62647	29520		2899	404	67952	17685	45350	8748	228130	463421	2114216
	PI	6542	1079	253093	159755		53148	1244	39178	8835	63398	92112	648660	1327044	
	OI	170	552	106259	33545		2229	495	13033	6269	62055	4378	94766	323751	

续表

债务人＼债权人		加拿大	中国	法国	德国	意大利	日本	韩国	荷兰	瑞士	英国	美国	其他	合计	总负债
日本	DI	1328	885	27984	3383	1013		3419	22230	10457	12985	52215	105812	241711	4367196
	PI	60270	11894	98948	23920	5450		14737	52485	26596	263692	861587	1364783	2784362	
	OI			157169		272		4991		1719	274711	445855	456406	1341123	
韩国	DI	2202	5576	4205	6951	325	43505		17581	3419	14086	31778	59250	188877	813105
	PI	14747	2700	8394	7836	549	23934		11696	9198	36215	179534	278781	573584	
	OI	509	3847	3391	1162	23	2591		104	884	7469	15735	14929	50644	
荷兰	DI	31081	23827	125078	217940	102944	79262	2348		279504	357744	758146	2531944	4509818	7666015
	PI	19565	3100	258758	238844	54492	116360	4174		68477	151937	448078	1088485	2452271	
	OI	3890		37364	80930	6531		347		4047	217092	54191	299533	703926	
瑞士	DI	－172		37212	24762	4762	5168	C	317138		50729	122028	817299	1378925	3127697
	PI	24062	4345	24519	48592	8455	28263	4552	21008		82263	430555	369002	1045615	
	OI	603	1888	48450	42905	3541	2673	929	17913		206399	59773	318084	703157	
英国	DI	19276	2673	81821	81712	4098	56170	2342	162198	53878		452475	992262	1908905	9311245
	PI	77039	14457	232128	189062	65760	166578	20586	107874	74092		1182407	1687973	3817956	
	OI	50431	67640	225458	280129	46681	121362	3945	151447	95066		683013	1859213	3584384	
美国	DI	371468	27475	252864	291697	30010	421103	40937	355242	310759	555687		4938882	7596124	28109384
	PI	793370	125687	255673	364398	105045	1595299	139742	473853	293416	1075336		12138160	17359979	
	OI	237018	100432	147273	65118	19703	187022	20288	95393	27198	841526		1412310	3153281	

续表

债务人＼债权人		加拿大	中国	法国	德国	意大利	日本	韩国	荷兰	瑞士	英国	美国	其他	合计	总负债
其他	DI	847853	1276784	977796	1177824	378822	549395	158659	4293815	723481	689806	5502381		19524909	30605793
	PI	218761	186166	1147177	1533421	882423	1333828	83349	610328	581311	854286	5026847		6241056	
	OI	169506	384244	452194	746169	69295	315929	86877	305446	212142	1365417	1107866		4839828	
合计	DI	1289551	1357390	1643327	1969601	585187	1360318	310218	5574000	1590356	1925355	7421871	17021029	42048203	104019986
	PI	1296943	366969	2530414	2976787	1357417	3779292	303029	1746822	1263376	3025965	10011368	15285890	43944273	
	OI	471236	580716	1249472	1354588	203352	721774	147588	689786	403190	3749523	2719423	5736862	18027510	
总资产		3057730	2305075	5423213	6300976	2145956	5861384	760835	8010608	3256923	8700843	20152662	38043781	104019986	
净资产		106946	-1795385	-329163	1199263	31739	1494188	-52271	344592	129225	-610402	-7956722	-24129260		
储备资产		82718	3097845	146770	185287	136043	1220418	371103	36166	679620	134642	407223			
货币黄金		0	67878	90645	125705	91241	28592	4795	22824	38780	11505	301090			
特别提款权		7578	9661	10166	15755	6894	18087	2887	6031	4335	10261	48882			
在 IMF 储备头寸		2191	9597	5157	6941	2634	11959	1719	1433	1319	6699	18385			
其他储备		72949	3010708	40802	36886	35275	1161781	361701	5878	635186	106177	38865			
调整项目		-34177	647908	-167774	304661	-343971	164637	-40956	87460	-38322	416730	-632092			
净头寸		155487	1950368	-350167	1689211	-176189	2879243	277876	468218	770523	-59030	-8181591			

注：LBS 数据也包含证券，如果将 LBS 和 CPIS 相加，会导致重复计算。不过，CPIS 和 CDIS 的数据是可以相加的，因为它们反映的是不同的金融工具。表 5-6 中其他投资的数据来自 LBS，为了避免 CPIS 和 LBS 之间的重复计算，表 5-6 中的数据仅取自 LBS 中的贷款和存款。表中的 C 表示数据由于保密等原因无法获取。

资料来源：IMF，对外直接投资调查（CDIS）、国际证券投资调查（CPIS）、国际投资头寸统计（BOP/IIP）[EB/OL]. http://data.imf.org，IMF. BIS 国际银行统计 [EB/OL]. http://stats.bis.org/statx/toc/LBS.html，2024-02-27.

表5－6是截至2016年12月底的GFF矩阵。矩阵的每一行有两个统计组，包括经济体和显示资金来源的三个金融工具，即直接投资（DI）、证券投资（PI）和其他投资（OI）（其他投资实际使用的数据为LBS中的贷款与存款，即国际银行信贷），包括对外金融负债的主要构成要素。在各列中按经济体列出金融资产以显示资金用途，并在每个单元确定交易对手部门。矩阵的列划分了14个部门：11个经济体、所有其他经济体、金融工具的合计和总负债。所有部门的资产或负债总额等于全世界的资产或负债总额。为展示一些经济体的外部资产，矩阵的列从经济体和区域两个视角来编制。每一列对应相关部门的资产负债表；根据分析的具体目的来选择哪些经济体纳入矩阵中。表5－6中的数据来源于IMF数据库和BIS的IBS数据。但是由于很多经济体缺乏金融衍生工具（FD）数据，所以在表5－6中没有使用这些数据。

本章使用了来自CDIS、CPIS和LBS的数据，来编制每个经济体的GFF矩阵。表5－6显示了债务人的跨境负债（行）和资产持有者的跨境债权（列）。GFF矩阵揭示的结构平衡关系如下：第一，可以确定一个经济体对外投资的分布和规模，显示其对外投资的基本结构。通过分析矩阵的行，可以确定一个经济体（债务方）对内金融投资的来源，深入分析矩阵的列，也可以确定一个经济体（债权方）对外金融投资的目的地。同时，我们还知道矩阵中的行和总是等于列和。也就是说，全球总资产＝全球总负债。第二，从行看，一经济体持有金融工具的总负债＝该经济体的总负债；从列看，一个经济体持有的金融工具的总资产＝这个经济体的总资产。因此，可以观察一个经济体的EAL的结构。第三，从对外金融资产与负债的平衡看，有“一经济体总资产－一经济体总负债＝该经济体净金融资产”的平衡关系，它可以揭示经济体内外金融资产与负债之间的平衡。

表5－6可以进一步说明外部融资条件的范围，如：（1）占国际金融市场的比例及与国际金融市场的关系；（2）对外金融资产负债失衡的风险；（3）一个经济体爆发金融危机的影响的传播路径，使某个经济体能够就其他经济体产生的影响实施有效的金融政策。简而言之，可将重点放在中国、日本和美国，以追踪外部融资（如DI、证券投资和银行信贷）的影响。

第五节　GFF 矩阵应用分析：以中国、日本和美国为例

表 5－6 展示了每个经济体的直接投资、证券投资和国际银行信贷资金的分布情况。从行方向上看，可以了解哪些经济体以何种方式筹集了多少资金，从列方向上看，可以了解有多少经济体以何种工具使用了多少资金（Dawson，1996）。这一信息可以明确以下关系：第一，它显示了一个经济体对外地位的基本情况、债权债务的持有规模，通过何种金融工具和交易对手，即从谁到谁、通过什么手段。第二，体现了经济体在 GFF 中的影响力，融资方式、结构和规模。第三，揭示了直接投资市场、全球债券市场和国际银行信贷市场的结构变化及均衡状况。第四，金融危机在一个经济体的扩散效应。第五，可以监测 GFF 的稳定性和平衡状态。下部分内容将使用 GFF 矩阵来演示统计描述性分析。

一、中国、日本、美国的 GFF 基本特征

先来看每个经济体的对外净金融头寸的基本情况。表 5－6 底部那一行显示了每个经济体的对外净资产，即每个经济体的总金融资产与总负债之间的差额。如果该值为正，则一经济体的对外金融资产大于其负债，这意味着该经济体处于对外净资产的状态。然而，如果净金融资产为负数，则意味着该经济体处于对外净负债的状态。在 2016 年底对 11 个经济体的分析中，拥有对外净金融负债的经济体是中国、法国、韩国、英国和美国，而其他经济体都拥有对外净金融资产。美国是最大的对外净金融负债持有国，净负债最高，为 7.96 万亿美元；日本是最大的对外净金融资产持有者，持有 1.49 万亿美元。与此同时，中国持有 1.8 万亿美元的对外净金融负债。

为了解对外净金融头寸的原因，根据表 5－6 中所示的结构关系，即净资产＋储备资产＋调整项＝净金融头寸，应该首先分析净资产的构成找到因果关系。通过对外直接投资、对外证券投资和国际银行信贷这三种国际资本运营形式，可以观察到 2016 年 12 月底美国、日本和中国对外金融资产负债的基本情况。具体来说，美国的对外净金融负债为 79567 亿美元。从组成上看，直接投资的净负债为 1742 亿美元，证券投资的净负债为 73486 亿美元，国际银行信贷的净负债为 4339 亿美元。

结合储备资产和调整项目，就可以得到美国的净金融头寸，为 -8.18 万亿美元。

同样，通过表 5-6，可发现日本的对外净金融资产为 14942 亿美元。这个数字的组成是：直接投资的净资产为 11186 亿美元，证券投资的净资产为 9949 亿美元，国际银行信贷的净负债为 6193 亿美元。相比之下，中国的对外净负债为 17954 亿美元。其构成如下：直接投资的净负债为 13978 亿美元，证券投资的净负债为 4441 亿美元，国际银行信贷的净资产为 465 亿美元。

尽管美国一直保持对外净金融负债，但相比之下，2015 年末（见附录 B 表 8），中国的对外金融净负债达到 27224 亿美元，大于美国的 19478 亿美元，中国 2016 年继续保持净金融负债。中国对外金融净负债的增加，使中国处于金融风险增加的状态。但若考虑各国储备资产，由于中国持有 3.098 万亿美元的储备资产（高于日本和美国），中国总的对外净金融头寸为正，即为对外净资产国，而美国的储备资产只有 0.4 万亿元，远低于其对外金融负债，总体来看仍为净负债国。日本也为净资产国，且对外净金融头寸比中国高出 47.6%。

二、中国、日本、美国对外投资的构成

为观察中、日、美三国对外投资和对内投资的情况，将表 5-6 中的直接投资、证券投资、国际银行信贷进行合并，组合成表 5-7，表 5-7 按资产侧和负债侧分别显示了各经济体对外投资的对手方比例。

表 5-7　　基于"W-to-W"的双边投资构成（2016 年末） 单位：百万美元

债权人 债务人		中国			日本			美国		
		DI	PI	OI	DI	PI	OI	DI	PI	OI
中国	DI				142021 (76%)			70120 (34%)		
	PI					15445 (8%)			107805 (52%)	
	OI						30479 (16%)			29234 (14%)

续表

债务人\债权人		中国			日本			美国		
		DI	PI	OI	DI	PI	OI	DI	PI	OI
日本	DI	885（7%）						52215（4%）		
	PI		11894（93%）						861587（63%）	
	OI			0（0%）						445855（33%）
美国	DI	27475（11%）			421103（19%）					
	PI		125687（49%）			159299（72%）				
	OI			100432（40%）			187022（9%）			

资料来源：笔者根据表5－6整理加工得到。

由表5－7可知表5－6中的中、日、美三国相互金融投资的构成情况，表5－7中行表示资金筹集，列表示资金使用。从中国“行”的角度来看，DI占美国对华投资总额的34%，证券投资占52%，国际银行信贷占14%。此外，日本对华直接投资1420亿美元，占日本对华投资总额的76%。证券投资占8%，国际银行信贷占16%。因此，可以看到美国侧重于对中国进行证券投资，而日本侧重于对中国进行直接投资和银行贷款。更详细的中国、日本和美国之间的双边投资的构成见由“W－to－W”基准构建的表5－7。

在表5－7的列中，可看到，中国对美国的直接投资是274.8亿美元，在中国对外直接投资中排名第一，占中国对美国投资总额的11%；中国对美国的证券投资是1256.9亿美元，占中国对美国投资总额的49%，主要体现在持有美国国债上；中国对美国的银行信贷占40%（见表5－7）。此外，从中国对日本的投资构成来看，日本是中国第九大直接投资接收国，中国对日本直接投资为8.85亿美元，占中国对日本总投资的7%；中国对日本证券投资占总投资的93%（见表5－7）。因此，中国在日本的投资主要侧重于证券投资和直接投资，没有国际银行信贷。除美国和日本外，英国和韩国也是中国对外投资的主要接受国。

从日本的对外投资看，日本对美国的投资中，直接投资占19%，证券投资占72%，国际银行信贷占9%。因此，日本对美国侧重于证券和直接投资，而日本对中国侧重于直接投资（76%）和国际银行信贷（16%）。除了美国和中国，英国和法国也是日本对外投资的较大接受国。

通过分析中日两国对手方的对外投资规模和比例，可以从对手方自身债务来理解美国对中日两国的债权关系。这种三角关系具有三个基本特征。第一，美国和日本之间的金融联系远远比中国和美国更强。日本约31.1%的国外资金来自美国，有37.6%的对外投资流向美国（见表5－6）。然而，中国和美国之间，中国的国际投资中只有5%来自美国，11%流向美国（见表5－6）。第二，三国对外投资的重点不同。中日两国对外投资以直接投资为主，而美国与日本之间的投资主要表现为证券投资和银行信贷，中美之间的投资则以证券投资为主。第三，与美国和日本相比，中国对外投资规模仍然相对较低。日本是中国的2.5倍，而美国是中国的8.7倍。此外，截至2016年底，中国对日本有净负债1752亿美元，对美国有净资产464亿美元。2015年底，中国同样对日本保持净负债（1767.9亿美元），对美国保持净资产（42.3亿美元）。

三、国际资金循环的影响力和感应度

1997年亚洲金融危机（Kaminsky and Carmen，1999）和2008年美国次贷危机（Castren and Kavonius，2009）等事件表明，一个经济体的金融危机会影响全球金融市场。因此，金融危机会在国际资金循环中产生连锁反应，进而会对某一经济体的经济增长产生冲击。建立GFF统计的主要目的是观察各经济体在国际资金循环中的基本状况及相互关系，衡量金融危机在一个经济体所产生的波及效应。为此有必要讨论资金循环分析里所使用的影响力系数和感应度系数的方法（Tsujimura and Mizoshita，2002b）。

为了计算影响力系数和感应度系数，需对表5－6中的数据进行调整，然后以新的形式（对外资产和负债的综合矩阵）移到表5－8中。首先，省略表5－6中从净资产到净金融头寸的项目，即表5－6中最后七行。其次，将表5－6中各经济体的三项金融工具合并。通过表5－8，提供一个“W－to－W”形式的金融资产和负债矩阵，可以更清楚地了解和探究各经济体相对于其他经济体的金融头寸。此外，每个经济体的行和列总数没有改变，与表5－6一致。该方法最初用于投入产出分析，是一种标准化方法，使用Leontief逆矩阵的行和与列和来除其平均值。为了便于说明，图5－2给出了表5－8的示意图。

表 5－8　　对外资产负债综合矩阵（2016 年末）　　单位：百万美元

债权人 债务人	加拿大	中国	法国	德国	意大利	日本	韩国	荷兰	瑞士	英国	美国	其他	合计	净资产	总负债
加拿大	0	29425	38583	61263	5190	95411	6963	98019	78972	145620	1305932	1085407	2950785	106946	3057730
中国	29660	0	54817	63914	7911	187945	131028	44078	17134	94247	207159	3262567	4100461		4100461
法国	39411	21541	0	526224	208821	324874	14270	333628	174242	636029	628684	2844653	5752377		5752377
德国	39044	8871	303957	0	133840	146437	14208	398969	178141	596764	491186	2790295	5101712	1199263	6300975
意大利	6808	1620	421999	222820	0	58276	2142	120163	32790	170803	105238	971557	2114216	31739	2145956
日本	61599	12779	284101	27303	6735	0	23147	74715	38771	551388	1359657	1927002	4367196	1494188	5861384
韩国	17458	12123	15990	15949	896	70030	0	29382	13501	57770	227047	352960	813105		813105
荷兰	54536	26927	421200	537714	163967	195622	6870	0	352028	726773	1260415	3919963	7666015	344592	8010607
瑞士	24493	6233	110181	116258	16758	36104	5481	356059	0	339391	612356	1504384	3127697	129225	3256922
英国	146746	84770	539406	550904	116539	344110	26874	421519	223035	0	2317895	4539447	9311245		9311245
美国	1401856	253594	655810	721213	154758	2203424	200967	924488	631373	2472549	0	18489352	28109384		28109384
其他	1236120	1847192	2577168	3457413	1330539	2199153	328885	5209588	1516935	2909509	11637094	0	30605792	7437990	38043782
合计	3057730	2305075	5423214	6300975	2145956	5861384	760834	8010607	3256922	8700843	20152662	38043782	104019986		
净负债		1795385	329163				52271			610402	7956722				
总资产	3057730	4100460	5752377	6300975	2145956	5861384	813105	8010607	3256922	9311245	28109384	38043782			

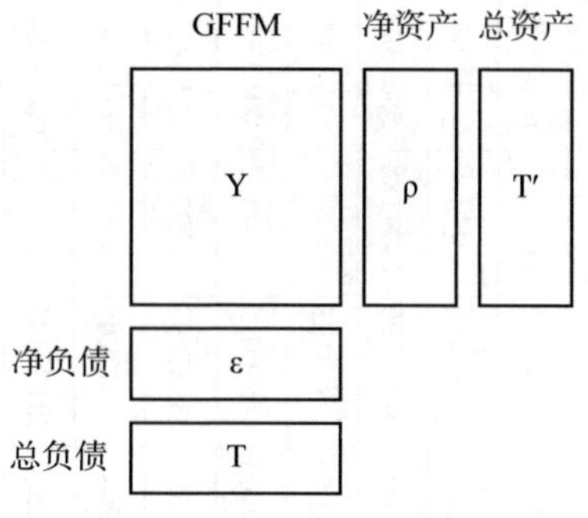

图 5-2　表 5-8 示意图

注：T′是 T 的转置。

影响力系数和感应度系数定义如下。设双向金融投资余额为 y_{ij}，表示经济体 i（行）从经济体 j（列）的资金筹集；观测对象个数为 n，则表 5-8 可以表示为 n 行 n 列构成的 EAL 矩阵 Y，如表 5-8 所示。

设 $T_i = T_j = \max(\sum_{i=1}^{n} y_{ij}, \sum_{j=1}^{n} y_{ij})$，$\varepsilon_j = T_j - \sum_{i=1}^{n} y_{ij}$，$\rho_i = T_i - \sum_{j=1}^{n} y_{ij}$。

T 是对外资产负债矩阵 Y 的行和或列和，各经济体的行和等于列和。ε_i 为经济体 i 的对外净负债，ρ_j 为经济体 j 的对外净资产。如果经济体 i 的对外净资产大于等于零，则 $\varepsilon_i = 0$，且 $\rho_i > 0$；如果经济体 i 对外净资产为负，则 $\varepsilon_i > 0$，且 $\rho_i = 0$。为了说明影响力系数和感应度系数的作用，首先需要定义投入系数 c_{ij}，c_{ij} 为经济体 i 从经济体 j 筹集的资金与经济体 j 对外资金运用总额的比例，即 $c_{ij} = \frac{y_{ij}}{T_j}$。

从表 5-8 的行来看，可以得到如下的均衡式子：

$$\sum_{j=1}^{n} y_{ij} + \varepsilon_i = \sum_{j=1}^{n} c_{ij} T_j + \varepsilon_i = T_i \qquad (5-1)$$

C 为以 c_{ij} 构成的 n×n 阶的行列式，所以均衡式可以改写为：

$$\mathbf{CT} + \boldsymbol{\varepsilon} = \mathbf{T} \qquad (5-2)$$

对 T 求解可得：

$$\mathbf{T} = (\mathbf{I} - \mathbf{C})^{-1} \boldsymbol{\varepsilon} \qquad (5-3)$$

式（5-3）为列昂惕夫逆矩阵。将该逆矩阵 $\boldsymbol{\Gamma} = (\mathbf{I} - \mathbf{C})^{-1}$ 表示为含有元素 $\gamma_{i,j}$ 的矩阵，则可用 μ_j^y 表示经济体 j 的影响力系数（ICs），用 σ_i^y 表示感应度系数（SCs），可定义为：

$$\mu_j^y = \frac{\sum_{i=1}^{n} \gamma_{i,j}}{\frac{1}{n} \sum_{j=1}^{n} \sum_{i=1}^{n} \gamma_{i,j}} \qquad (5-4)$$

$$\sigma_i^y = \frac{\sum_{j=1}^{n} \gamma_{i,j}}{\frac{1}{n}\sum_{i=1}^{n}\sum_{j=1}^{n} \gamma_{i,j}} \quad (5-5)$$

式（5－4）的分子为里昂惕夫逆矩阵的列和（资产方的经济体），其分母为列昂惕夫逆矩阵列和的平均值，可以得到经济体 j 的影响力系数。式（5－5）的分子为列昂惕夫逆矩阵的行和（负债方的经济体），分母是行和的平均值，可以得到经济体 i 的感应度系数。因此，经济体 j 的资产影响力系数为 j 列和与各列和平均的比值，而经济体 i 的资产感应度系数为 i 行和与各行和平均的比值。二者都是以逆矩阵行和与列和的平均值为基准计算的，如某经济体的行和或列和超过平均值，则比值大于 1；反之如某经济体的行和或列和低于平均值，则比值小于 1。资产影响力系数（ICA）表明，当 $\mu_j^y > 1$ 时，经济体 j 的资金供给对其他经济体的影响程度高于世界平均水平。当 $\mu_j^y = 1$ 时，经济体 j 的资金供给对其他经济体的影响程度为世界平均影响水平。当 $\mu_j^y < 1$ 时，经济体 j 的资金供给对其他经济体的影响程度低于世界平均水平。显然，ICA 越高，该经济体的资金供给对全球资本市场的影响越大。

同理，负债感应度系数（SCL）表明，当 $\sigma_i^y > 1$ 时，经济体 i 的资金需求对其他经济体的感应度高于世界平均水平。当 $\sigma_i^y = 1$ 时，其资金需求对其他经济体的感应度处于世界平均水平。当 $\sigma_i^y < 1$ 时，其资金需求对其他经济体的感应度低于世界平均水平。与 IC 类似，如果一个经济体的感应度系数很大，那么它对资金需求的影响就会很大。反之，这就意味着一经济体在全球资本市场上诱导的总需求总体上相对较弱。根据以上对 ICA 和 SCL 的定义，我们使用表 5－8 中的数据计算 2016 年 12 月底资产负债的 IC 和 SC。

从资金供需的两个不同侧面看，资产影响力系数与负债感应度系数都是反映一经济体资金供需运用的指标。ICA 反映了一经济体的限制，包括一经济体增加资金供给时，对全球金融市场资金供应的间接影响。它是一个相对指标，最适合用于各经济体间的比较，因为它与对外资产投资组合高度相关。SCL 较高的经济体，在全球资金的总体需求上升时，向其他经济体（国内资产）提供资金的倾向加大，所以在很大程度上取决于交易对手方经济体的资金筹集组合的需要。

图 5－3 中，用 ICA 为横轴，用 SCL 为纵轴绘制经济体位置。这使各经济体在国际金融市场上的综合效应得到了直观的表现。图 5－3 可以分

为四个象限（右上角为第Ⅰ象限，逆时针方向分别为第Ⅱ、第Ⅲ、第Ⅳ象限）。位于第Ⅰ象限的资产影响力系数和负债感应度系数均大于平均值（大于1），第Ⅱ象限是影响力小于1，但感应度大于1；第Ⅲ象限是两系数均小于1；第Ⅳ象限是影响力大于1，但感应度小于1。各经济体处在不同的象限坐标里表示在全球金融市场中的影响力趋势。

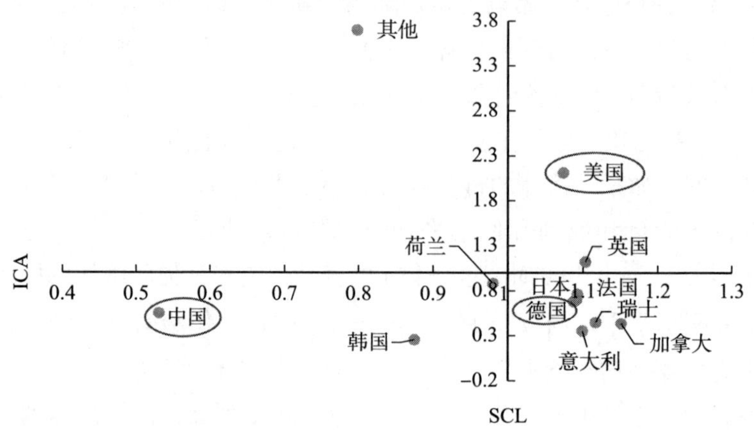

图5-3　GFF中各经济体的资产影响力与负债感应度（2015年末）

图5-3展示了以下三个特征：第一，ICA和SCL的总体分布表明，两个变量之间存在较弱的负相关关系，且变化程度不同。ICA上升（下降），SCL下降（上升），但由于以往运用资金流量统计编制国内地区部门的金融矩阵（W-to-W）并没有观测到此种现象，可以认为这是编制GFF矩阵分析国际资金循环所发现的特有性质。

第二，各经济体在不同象限的分布反映了它们在国际金融市场中的相对地位和影响力。美国和英国位于第Ⅰ象限，表明它们在国际金融市场强劲的影响力与感应度。特别是美国的ICA为1.074，SCL为2.113，居全球之冠。根据表5-8，美国通过直接投资、证券投资和国际银行信贷的融资总量为28.109万亿美元，占全球融资总额的27.0%；通过三项金融工具的资金运用达到了20.153万亿美元，占全球总资产的19.4%。这意味着，2016年底，美国的国际投资净负债为7.956万亿美元。

为简洁起见，忽略对第Ⅱ象限的其他经济体的讨论，只关注第Ⅲ象限。可以看到，中国、荷兰和韩国都位于这一象限。中国的ICA和SCL分别为0.5213和0.5497，远低于国际平均水平。中国通过直接投资、证券投资和国际银行信贷融资总额为4.100万亿美元，占全球资金总额的

3.9%；三项金融工具的资产总量达到了2.305万亿美元，占全球总资产的2.2%。可以得知，中国的对外投资在2016年产生了1.795万亿美元的净债务。此外，中国在全球金融市场上的相对规模仍然较小，跟不上其在世界经济市场上的地位。这表明中国在开放资本市场参与国际金融市场运作方面还有很多工作要做。

加拿大、瑞士、意大利、德国、法国和日本位于第Ⅵ象限。这些经济体的ICA均大于1，但SCL均低于世界平均水平。日本的ICA为1.113，SCL为0.714，日本通过境外直接投资、发行证券和国际银行信贷的融资总量达到4.367万亿美元，占全球融资总额的4.2%；三项金融工具资产总量达到5.861万亿美元，占全球总资产的5.6%。2016年，日本对外投资净资产为1.494万亿美元。

第三，作为参考将储备资产数据列于GFF矩阵，可得到一个整体均衡的判断。从整体均衡状态来看，尽管美英两国的影响力系数与感应度系数均为第Ⅰ象限，但美英的对外净头寸均为负数，美国净外债为8.18万亿美元（见表5－6）。中国的ICA与SCL尽管低于国际平均水平，但外汇储备资产为世界之首（见表5－6），这表明中国具有较强的对外支付能力，能够挺过大部分的国际金融风险，从而保持了外部金融环境的相对稳定。但是2016年底，中国对外金融投资的净负债规模较大（如表5－6所示）。综上所述，2016年中国对外金融投资的金融风险逐步加大。

中国与美国的贸易摩擦可能会影响中国未来的出口，进而可能导致中国外汇储备减少。中国、日本和美国之间的GFF矩阵表明，这三个经济体通过直接投资、证券投资和银行信贷相互紧密地联系在一起，中美之间贸易摩擦的加剧必然会影响美国和日本的实体经济，这会增加国际资本的流动性和风险，从而影响整个金融体系的稳定。据此，中国应该加强对金融风险的统计监测，提高市场透明度，学习国际金融投资规则，掌握或保留现代金融投资方法。

第六节　结　　论

本章提出了一种新的衡量国际资金循环（GFF）的统计方法，并基于GFF的经济理论建立了一个新的统计模型。该模型描述了GFF在存量和流量上的结构、影响力和感应度。对该方法和必要的数据源进行了详细阐述；随后详细分析了11个经济体的GFF矩阵结构和均衡关系，并以3个经济体的 GFF 矩阵为案例进行了有意义的研究。表 5－3 提供了一个可操作的统计系统框架，是建立在前期研究阶段的理论基础上的一种创新，是本章内容的核心。也就是说，表 5－3 包含的数据使 GFF 编制成为现实，实现了表 5－6（2016 年外部资产和负债矩阵）的编制。显然，也可以编制其他金融工具矩阵，以满足决策当局的需要。本章提出的 GFF 矩阵是衡量 GFF 的基础，它提供了对国际金融市场变化的概述。基于“W－to－W”视角，可以分析各经济体之间资金使用和资金筹集的结构和金融稳定性。而且，表 5－3 中显示的分析功能，对 DGI 有一些帮助，这个是前人并未进行相关介绍的内容。

作为 GFF 的扩展分析，本章也使用表 5－5 和表 5－6 中提供的数据，计算了资产影响力系数（ICA）和负债感应度系数（SCI），具体深入地描述了双边国家直接投资、证券投资和其他投资的结构、特点和金融风险。此类分析将来会继续展开研究。此外，虽然收集了一些关于资产持有者经济体的数据，但它们主要是使用证券所有者经济体的详细数据（负债数据）从资产方汇编而成，即所谓的“衍生债务”数据。国际证券调查（CPIS）和国际区域金融统计（LBS）资产方面的数据需要更具互补性，因为证券发行者可能不知道谁拥有他们的可交易证券。

一个经济学概念的理论内涵决定了它的统计外延。为确定 GFF 统计的理论框架，本章定义了 GFF，明确了衡量 GFF 的统计框架，并整合了国际货币基金组织（IMF）和国际清算银行（BIS）的数据，编制了基于“W－to－W”的 GFF 矩阵。此外，论文还解决了宏观经济统计中仍然存在的一些重要数据缺口。阐述了综合宏观经济账户和 GFF 矩阵的主要属性，这使编制部门账户的框架成为可能，包括在“W－to－W”基础上的金融头寸和流量。特别地，GFF 综合框架坚持以下三条一致性规则。

关于对外金融头寸和流量的 GFF 核心统计框架，不仅关注谁做了什么，还关注谁对谁做了什么。为了观察国际投资风险和防范金融危机，我们建议在汇编和传播对外金融头寸和流量时，应采用 GFF 统计方法，并将“W－to－W”关系作为主要的基础会计原则。

在 SNA 整体框架内使用 IMF 和 BIS 的数据（而不是使用零碎的来自不同数据源的数据）编制 GFF 矩阵，优势在于确保对外直接投资调查（CDIS）、国际证券投资调查（CPIS）、国际投资头寸（IIP）、国际银行统计（IBS）、国际区域金融统计（LBS）、资金循环账户（FFA）和国际收支（BOP）数据的一致性。这反过来又使我们能够系统地了解实体领域和金融领域的经济流动之间的关系，金融的相互联系以及经济体内经济和对外经济之间的联系。

本章使用了包括中国、日本和美国在内的11个经济体的一个样本，来说明GFF方法，并总结了数据来源。在实证方面，主要通过GFF数据分析了中国、日本和美国的融资情况。可以得到中国、日本和美国通过各种融资工具使用和提供资金的结构关系和三个经济体的金融市场规模，也能分析这三个经济体之间的债权债务关系。美国和日本的金融联系远比中国和美国之间更强，还能估计每个经济体的资产相对影响力和负债相对感应度，以及他们在国际金融市场中的份额和位置。

中国的ICA和SCL均低于国际平均水平。中国对外投资净额持续为负，对外金融投资的金融风险逐渐加大。

值得注意的是，各经济体在编制GFF账户方面可能面临困难，因此，对GFF的推进无疑将分阶段进行，采用的速度取决于一个经济体的统计能力、资源可用性以及分析和政治的需要。随着GFF统计的建立和完善，还应采取以下两项措施。

建立GFF统计，需要按照国民账户体系（SNA）框架整合数据源，包括CDIS、CPIS、IIP以及BIS统计。同样，也需要建立GFF账户，以连接SNA中的资金循环账户。但是，这需要在新的数据收集系统中增加对外金融头寸，如上文GFFS数据库所述。

作为改进，本章选择LBS数据替换曾经使用的CBS数据建立GFF矩阵。因为CPIS和国际综合金融统计（CBS）的覆盖范围存在明显差异。特别是CBS还包括银行持有的债务证券，因此与CPIS存在重复计算。但LBS数据基于与IIP相同的概念，其数值和统计范围与CDIS、CPIS和IIP更一致。因此，对这些数据源的任何集成的准确性都将更高。

改进金融工具与国家（地区）部门的细分类。可考虑按子部门细分，以及考虑GFF中对重要经济体的其他经济流动的详细情况。应考虑重要金融参与经济体和可能的其他经济体的按子部门细分的“W－to－W”对外金融头寸和流量。基于“W－to－W”的对外金融头寸和流量的部门（子部门）和特定工具（贷款、存款、直接投资、证券投资、国际银行信贷、基金储备头寸和外汇），理论上最好从汇总的子部门和细分工具转向细分的子部门和细分工具。

BSA和对外部门矩阵可以扩展到流量数据，来识别交易和资产/负债的其他物量变化。这是一项相当具有挑战性的任务，因为流量数据需要按参与国（地区）进行分解。

最后，在此基础上，有必要提高GFF统计的准确性，探索和扩大分析工具，以更具体和深入地研究 GFF。

通过提高数据质量，如图 5 - 1 底部所示，在未来有必要把 DLA 矩阵与 GFF 矩阵连接起来，这不仅满足“W - to - W”基础的跨国（地区）观察，还可以识别跨国（地区）的部门联系。

6　宏观统计视角看危机前后全球资金循环

第一节　引　　言

改革开放至今，中国经济实现前所未有的增长，现已成为世界第二大经济体。在这一进程中，国际贸易成为不可替代的重要贡献力量，而国际贸易活动的发生必然伴随着国际收支与结算，从而引起资本从一经济体流向另一经济体，即国际资本流动。① 伴随着生产全球化、经济一体化和金融创新化的发展，经济体与经济体之间的经济交往，已经不只是以国际贸易为主要对象，而更多的是发生着国际直接投资、国际证券投资和国际信贷等多种形式的国际金融活动，无论是内容还是形式，国际资本流动都越来越脱离实体经济而成为独立于国际贸易的重要国际经济关联，以其独立的运动规律对世界经济体系产生着越来越大的影响。国际资本流动在推动一经济体的经济贸易发展的同时，也积累了大量系统性风险，新兴经济体曾多次出现跨境资本“大进大出”的现象，引发资本、货币、外汇等金融市场剧烈动荡，增加金融体系脆弱性，导致债务危机等系统性金融风险的发生，进而对实体经济产生冲击。近二十多年来，亚洲金融危机、国际金融危机、欧债危机的相继发生，使得世界经济和金融格局产生了深刻的变化，全球发展失衡、国际分工进一步深化、国际经济摩擦加剧、全球资本流动转向，世界各经济体利益高度融合又相互依存，世界经济进入了深度调整期。

中国参与全球金融治理是国际金融构架改革的重要组成部分，在世界经济格局中的作用更是不容小觑，“中国力量”已经成为世界进步的巨大

① 国际资本流入是指非居民购买国内资产，国际资本流出是指国内居民购买国外资产。

动力之源。据国际货币基金组织（IMF）统计，2013～2017年中国对世界经济增长的平均贡献率居世界第一位，超过美国、欧元区和日本三者的总和。同时，中国正在成为全球重要的投资者、国际经贸规则的制定者和全球经济治理的建设者。站在全球视角探究中国在全球金融市场的定位，分析中国与世界各经济体之间的金融联系，将中国置于全球宏观视野下，探索中国对外金融活动在全球金融市场上的地位、时空格局以及动态演变，为中国金融政策的制定和对外战略的选择提供参考，具有重要意义。

笔者以国际金融危机前国际资本剧烈动荡时期（2000～2007年）作为对比基期，探索金融危机后，国际资本异动现象是缓解了还是更加剧烈了？主要经济体的跨境资金流量、流速、流向、结构等是否发生了改变？而中国在全球国际资本流动演变过程中，呈现出什么样的特征、发挥了什么样的作用，受到全球资本流动周期的哪些影响以及影响程度如何？下文将结合横纵向对比，结合流量和存量分析，从宏观视角看全球与中国资金循环的特征。

第二节　全球失衡之后的再平衡与分化

全球失衡①主要指经常收支失衡，现在也包括金融收支失衡和储备项目失衡。全球失衡的加剧导致了各经济体贸易盈余/赤字不断增加，一些经济体对外债务存量不断积累，这是金融危机产生和扩散的重要导火索之一。引起全球收支失衡的因素既有外部因素，如各经济体储蓄率不平衡、要素流动的国家（地区）结构、国际分工体系、汇率粘性、国际货币体系等因素，也有一经济体内部产业结构、金融市场成熟度和开放度等因素。自1980年以来，全球失衡成为一种客观事实，自1997～1998年东亚金融危机起，全球失衡明显加剧，并与诸多因素一起，最终引发了美国次贷危机和随之迅速演变升级的国际金融危机。之后，主要经济体的经常账户呈现先调整后分化的走势。中美两国的长期失衡状态得到显著调整，而德国、英国等经济体的失衡状态却比危机之前恶化。下面对比国际金融危机前后由于世界经济格局的深度调整，全球失衡随之演变的详细状况。

---

① 全球失衡（global imbalance）是IMF在2005年提出的一个新课题。表现为主要发达经济体经常账户长期赤字、资本金融呈现持续净流入，而主要发展中经济体经常账户长期盈余、资本金融呈现持续净流出，事实上造成后者在实物上“补贴”前者的现象。

一、危机前全球失衡愈演愈烈

全球经常收支失衡与各经济体储蓄率的分化密切相关。自 1997 年东亚金融危机起，至 2008 年国际金融危机的爆发，全球储蓄率的分化异常突出，1998 ~ 2008 年世界平均储蓄率为 22.5%，同一时期亚洲发展中国家、中东和美国的储蓄率分别为 35.1%、37.9% 和 15.2%。其中，中国 2008 年的国民总储蓄率更是高达 50.8%，而同一年美国仅为 15.0%，中国比美国高出 35.8 个百分点。2017 年，亚洲新兴经济体的国民储蓄率为 39.9%，而拉美的国民储蓄率只有 17.6%，中国的则为 44.8%。可见危机之后发展至今全球储蓄率的分化仍然没有缓和。

与此对应，全球收支失衡在 2008 年金融危机前十年亦愈演愈烈（见图 6 - 1）。一方面，以美国、英国为代表的先进经济体（AEs①）经常收支和金融收支持续逆差，在国际分工中以金融服务为比较优势，长期吸引资本的流入，双逆差积累了大量外债；另一方面，以中国为代表的新兴市场和发展中经济体（EDEs）和德国、日本等以制造业为比较优势的经济体，以及中东和北非部分石油输出国的经常账户持续顺差，且顺差额呈爆发式的增长，积累了大量美元储备，然后又流入金融市场相对发达的英美国家，这又导致了英美等发达经济体金融账户的进一步逆差。而美国通过美元独大的国际货币地位优势，得以向全球融资，来弥补其经常收支的巨大逆差，这是全球失衡的重要根源。美国次贷危机的爆发似乎是当前国际分工格局和国际货币体系下全球失衡的一个必然的结果。

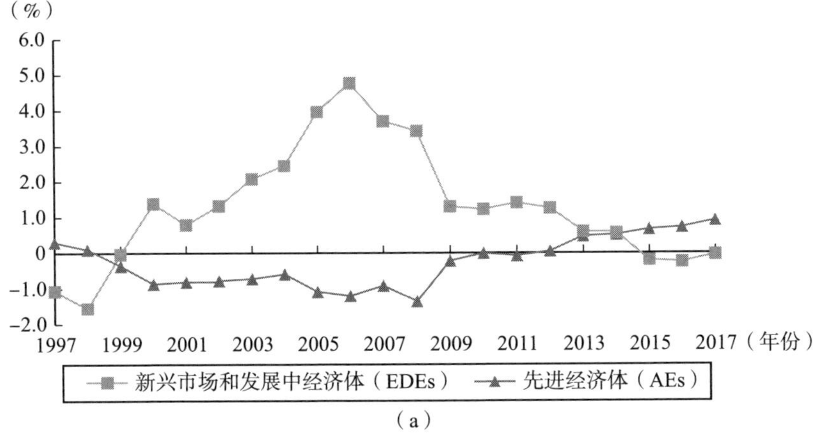

（a）

① IMF. 先进经济体（AEs）和新兴市场与发展中经济体（EDEs）具体划分：https://www.imf.org/external/pubs/ft/weo/2018/01/weodata/groups.htm#oem，2018 - 10 - 09.

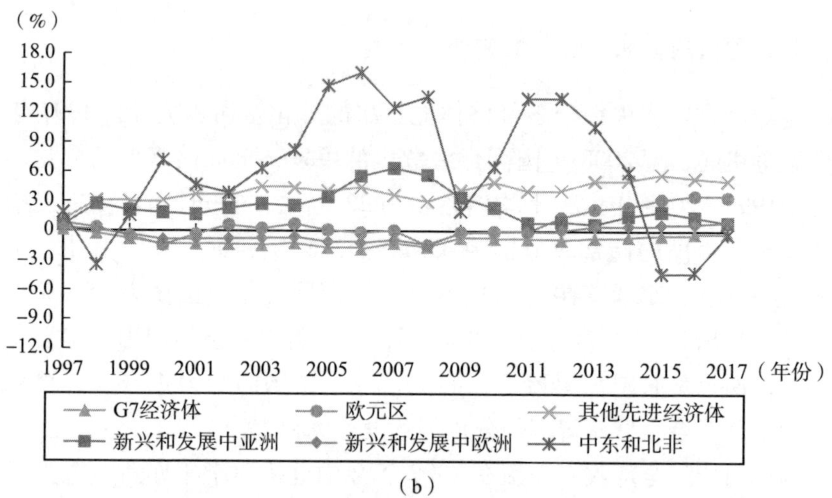

（b）

图 6－1　1997～2017 年各类经济体经常账户差额占 GDP 比重

注：实线为先进经济体，虚线为新兴市场和发展中经济体。由于 1997 年之前诸多年份数据缺失，故选取 1997～2017 年的数据。

资料来源：IMF 世界经济展望 2018。

具体来看，EDEs 在 2002～2006 年间经常账户顺差年均增长 62.0%，经常账户差额与 GDP 之比在 2006 年达到峰顶 4.8%，随后开始下降，到 2009 年下降至 2% 以内的合理水平（见图 6－1）。其中，新兴和发展中亚洲（EDA）的经常账户失衡较为严重，在 2007 年其经常账户差额的比重达到了 6.4%，直到 2011 年才结束了持续 10 年的较高水平。此外，中东和北非的经常账户失衡也异常严重，从 2005 年开始连续 4 年经常账户差额与 GDP 之比高于 10%，其中 2006 年更是达到了 16.1%。

其中，中国和美国分别为最大的顺差来源国和逆差来源国。从总量看，2007 年中国经常账户盈余 3532 亿美元，占 GDP 的 9.9%，而美国经常账户赤字 7110 亿美元，占 GDP 的 4.9%，中国的盈余大体是美国赤字的一半。从图 6－2 可以看出，美国的赤字从 1997 年前后开始迅速恶化，中国的盈余在 2002 年开始显著持续上涨，持续到国际金融危机的爆发而开始缓和（见图 6－2）。

二、危机后全球失衡缓和与再度分化

国际金融危机之后，由于先进经济体增速放缓，外部需求下降，AEs 和 EDEs 的经常账户出现了较大调整，一度呈现出“再平衡”的缓和态势。根据 IMF 数据，危机刚发生后的 2009 年，全球经常账户余额缩减了约三成，较危机前显著下降，虽然在 2010～2012 年呈现出小幅反弹，但

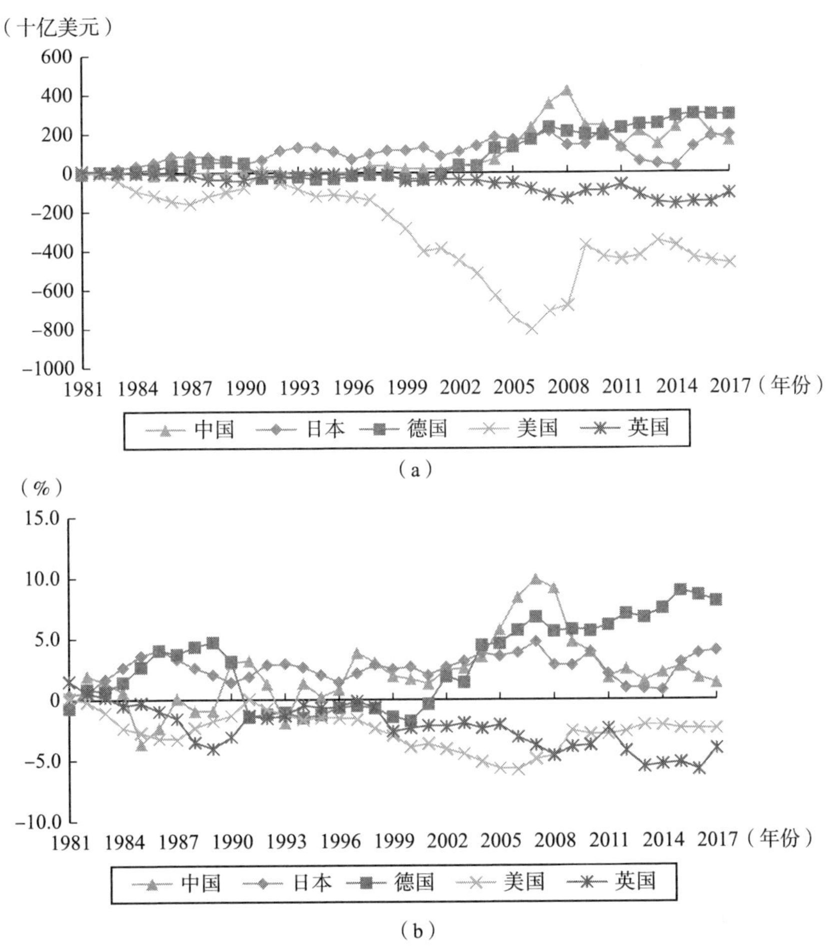

图 6－2　1981～2017 年主要五大经济体经常账户差额（a）及其占 GDP 比重（b）

资料来源：IMF 世界经济展望 2018。

失衡状况已得到大大改善。随着危机的结束和全球经济的复苏，主要经济体的经常账户呈现先调整后分化的情形，各经济体的调整存在显著差异。AEs 经常账户逆差自 2009 年持续下降，并于 2012 年由逆差转为顺差，且顺差持续扩大；而 EDEs 的经常账户顺差在经过了八年的下降之后在 2015 年转为逆差，并持续了三年。各类经济体的经常账户走势呈现出不同的路径，一部分地区失衡状况慢慢改善，甚至已经实现了经常账户平衡；而另一部分地区失衡状况却加剧。其中，源于石油供给的冲击，中东和北非地区的经常账户顺差与 GDP 之比在 2011～2013 年又反弹至危机前的水平，但从 2015 年开始出现了连续三年的经常账户赤字（见图 6－1）；另外，欧元区 2013 年以来也出现了持续扩大的经常账户顺差，且除了 G7 经济体和欧元区之外的其他先进经济体（新加坡、韩国和瑞士等）2008 年以来顺差不断扩大，2017 年顺差为危机之前 2007 年的 2 倍，经常账户顺差与 GDP 之比也连续上涨至 5.2%。

从主要经济体数据看，这种失衡现象更为明显。一方面，美国和英国等经济体面临持续的经常账户逆差，在危机之前持续恶化，美国在 2006 年逆差到达谷底 -8060 亿美元，与 GDP 之比为 -5.8%。英国虽然逆差规模远小于美国，但也连续多年呈现逆差，且自 2011 年起逆差进一步恶化，在 2016 年逆差与 GDP 之比为历史最低点 -5.8%。另一方面，中国、日本和德国等经济体长期保持着巨额经常收支顺差，顺差与 GDP 之比最高时分别达到 9.9%（中国，2007 年）、8.9%（德国，2015 年）、4.7%（日本，2007 年）。中国在危机之后顺差迅速调整，与 GDP 之比在 2011 年已下降至低于 2% 的水平，随后在此上下波动；日本在持续几年的顺差波动并下滑之后于 2015 年开始又持续了三年的上升期；德国在危机之后顺差仍持续保持上涨，至 2015 年达到峰顶，2015 ~ 2017 年其顺差与 GDP 之比都保持在 8% 以上的高位水平。这五个经济体中，中美两个经济体在全球失衡的调整与再平衡中扮演着重要角色，两个经济体的经常账户失衡状况都比危机前有显著改善，但日本在 2015 ~ 2017 年又重返危机前的水平，德国和英国的失衡状况也比危机之前更加严峻，其经常账户与 GDP 之比远在合理水平之外（见图 6 -2）。

危机爆发至今，尽管全球失衡状况总体上有了一定改善，但这种改善究竟是周期性的还是结构性的，存在较大争议。如果这种改善是周期性的，则随着全球经济复苏，全球失衡将会卷土重来。如果周期性伴随着结构性，也会由于社会、政治、经济等原因各个经济体的政策改革力度不一致，全球经济结构调整不到位，给中长期经济增长带来负面影响。

第三节　全球资本流动发展新趋势

布雷顿森林体系崩溃之后，世界各经济体都进入了资本市场放松管制的时代，各经济体均开始实行以“自由化”为特征的金融改革浪潮，全球金融逐渐启动国际化一体化发展。20 世纪 90 年代至今，国际金融市场出现多次资本流动大起大落、反向流动等异常现象。第一次国际资本异动始于 90 年代早期，结束于 1997 ~ 1998 年的东南亚金融危机；第二次国际资本流动高潮始于 2002 年，随后几年疯狂增长，持续至 2007 年美国次贷危机的爆发。在这之后世界金融体系发生了深刻的调整与变动，国际资本流向多次转变，曾四度流出新兴市场，新兴市场受到反复严重的冲击。受政策性和周期性等因素影响，新兴市场资本流入经历了断流、恢复最终又被拖入危机泥潭的反复过程，目前仍未从周期性波动影响中走出。2017 年全球国际资本流动规模首次走出危机后的低谷期，超越 2010 年危机后国际资本流动规模的最高点。

一、国际资本流动规模再达高潮

国际金融危机前后，国际资本的流量、流向、结构等各方面都发生了较大的变化和反转，且当前国际资本流动又达到了一个高潮。若去掉 2008 年和 2009 年国际资本的异常流动，对比危机前后各八年的全球跨境资金流动①（私人资本）可发现，危机后八年恢复期的跨境资金流动总量（2010 ~2017 年合计）已超过危机前八年剧烈流动期总量（2000 ~ 2007 年合计）的八成。从流向看，全球国际资本流入 2010 ~2017 年累计 38.1 万亿美元，为 2000 ~2007 年累计规模的 82.8%，全球国际资本流出 2010 ~2017 年累计 35.5 万亿美元②，为 2000 ~ 2007 年累计规模的 86.2%，全球双向资金流动规模趋近危机前剧烈波动时期的水平（见图 6 –3）。

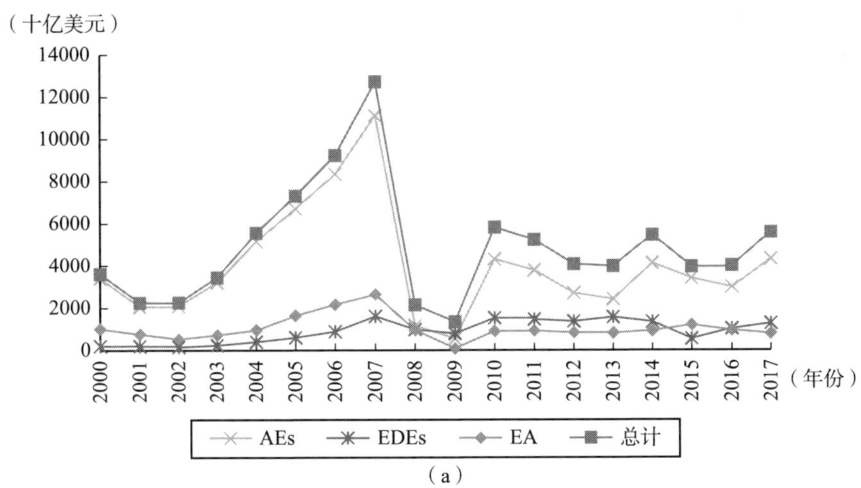

（a）

---

① 包括直接投资、证券投资、金融衍生工具和其他投资，不包括储备资产和误差与遗漏。

② 由于各经济体统计误差的存在，全球国际资本流入与流出的数据并不相等。

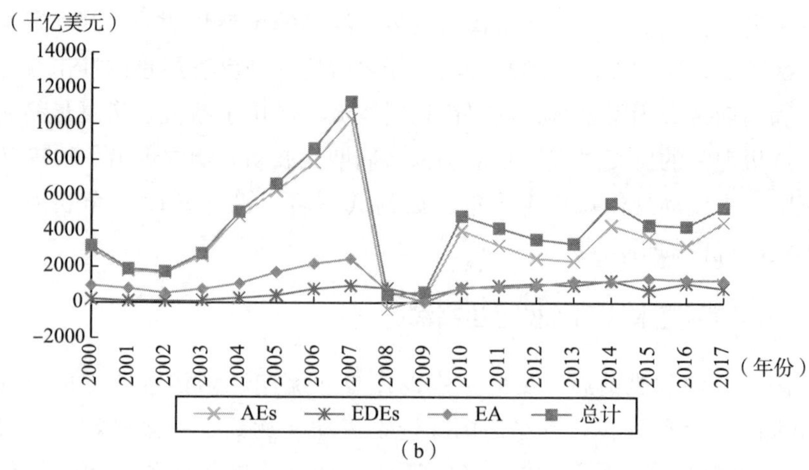

（b）

图 6－3　2000～2017 年各类经济体国际资本流入（a）和流出（b）

注：EA 代表欧元区。

资料来源：根据 IMF 数据库整理。

AEs 的国际资本总流入危机后八年累计规模达到危机前八年累计规模的三分之二，总累计流出规模为危机前八年的 72.4%。其中，欧元区危机后八年累计流入和流出规模为危机前八年的 70.4% 和 84.9%。美国和日本国际资本流出累计规模仅为危机前的 78.7% 和 61.4%。流入规模更低，美国国际资本累计流入为危机前的 73.8%，而日本在 2010～2017 年累计流入为负值，主要由于其庞大的金融衍生工具为负，且金融衍生工具的负流入超过直接投资、证券投资和其他投资的总流入。

而反观 EDEs，国际资本流入的变动情况更加剧烈和复杂，危机后八年累计流入量为危机前八年的 2.4 倍，累计流出量为前八年的 2.7 倍。其中，直接投资、证券投资和其他投资的累计流入分别为危机之前的 2.5 倍、3.7 倍和 1.9 倍，金融衍生工具的负流入的规模也为危机之前的 8.6 倍，说明创新化的金融工具在危机之后更加快速膨胀。其中，中国和巴西在危机后八年总流出累计规模分别达到危机前八年的 4.9 倍和 3.3 倍。总流入规模分别为危机前的 2.8 倍和 3.9 倍，说明危机之后中国资本流出增加的幅度远大于资本流入的增加（见表 6－1）。

表 6－1　　AEs、EDEs 和主要经济体危机前后国际资本流动对比

2000～2007 年	跨境资本流入累计（十亿美元）					跨境资本流出累计（十亿美元）				
	DI	PI	OI	FD	总流入	DI	PI	OI	FD	总流出
AEs	9417	17259	16745	－1517	41904	11004	13115	15594	－1377	38335
美国	1751	5911	3115		10776	1941	1813	2432		6186

续表

2000～2007 年	跨境资本流入累计（十亿美元）					跨境资本流出累计（十亿美元）				
	DI	PI	OI	FD	总流入	DI	PI	OI	FD	总流出
日本	68	944	107	－965	154	369	1017	273	－971	689
欧元区	2174	4071	4224	－163	10305	2957	3317	4312		10586
德国	599	1379	821		2799	612	1202	1591	148	3553
EDEs	2404	643	1190	－56	4181	676	731	1501	－49	2860
中国	653	117	240		1010	92	176	282		550
巴西	181	70	20	－6	263	62	4	57	－4	119

2010～2017 年	跨境资本流入累计（十亿美元）					跨境资本流出累计（十亿美元）				
	DI	PI	OI	FD	总流入	DI	PI	OI	FD	总流出
AEs	13084	13110	5918	－4018	28092	14325	11081	6429	－4097	27738
美国	2676	4333	939		7948	2943	2381	－456		4868
日本	101	1186	1009	－2732	－436	1089	1228	734	－2628	423
欧元区	4101	2616	600		7317	4901	2935	1147		8983
德国	526	－86	644		1084	907	1141	763	238	3050
EDEs	5899	2360	2274	－478	10055	2575	1345	4298	－450	7768
中国	1909	425	450	1	2786	860	309	1512	8	2690
巴西	666	200	215	－57	1025	122	15	312	－52	397

前后八年对比	跨境资本流入累计（增量，十亿美元）					跨境资本流出累计（增量，十亿美元）				
	DI	PI	OI	FD	总流入	DI	PI	OI	FD	总流出
AEs	3667	－4149	－10827	－2502	－13811	3321	－2034	－9165	－2719	－10597
美国	925	－1577	－2176		－2828	1002	568	－2888		－1318
日本	33	242	902	－1767	－591	719	211	461	－1658	－266
欧元区	1928	－1455	－3624	163	－2988	1944	－382	－3165		－1603
德国	－73	－1465	－177		－1715	296	－61	－828	90	－503
EDEs	3495	1717	1084	－422	5873	1899	614	2797	－402	4908
中国	1257	308	210	1	1776	768	133	1230	8	2140
巴西	486	130	196	－50	762	60	11	255	－48	278

前后八年对比	跨境资本流入累计（增幅,%）					跨境资本流出累计（增幅,%）				
	DI	PI	OI	FD	总流入	DI	PI	OI	FD	总流出
AEs	38.9	－24.0	－64.7	164.9	－33.0	30.2	－15.5	－58.8	197.4	－27.6
美国	52.9	－26.7	－69.9		－26.2	51.6	31.4	－118.8		－21.3
日本	48.1	25.7	842.7	183.2	－382.7	194.6	20.8	169.1	170.7	－38.6

续表

前后八年对比	跨境资本流入累计（增幅,%）					跨境资本流出累计（增幅,%）				
	DI	PI	OI	FD	总流入	DI	PI	OI	FD	总流出
欧元区	88.7	-35.7	-85.8	-100.0	-29.0	65.7	-11.5	-73.4		-15.1
德国	-12.2	-106.2	-21.6		-61.3	48.4	-5.1	-52.0	60.5	-14.2
EDEs	145.4	267.0	91.1	760.0	140.5	280.7	84.0	186.3	821.8	171.6
中国	192.6	262.3	87.5		175.8	836.6	75.3	436.7		389.1
巴西	269.1	187.1	1000.7	793.1	289.1	96.3	251.5	447.1	1160.2	232.9

注：DI、PI、OI、FD 分别为直接投资、证券投资、其他投资、金融衍生工具，下同。
资料来源：根据 IMF 的 BOP/IIP 数据库加工计算。

从净误差与遗漏项来看，EDEs 长期呈现负值，且危机之后波动异常剧烈，2010～2017 年八年的净误差与遗漏达到了 1.8 万亿美元，是危机前 2000～2007 年的 8.7 倍（见图 6-4），意味着未进入官方统计的 EDEs 私人资本净流出规模远超危机前的水平。而在这之中，中国贡献了大半私人资本净流出额，其中在 2015 年和 2017 年中国的净误差与遗漏项目占 EDEs 的比例更是达到 75.3% 和 82.7%。虽然净误差与遗漏项不能等于资本外逃，而是由多种因素共同导致，以中国来说，由于国内贸易“奖出限入”，对外资“宽进严出”的奖励机制的存在，导致很多企业高报出口或出口不收汇、少收汇的现象，而且中国外债统计还较为薄弱，没有申报的资本外流数据很难被统计到，最终都进入了误差与遗漏项，所以它可能代表

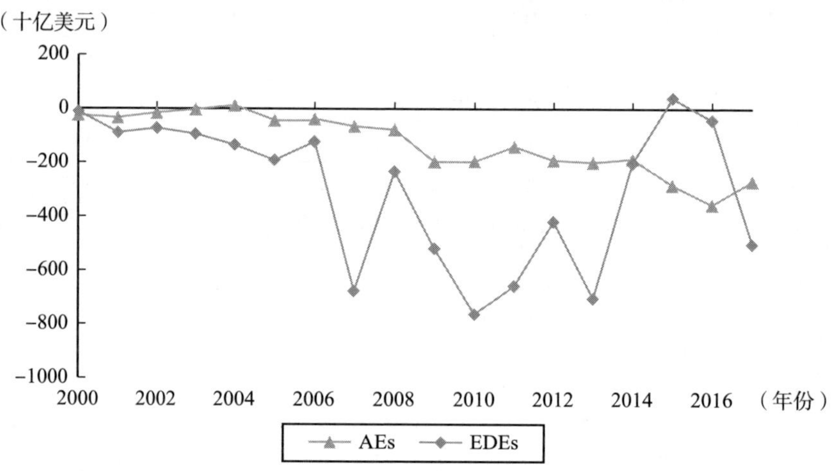

图 6-4　2000～2017 年 AEs 和 EDEs 净误差与遗漏

了对经常收支的高估，或者对资本外流的低估，但净误差与遗漏项连续呈现较大负值仍然在很大程度上说明危机之后新兴经济体的资本外流状况和压力比危机前高出很多。

二、国际资本流向多次剧烈反转

国际金融危机之前的二十年，国际资本持续不断流入新兴经济体，在金融危机后，随着主要经济体的刺激政策，释放了大量流动性，国际资本流动迅速复苏，国际资本流量和流向多次调整，经历了二轮下滑和三轮上升周期。

全球国际资本流动规模在2007年达到历史最高点，与GDP之比达到21.5%，而危机之后的2009年全球资本流动规模降至谷底，占世界GDP的比重仅为2.2%，到达了罕见的“冰点”。金融危机之后美联储推出四轮量化宽松货币政策，向金融市场注入大量的流动性，新兴市场也出台相关刺激政策维持经济高速增长，由于AEs和EDEs的经济增速的脱节，以及主要发达经济体接近零的低利率水平，新兴经济体又成为国际游资角逐的对象，国际资本流动重新活跃起来，流入EDEs的国际资本达到了一个小高峰（比如中国、巴西、印度等）。据国际金融协会（The Institute of International Finance，IIF）统计，2010年起，新兴市场资本净流入连续三年保持在超过万亿美元的水平。此段时期，全球流动性过剩，新兴经济体资产泡沫和通胀压力急剧增大，国际金融市场风险显著上升。

2012年欧债危机的爆发加上2014年美联储逐步退出量化宽松政策（QE），使得这次大规模的国际资本异动得到缓解。先进经济体出现货币政策分化，美国2015年开启近十年后的首次加息，率先步入加息周期，大宗商品价格暴跌至十六年后的新低，金融市场又发生了新一轮的大规模国际资本流动高潮，跨境资金流动开始转向，国际资本开始大量从新兴市场流出，新兴市场直接被拖入危机泥潭，乃至新兴市场非储备性质金融账户由顺差转为逆差。这一时期以美国为代表的AEs经济复苏迹象明显，EDEs经济增速与AEs之间的差距从国际金融危机前近7个百分点的峰值逐年下滑至不到3个百分点，这种变化导致EDEs私人资本流入的显著下降，并在2015年结束了连续二十七年的国际私人资本净流入，首次出现净流出并持续了两年。根据IMF数据计算，EDEs私人资本总流入与GDP之比在2015年下降到1.6%，是1990年以来最低水平，同时，资本流动净额在2015年变为负值，为新兴市场GDP的-1.2%。

在2015年、2016年由于全球贸易增长疲弱、跨国（地区）投资萎缩、先进经济体货币政策取向分化，加之地缘政治局势紧张等因素，导致世界经济整体增长缓慢。但进入2017年后，部分重要经济体增速超预期，全球金融市场正走出“危机模式”，世界经济触底回升，实现强劲复苏，全球贸易全面回暖，贸易对GDP弹性已回到2002～2008年贸易繁荣时期的平均水平。AEs增长势头良好，各经济体货币政策先后开始转向，国际资本重新活跃起来，流入以美国为首的先进经济体。2017年全球资本流动规模与GDP之比比上年增加了1.6个百分点，达到6.9%，这个数值已相当于危机后2010～2011年的高峰水平。2018年以来，新兴经济体金融市场继续震荡，部分经济体相继发生资本外流和大幅货币贬值，大面积爆发金融风险的可能性逐步上升。

从净流入看，1990年以后新兴经济体跨境资本持续净流入，一直到2015年这种局面才被打破。事实上受次贷危机和欧债危机的影响，在2008年第四季度、2010年第二季度、2011年第四季度，新兴市场曾发生三次跨境资本净流出。在美联储加息预期的影响下，2014年后半期开始，国际资本再次大幅从新兴市场流出，新兴市场货币大幅贬值，部分经济体一度拉响汇率危机的警报。

三、国际资本流动结构深刻改变

仍然通过对比危机前后八年来分析。危机发生后，国际金融机构、跨国企业、欧洲商业银行等都迅速大量撤资，发达国家的银行间拆借和债券交易活跃度也明显降低，债务性质的国际资本流动大起大落，大部分AEs的直接投资规模都有所上涨，而在证券投资、其他投资和金融衍生工具上，AEs与EDEs有明显不同的变动趋势。

AEs在危机之后直接投资和金融衍生工具的跨境流入比重增加，证券投资和其他投资跨境流入比重减少（见表6－1）。直接投资流入累计总量增加了38.9%，而证券投资和其他投资流入累计总量下降了24.0%和64.7%，金融衍生工具规模在危机之后八年累计值比危机之前八年累计值扩大了1.6倍。而EDEs的跨境资本流入中，直接投资和证券投资累计流入规模比危机前八年分别增加了1.5倍和2.7倍，其他投资也增加了91.1%，金融衍生工具的负流入规模更是达到危机前的7.6倍。虽然所有项目规模都有所增加，但由于增速的不同，证券投资和金融衍生工具的比重上升，直接投资和其他投资在国际资本流量中的比重减少，这与AEs的表现明显不同。

直接投资方面，AEs和EDEs长期保持分化状态（见表6－2）。AEs

是对外直接投资的主体，而中国、巴西和印度等 EDEs 都是国际直接投资的对象。从直接投资净额看，AEs 进入 21 世纪以来除了 2015 年和 2016 年为负值之外，其他年份一直处于直接投资净输出态势，输出规模波动较大，在 2008 年达到顶峰 6455 亿美元，危机之后，AEs 的直接投资从新兴经济体大量抽离，但总体仍保持净输出态势。2015～2016 年由于美国外商直接投资的大量涌入，进而使得 AEs 整体呈现净流入，在 2017 年重返净输出，规模为 2079 亿美元。新兴市场经济体则相反，直接投资一直保持净流入，且顺差呈现先扩大再缩小的趋势，在 2008 年流入净额达到一个小高峰 4739 亿美元，随后随着发达经济体的大量撤资而下降。但在 2010 年就已恢复至危机之前的较高水平，到 2012 年达到 4801 亿美元，一直到 2014 年都保持在大于 4000 亿美元的水平，随着 2015 年全球资本流动趋缓，EDEs 直接投资的净输入规模处于平滑下降趋势，2016 年为 2602 亿美元，2017 年稍有反弹，为 3415 亿美元。

表 6－2　　AEs、EDEs 和主要经济体直接投资流出净额　　单位：十亿美元

DI－net	1992 年	1998 年	2002 年	2008 年	2010 年	2012 年	2014 年	2016 年	2017 年
AEs	**59.1**	**145.4**	**66.9**	**645.5**	**334.7**	**114.8**	**238.8**	**－153.4**	**207.9**
美国	28.5	－36.4	67.9	2.5	85.8	126.9	135.7	－181.5	24.4
日本		17.3	19.3	89.0	72.2	117.1	118.2	134.6	149.7
欧元区	23.5	103.6	－21.1	327.1	78.6	61.6	67.7	196.5	92.9
德国	21.2	67.5	－34.0	67.1	60.6	33.6	95.3	33.2	47.1
EDEs	**－34.4**	**－154.0**	**－139.5**	**－473.9**	**－463.7**	**－480.1**	**－405.9**	**－260.2**	**－341.5**
中国	－7.2	－41.1	－46.8	－114.8	－185.7	－176.3	－145.0	41.7	－66.3
巴西	－1.9	－29.2	－14.1	－24.6	－61.7	－81.4	－71.1	－65.0	－64.4

资料来源：2006 年之前的［AEs、欧元区（EA）、EDEs］数据经处理得到，2006 年之后的数据直接取自 BOP 表。net 是指流出净额，即净流出减净流入，下同。

证券投资方面，危机后 AEs 证券投资流入迅速下降，2014 年开始变为净流出。证券投资与直接投资相比流动性更强，且与金融市场的发达程度紧密相关，发达经济体为吸引证券投资的主要力量以及证券投资的主要对象，危机之后国际证券投资流动与直接投资表现出明显的不同趋势，甚至截然相反。AEs 自 1999 年开始，一直处于证券资本净流入状态，其中，2008 年流入净额达到 15486 亿美元，危机爆发后，AEs 证券资本净流入规模骤减，2009 年为 0.5 万亿美元，随后几年波动较大，但这种净流入状态

一直持续到2013年，为5455亿美元。2014年起AEs吸引证券投资规模大幅减少，由净流入转变为净流出，净流出规模为725亿美元，到2017年有所收窄，为928亿美元。其中，2014年证券投资流动达到一个高潮，AEs的流入和流出规模都达到危机之后的最大值，流入规模达到2007年的70%，流出规模已经达到2007年的水平（见表6－3）。根据IMF的相关数据显示，分经济体看，各经济体表现迥异，德国、瑞士、新加坡等经济体总体表现为证券投资净流出，而美国、英国、加拿大表现为持续净流入，整个欧元区自2014年起由逆差转为顺差，而使得先进经济体整体转为顺差（净流出）。而发展中经济体的变化存在不规律性，各个经济体情况差异较大，且EDEs证券投资的发生额相对较小。AEs虽然流入规模在危机之后有所下降，但证券投资体量仍远远大于EDEs。

表6－3　　AEs、EDEs和经济体证券投资流出净额　　单位：十亿美元

PI－net	1992年	1998年	2002年	2008年	2010年	2012年	2014年	2016年	2017年
AEs	**－88.2**	**104.5**	**－439.7**	**－1548.6**	**－969.1**	**－252.8**	**72.5**	**471.3**	**92.8**
美国	－22.8	－57.4	－424.6	－808.0	－620.8	－498.3	－114.9	－195.1	－212.5
日本		39.2	106.0	282.7	144.8	32.2	－40.3	268.0	－52.0
欧元区	－77.3	103.7	－135.1	－209.4	－75.3	－178.1	60.2	530.5	322.5
德国	－32.2	－5.4	－63.5	－44.5	154.1	66.8	177.7	228.8	228.1
EDEs	**－38.8**	**－33.6**	**19.9**	**146.1**	**－232.9**	**－243.9**	**－107.5**	**－50.8**	**－206.6**
中国	0.1	3.7	10.3	－34.9	－24.0	－47.8	－82.4	52.3	－7.4
巴西	－14.5	－18.4	5.1	－1.1	－66.9	－15.8	－38.4	18.8	13.4

其他投资方面，危机之后许多经济体其他投资波动异常，相互发生大量撤资现象，但EDEs其他投资比危机前更为活跃（见表6－4）。AEs其他投资总体表现为顺差，英国和欧元区在危机后其他投资总体转向，由净流入转为净流出，只在2016年由于国际环境等因素出现短暂反转。2008～2009年英国、美国、瑞士、日本和欧元区其他投资资产和负债都大幅减少，其中，美国在2011～2016年继续不断减少其他投资资产，英国在2012～2013年其他投资资产和负债也大规模减持。总体上美国呈现净流入，而英国波动较大，2008～2017年英国累计流出净额达到3296亿美元。EDEs的其他投资总流出量在2011年就超过危机前2007年的水平，随后一直保持大量流出，主要由于中国在危机之后对外其他投资的迅速上涨，

在2014年和2016年更是达到2007年的2倍多。而反观AEs，其他投资流出总量在危机后迅速下降，至今未达到危机前的三分之一。从主要经济体看，其他投资主要流向美国、日本、意大利和瑞士等主要AEs。另外，印度也是其他投资流入大国，除了2016年之外其余年份全部为净流入。而危机之后主要净流出国包括英国、中国、俄罗斯和韩国，其中，中国和英国都在2017年转为净流入国。

表6-4　AEs、EDEs和经济体其他投资流出净额　单位：十亿美元

OI-net	1992年	1998年	2002年	2008年	2010年	2012年	2014年	2016年	2017年
AEs	**-141.3**	**-179.8**	**-63.9**	**-294.8**	**278.8**	**-162.1**	**-72.8**	**-79.5**	**-62.5**
美国	-95.7	20.0	-149.7	20.6	100.8	-88.4	-260.1	-18.4	-165.2
日本		55.4	-63.0	-197.3	-2.0	-65.1	-61.9	-120.4	5.5
欧元区	-2.1	-171.9	159.2	-414.3	-29.6	240.7	134.6	-381.4	19.2
德国	-39.0	-90.7	108.4	110.6	-110.7	61.1	4.8	-15.4	32.3
EDEs	**-61.6**	**49.5**	**45.6**	**172.8**	**-9.1**	**441.3**	**418.0**	**387.4**	**106.5**
中国	7.3	43.7	4.1	112.6	-72.4	260.1	278.8	316.7	-74.4
巴西	6.5	18.2	1.0	-2.9	3.5	4.4	-3.4	21.5	39.0

第四节　全球视角的中国跨境资金流动新特征

国际资本对于发展中国家的经济发展和工业化进程的重要性不言而喻（Markusen and Venables，1999），不仅活跃国内投资市场，也可传播知识技术、法律法规和市场治理的经验，大大促进了新兴市场和发展中经济体的经济高速增长。已有研究证明，更依赖外部融资的行业增速高于平均行业增速（IMF，2017），对中国来说，在经济跨越式增长过程中，国际资本流入起到了不可替代的作用。

一、中国跨境资金流动愈发剧烈

中国跨境资金净流出与储备资产增加趋势危机后出现分化。基于国际金融市场均衡的角度，从国际资金流入看，20世纪90年代开始中国在金融自由化浪潮推动下，大力引进外资，以直接投资和证券投资为主的国际资本流入呈大幅度增加趋势。1992年以来，26年间流入中国的国际资本总

额为31.2万亿元，体量较大，波动也较大。从2005年起，除2015年为负数之外，其余年份都保持在1万亿元以上，在2010年、2011年和2013年这三个年份甚至超过了3万亿元，2017年也接近3万亿元（见表6－5）。2015年国际私人资本流入为负数，主要由于境内主体偿还境外负债，降低高杠杆经营和货币错配风险。①

表6－5　　1992～2017年中国跨境资金流量的变化　　单位：亿元

年份	国际私人资本流出（A）	国际私人资本流入（B）	国际私人资本净流出（A－B）	储备资产增加（C）	误差与遗漏（D）	跨境资金净流出（E）	净金融投资（实物交易）（F1）	净金融投资（金融交易）（F2）
1992	440.8	426.9	13.8	－115.9	－455.1	353.0	353.0	353.0
1993	524.9	1877.4	－1352.6	101.8	－564.8	－685.9	－685.9	－658.1
1994	535.7	3349.2	－2813.5	2631.0	－842.5	660.0	660.1	662.0
1995	185.8	3415.6	－3229.7	1875.9	－1489.0	135.1	135.1	136.8
1996	336.4	3659.3	－3322.9	2632.4	－1292.6	602.1	603.0	611.9
1997	3570.4	5314.3	－1743.9	2961.4	－1848.3	3062.4	3062.3	2471.1
1998	3436.2	2917.8	518.4	532.0	－1551.2	2601.7	2601.9	2358.8
1999	3038.5	3469.4	－430.9	704.1	－1472.6	1745.8	1584.9	1298.2
2000	4643.1	4805.1	－162.1	873.2	－977.3	1695.7	1695.7	1695.7
2001	556.8	3439.6	－2882.8	3917.1	－401.9	1436.2	1436.2	1435.7
2002	1464.2	4141.0	－2676.8	6249.7	645.1	2927.8	2927.7	2928.4
2003	1243.4	5789.3	－4545.8	8785.9	680.7	3559.4	3559.4	3725.6
2004	129.2	9086.5	－8957.3	15730.9	1073.2	5700.4	5700.4	5682.2
2005	6925.8	14400.5	－7474.7	20532.4	1877.6	11180.1	11180.0	13680.8
2006	13324.9	16934.9	－3610.0	22701.8	289.2	18802.5	18802.5	20300.0
2007	13416.9	20346.6	－6929.7	35031.9	1010.6	27091.7	27091.6	25575.0
2008	8967.6	11542.5	－2574.9	33304.5	1308.8	29420.8	29420.8	31296.0
2009	1912.8	15201.2	－13288.4	27347.5	－2826.9	16885.9	16890.0	20911.0
2010	12310.9	31416.7	－19105.8	31934.4	－3583.5	16412.0	16412.0	25773.1
2011	14582.5	31376.9	－16794.4	25047.3	－889.1	9142.0	9556.5	13234.0
2012	19129.0	16854.1	2274.9	6094.8	－5496.6	13866.3	13863.5	12408.0
2013	13642.8	34888.4	－21245.7	26716.2	－3897.1	9367.6	9380.5	11463.1
2014	28432.2	25277.2	3155.0	7235.0	－4107.9	14497.9	17054.7	15624.0

① 国家外汇管理局：《2015年中国国际收支报告》。

续表

年份	国际私人资本流出（A）	国际私人资本流入（B）	国际私人资本净流出（A－B）	储备资产增加（C）	误差与遗漏（D）	跨境资金净流出（E）	净金融投资（实物交易）（F1）	净金融投资（金融交易）（F2）
2015	20770. 8	－6289. 3	27060. 0	－21359. 6	－13263. 9	18964. 3	18969. 7	20640. 7
2016	44878. 7	17242. 0	27636. 6	－29469. 5	－15241. 0	13408. 1	—	—
2017	19359. 5	29393. 5	－10034. 0	6179. 0	－14981. 5	11126. 5	—	—

注：国际资金净流出（A－B）为负数反映出跨境资金净流入；为了与净金融投资计量单位一致，所有指标使用人民币汇率年平均价换算为人民币；总的跨境资金净流出满足 E＝(A－B)＋C－D。

资料来源：《中国国际收支平衡表》《2017 中国统计年鉴》。

从国际私人资本流出看，中国国际私人资本流出规模总体上低于国际私人资本流入规模（见图 6－5）。从 2006 年开始，除了深受国际金融危机影响的 2008 年和 2009 年，其余年份中国对外资金流出量（表 6－5 中的 A 列）都保持在一万亿元以上，在 2012 年和 2014～2016 年四个年份超过了国际私人资金流入量（表 6－5 中的 B 列），2016 年国际私人资本流出总量高达 44878. 7 亿元，在 2017 年对外投资回归理性，国际私人资本流出大幅度降至 19359. 5 亿元。但仍远高于 2007 年的流出水平，可见危机之后中国的国际私人资金总流动并没有减缓，甚至在一些年份还大幅增加。

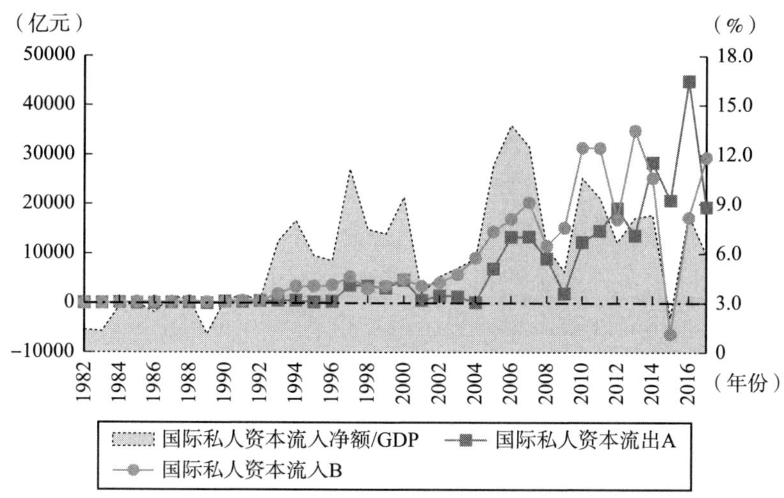

图 6－5　1992～2017 年中国国际私人资本流量走势

资料来源：《中国国际收支平衡表》《2017 中国统计年鉴》。

中国储备资产增加额在2012年之前持续大于跨境资金净流出（见图6－6），说明中国在经常账户顺差的同时，还从国外引入了大量资金，使得储备资产持续积累。整体上从2000年开始扩大的跨境资金净流出在2008年达到顶峰29420.8亿元之后，迅速收窄，而后虽有波动但基本保持在较为合理的区间水平。而储备资产在2008年之后又经历了一轮高速增加，一直到2012年储备资产增加额小于跨境资金净流出，这也反映出2012年中国私人资本的净流出，但在2013年储备资产又持续了一年半的大幅增加，到2014年中期中国外汇储备达到历史最高点，随后由于国际资金双向剧烈流动，储备资产也开始为了稳定汇率等宏观政策原因而出现了减少，与跨境资金净流出表现出相反的态势。

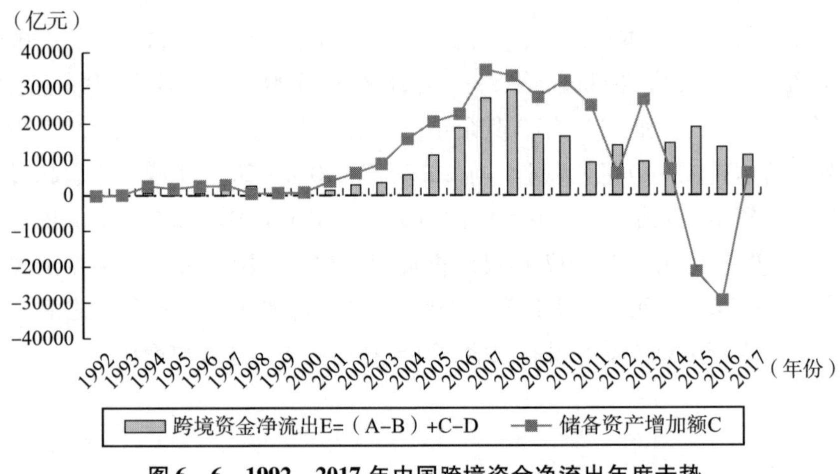

图6－6　1992～2017年中国跨境资金净流出年度走势

如表6－5所示，一方面，私人资本大多数呈现净流入态势［（A－B）为负数］；另一方面，官方储备资产持续增加，以及具有一定体量的误差遗漏项目的存在，使得实际的净金融投资基本为正数（1993年除外），意味着中国实际上对外资金流出的净增加，中国跨境资金流量（含储备资产）最终呈现出对外输出型的资金流动模式。26年间中国跨境资金净流出（E）总规模达到23.4万亿元，与储备资产累计的增加额（23.8万亿元）规模大致相同，说明中国这26年间积累的国际资本净流入，大致相当于误差与遗漏项目隐含的私人资本净流出规模。所以具有一定体量的误差与遗漏项目在中国制定经济与货币政策的时候，是绝不可忽视的一个因素。

二、中国跨境资金流入呈现周期性特点

根据中国对外负债净流动可明显看出 21 世纪以来流入中国的国际资本具有周期特性，每一次危机的发生都是一轮周期的结束和新一轮周期的起点。从图 6－7 中看出，2018 年中国的国际资金流入处于新一轮周期的波峰。

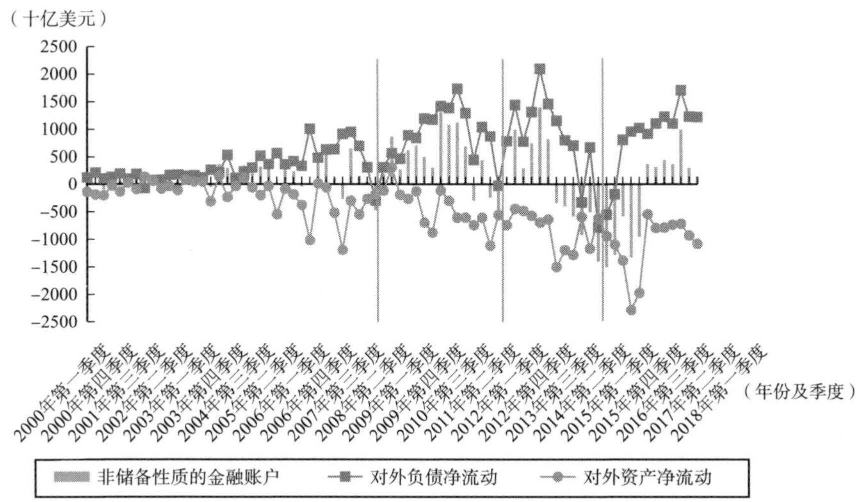

图 6－7　2000 年第一季度～2018 年第三季度中国非储备性质金融资产和负债季度净变动

注：这里对外负债的增加（国际资金流入）记为正值，对外资产的增加（国际资金流出）记为负值。非储备性质金融账户的顺差意味着国际资金流入净额为正。

从 2005 年开始直线增长的国际资金流入分别在 2006 年第四季度和 2008 年第一季度达到高峰，这段时期中国对外资金流出（不含储备资产）在 2006 年第四季度和 2007 年第四季度也达到高峰，这一轮国际资金流入周期结束于危机后 2008 年第四季度，为负值－2984 亿美元，说明负债增加的幅度小于负债减少的幅度，也就是说不但国外部门在华投资减少，而且撤资的幅度更大，两者相抵后成负数。而中国对外资金流出在 2008 年第四季度和 2009 年第一季度还持续了两个季度的净增加，到 2009 年第二季度才显示出正值，2009 年起全世界经济遭遇重创，而受影响较小的中国成为国际资金流入的重要目的地，这一轮增长比之前都更为迅速，一直持续到 2011 年第二季度欧债危机的爆发，然后断崖式下跌直至 2012 年第三季度又变成负值。而在这一轮流入周期中，中国对外资金流出虽有波动但并没有减少的趋势。2012 年第四季度又进入新一轮资金流入周期，大起大

落后在 2013 年第四季度达到峰值 2.1 万亿美元，这也是历史最大值。进入 2014 年后中国资金流向发生转变，国际资金流入明显减少，而国际资金流出大幅增加，导致非储备性质金融账户从 2014 年第二季度开启持续逆差局面。2015 年第三季度开始，伴随着我国供给侧结构性改革持续推进，资金流入减少的幅度和资金流出增加的幅度都放缓，进入新一轮周期。资金流出在 2016 年第三季度和第四季度达到历史最大值，资金流入在 2016 年第四季度以来保持高水平至今。最后一轮周期资金流入最大值出现在 2018 年第一季度，为 1.7 万亿美元，相当于历史最大值的 81.4%，随后的两个季度稳定在 1.2 万亿美元左右。可以看出中国资金流入周期与世界经济周期保持较高的一致性，每一轮周期的开始与结束都伴随着世界经济的特定事件的发生。

三、中国国际收支双顺差格局被打破

改革开放以后，中国大量引进外商直接投资，至今中国仍是全球 FDI 的主要流入地。但危机后的资本流入与改革开放初期由于资本短缺原因的资本流入不同。如今中国国际贸易和国际收支得到了高速发展，中国对外资金循环转变为以间接投资为主的格局，中国在全球贸易和国际资本流动中的地位都得到明显提升，在国际资本市场上的地位慢慢由被动变为主动。

截至 2022 年，中国非储备性质金融账户由持续顺差转向顺逆差交替。在 1994 年汇改后，中国经常账户开启长期顺差局面，非储备性质金融账户也出现了长达 18 年的顺差（除了 1998 年亚洲金融危机），“双顺差”格局长期成为中国国际收支的标志性特征。与此同时，外汇储备存量持续攀升，在 2014 年第二季度末达到最高点 39932 亿美元。随后，在宏观环境与主要国家政策影响下，中国非储备性质金融账户持续了两年半的逆差，外汇储备头寸也随之出现两年半的下降，但仍高于 3 万亿美元，直至 2017 年非储备性质金融账户重新出现顺差，外汇储备再度回升，2017 年稳定在 3.1 万亿美元左右。上述调整也引起了中国对外资产负债结构的变化，储备资产占比下降，而直接投资、证券投资和其他投资占比都有所上升。说明随着中国企业、个人经济实力的增强，中国民间部门多元化配置资产的需求相应增加。① 同时，2017 年末对外负债中的外商证券投资占比上升，其他投资占比下降，说明国内资本市场开放的成果有所显现。②

① 2016 年中国国际收支报告。

② 2017 年中国国际收支报告。

从经常账户（CA）与非储备性质金融账户（FA）的动态走势（见图6－8）看出，中国国际收支的发展可分为四个阶段。

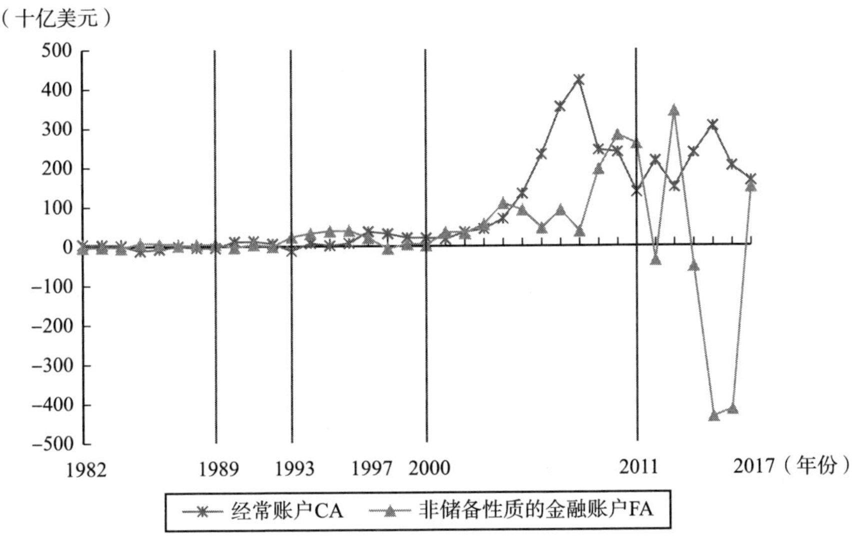

图6－8　1982～2017年中国经常账户与非储备性质金融账户年度走势

第一阶段为1982～1989年，对外贸易规模小。此时期的收支状况和中国当时汇率制度有较大联系，在1984年以前，中国牌价汇率基本是用相对购买力平价法进行调整，并未考虑出口换汇成本，经常账户保持小额顺差，非储备性质金融账户保持小额逆差。此后至1990年中国数次汇率的调整都考虑了出口换汇的成本，经常账户基本都处于逆差状态，而非储备性质金融账户保持顺差。综合来看，此阶段处于萨缪尔森国际收支生命周期第一阶段（CA＜0，FA＞0），即新型的和成长中的债务国阶段，此时中国处于落后水平。

第二阶段为1990～1993年，外商直接投资不断涌入。中国处于经济调整期和改革开放治理整顿时期，出口导向型工业化成为经济发展的目标，除1993年外中国经常账户保持顺差。但非储备性质金融账户波动较大，直接投资顺差逐年递增，证券投资体量保持小幅波动；其他投资波动较大，总体保持逆差。净误差与遗漏保持不断扩大的逆差。该阶段国际收支总体上呈现萨缪尔森国际收支生命周期第二阶段（CA＞0，FA＜0）特征，即成熟的债务国阶段。

第三阶段为1994～2011年，长期保持双顺差格局。该阶段国际收支除1998年外均保持双顺差。1994年1月中国汇率并轨，人民币官方汇率一次性对外贬值50%，这项举措吸引了大量外资涌入，1994～1996年中国出口不断扩大的同时，非储备性质金融账户顺差也迅速扩大，并超过经常账户顺差。中国1996年12月成为IMF“第八条款国”，实现了人民币经常项目可自由兑换，在金融、税收以及对外资本开放等领域的一系列改革及推动下，中国国际收支持续出现“双顺差”，外汇储备大量积累，成为“官方债权国”，提前进入了新兴的债权国阶段。其中，在2000年之前，除深受亚洲金融危机影响的1998年（CA >0，FA <0）中国非储备性质金融账户出现62.7亿美元小额逆差以外，均保持持续双顺差格局，且经常账户顺差额高于非储备性质金融账户顺差额（CA > FA >0），外汇储备持续增加。2001～2011年，中国“双顺差”状况持续加重，其中，2006～2008年国际收支严重失衡，CA与GDP之比最高达到9.9%。2008年金融危机，中国相对受影响较小，但非储备性质金融账户分别在2007年第四季度和2008年第四季度都出现2746亿美元和4746亿美元的逆差（见图6－9），但并不影响全年的顺差局势。危机之后受美元汇率大幅下跌和外在需求不足的影响，中国出口迅速减少，中国采取了双扩张政策，其中包括“四万亿计划”刺激国内经济，直到2010年底退出了双扩张的政策，这一轮双顺差格局才有所缓解。

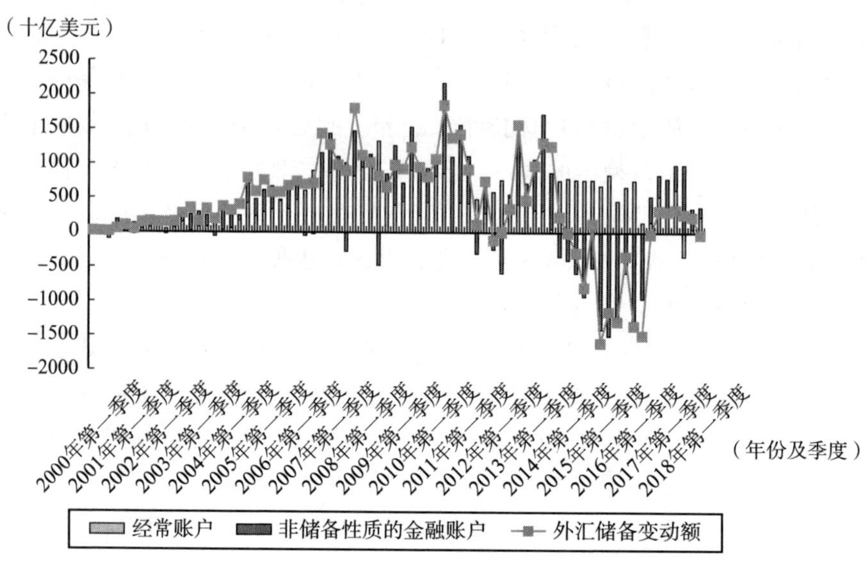

图6－9　2000年第一季度～2018年第三季度中国经常账户与非储备性质金融账户季度走势

第四阶段从2011年第四季度至2017年，双顺差局面逐渐消失，跨境资金开始双向流动。这期间中国经常账户继续保持大额顺差，但非储备性质金融账户开始出现逆差。自2011年第四季度起，中国直接投资持续走低，其他投资出现大额逆差，导致非储备性质金融账户在2011年第四季度、2012年第二季度、2013年第三季度都转为逆差。2014～2016年，受美联储退出量化宽松的预期与事实上退出量化宽松的影响，新兴经济体普遍面临资本外流、货币贬值等问题，中国其他投资从2014年第二季度至2016年第四季度都出现大额净流出，每季度平均净流出952亿美元，而且波动性远远高于直接投资与证券投资，从而造成非储备性质金融账户连续出现逆差。净误差与遗漏这一时期也显示出资金持续流出，储备资产由升转降，从2014年下半年开始资本和金融账户（含储备资产）逆差大于经常账户顺差。直至2017年中国跨境资本由净流出转向总体平稳态势。

总体来看，中国国际收支双顺差的格局正在逐渐消失，未来会继续演变成顺逆差交替的格局，由于中国外汇储备占比过高，储备资产余额也产生较大的波动。在2014年之前储备资产持续上升时期，经常账户持续顺差贡献了63%的外汇储备增幅，2014年以来巨额储备也起到了对冲资本外流、稳定汇率的作用，可以看出中国由于持有大量储备资产，具备一定抗风险能力。另外，中国资本市场进一步放开，投融资渠道不断拓宽。从国际经验看，中国在保持长时间经常项目顺差的同时，通过资本输出保持国际收支总体平衡的格局符合历史发展规律。

四、与主要经济体相比中国金融收支波动性最大

选取中、美、日、德、英五个经济体，分别代表新兴市场经济体、先进经济体、欧盟国家来横向对比中国跨境资金流动状况。

美国自1983年以来均表现为金融净流入，且呈现先扩大再缩小的态势，2006年达到峰值8232亿美元，在危机之后的2009年锐减至2915亿美元；英国也与美国一样，自1987年以来呈现对外净投资（1997年除外），在2014年达到峰值1652亿美元，从图6－10可以看出，金融危机对英国的国际资本净流入没有明显影响。德国和日本基本呈现资本对外净输出现象，其中日本有少数年份呈现资本净流入。中国在2012年以前总体上呈现顺差，2012年起有两年（2013年、2017年）为逆差。从五个经济体的对比看，中国非储备性质金融账户显示出最大的波动性，2011～2017年顺逆差交替格局明显。

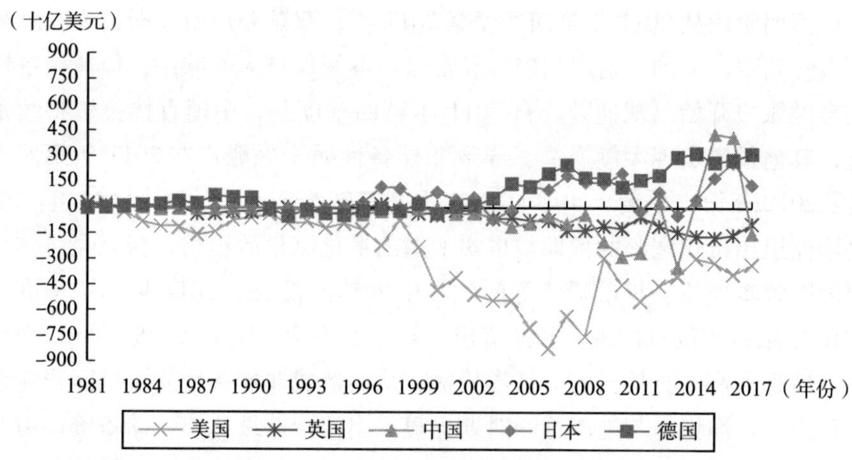

图 6-10　1981~2017 年中、日、德、美、英五个经济体非储备性质金融账户差额

资料来源：IMF 的 BOP/IIP 数据库。

第五节　结论与启示

新变化和新事物的出现总是快于统计体系改革，国际资本流动新变化也对统计提出了新的需求。无论全球资金剧烈震荡还是金融风险的不断演变，当前国民经济核算体系还无法从跨境双边数据进行具体分解，无法反映经济体之间的金融风险暴露。当前与资本流动相关的资金流量统计、资产负债统计、国际收支和国际投资头寸统计只能反映一经济体与经济体外整体的金融活动规模和均衡状况，若要更完整地反映经济体之间的风险流动情况，可考虑在国际资金循环统计方法与工作上进行改进。

一、结论

笔者以金融危机前国际资本剧烈动荡时期（2000~2007 年）作为对比基期，对金融危机后全球资本流动新特征进行了深入剖析，发现危机之后国际资本的流量、流向、结构等各方面都发生了较大的变化，国际金融危机至 2017 年共 11 年间系统性风险正在大量集聚，全球金融体系脆弱性仍进一步增加。

第一，90 年代至今，新兴市场遭到国际资本大进大出反复冲击的重创，累积了大量金融风险；国际金融危机之后国际资本流动结构发生了深刻改变，新兴市场证券投资和金融衍生工具流入比危机之前更为剧烈，系统性风险持续积累，2018 年以来全球金融系统脆弱性仍进一步增加。第二，从中国自身来看，双顺差格局下积累了巨额外汇储备，1992～2017年储备资产累计增加额与中国跨境资金净流出累计规模大致相当，从一个侧面说明中国这26年间积累的国际私人资本净流入，相当于误差与遗漏项目隐含的私人资本净流出规模；另外，中国跨境资金流入量与世界宏观经济周期保持高度一致，目前处于新一轮周期的波峰。第三，中国国际收支未来会继续演变成顺逆差交替的格局，跨境资金继续呈现双向流动趋势，金融风险将更加变化莫测。第四，无论是全球失衡演变历程还是全球资金剧烈震荡情况，当前统计体系只能从更为宏观的角度观察一经济体与外部的金融联系和均衡情况，还无法从跨境双边数据进行具体分解，以致经济体之间的风险暴露和金融风险在各经济体之间的传染途径还无法得到较好的反映。

二、加强国际资金循环统计的启示

从宏观视角下中国的资金循环特征可看出，危机之后中国的国际资本流动更加剧烈，流量、方向、结构都有较大变动，中国对国际金融市场的影响力也越来越大，但截至2024年，中国统计体系仍无法深入反映这些变动。中国的资金流量统计与发达经济体相比较为粗糙，虽然主体框架保持了与国际标准的一致性，但仍存在诸多问题。即使从经济体内各部门统计视角来看尚且有诸多问题，更不能满足开展国际比较的需要。中国的国际收支和国际投资头寸统计起步都较晚，国际收支平衡表从1982年起正式编制并公布，国际投资头寸表直到2006年才第一次发布，且到目前仍未给出由于价格变化、汇率调整及其他变化所导致的变化部分。相对于发达经济体，中国的BOP和IIP中金融资产和负债的分类都较简单，总的不足之处与中国资金流量统计类似，其中，误差与遗漏项目规模较大，前述分析可看出，该项隐含的国际资金流出规模不容小觑。

第一，从流量角度对资金流量账户中的国外部门进行展开构造多维表，从实物交易和金融交易两方面反映经济体之间的资金运转。譬如劳动者报酬、财产收入、经常转移等非金融交易，以及直接投资、证券投资和存贷款等金融交易在经济体之间的流动。其中，“经济体×经济体×部门×交易项目”这种四维表可详细反映一经济体各部门在全球的资金筹集与运用情况。

第二，从流量和累积角度对国际收支统计中的资本和金融账户进行拓展。将国外部门按照伙伴经济体划分。与多维经常收支账户相对应，编制多维资本和金融账户，并可将维度拓展至存量账户，反映经济体之间金融交易的流量账户和存量账户。将经常账户的交易项目对应的资金流动，分别记录在相应的资本和金融账户中，这样不仅可以识别金融经济和实体经济的相互联系，还可以量化非生产性资金流动在某一经济体的比例，衡量金融经济脱离实体经济的程度，衡量一经济体在国际金融市场与其他各经济体之间的双边金融联系中，实体经济的作用。其中，“经济体×经济体×部门×金融项目”四维表可建立一经济体各部门在国际金融市场的投融资活动。这里的金融项目主要按照职能类别进行划分，而 SNA 中的资金流量表的金融交易项目是按照金融工具类型划分。这里的部门划分也与 SNA 中稍有不同，这里按照中央银行、其他存款性公司、广义政府、其他金融公司和其他部门进行划分，以更好地反映与货币银行、政府财政、国际银行和外债统计等其他经济和金融统计机构之间的联系。

第三，从存量角度对国际投资头寸表中的国外部门按照伙伴经济体进行展开，建立多维表反映经济体之间的金融资产负债关系。可以按照债权债务关系列示，也可按照交易关系列示。按债权债务关系列示时，资产根据债务人（或发行人）的居民地位列示，负债按照债权人（或持有人）的居民地位进行列示，有利于追踪谁购买、谁销售及资金规模大小；按照交易者为基础列示时，可以分析居民在何处与非居民进行金融交易，可用来考察国际金融中心的成长和重要性的变化等问题。一直以来，诸多国际性金融组织或机构都致力于完善这方面的统计及各种测算方法的研究。在 IMF 推动下，协调的证券投资调查（CPIS）早就开始实施，协调的直接投资调查（CDIS）在 2007 年 3 月开始进行，以便各经济体按照统一标准收集对外直接投资和证券投资方面的双边数据；OECD 和欧洲共同体统计处一直在共同收集其成员国的双边直接投资数据，国际清算银行（BIS）多年来也一直在进行 IBS（国际银行业统计）调查，收集双边银行业数据。基于这些数据，存量性质的国际投资头寸多维表的编制基础相对流量性质的多维表来说更为成熟。

上述三种拓展都可研究由于国际资本流动引起一经济体内部各部门金融工具的流动，也可研究一经济体政策外溢效应，有助于辨别对其他经济体的依赖性及其带来的潜在风险，还有助于预测和分析金融渠道的传染效应。

专题三

国际比较项目研究

7 国际比较项目在全球的组织实施

第一节 什么是国际比较项目

一、背景

GDP 总量及其人均水平的国际比较是经济研究的重要内容，也是经济决策的主要依据。在相当长的时期内，GDP 的国际比较，一般通过汇率将以本币表示的 GDP 换算为以美元表示的 GDP。在 20 世纪初期，国际货币体系施行美元金本位制，且国际贸易和国际金融市场不发达，各经济体汇率相对稳定，以此作为 GDP 国际比较的基础，基本上能反映各经济体的经济水平。但是随着各经济体的经济日益开放，国际经济往来越来越密切，且从 70 年代开始，随着美国的金本位制不复存在，各经济体普遍实行浮动汇率制度，汇率受国际贸易和金融市场形势以及政府政策、投资、利率、债务、外汇储备等诸多因素影响，在短期内变动幅度大，而且较为频繁，极不稳定，不能如实地反映各经济体货币购买力的比值关系。以汇率作为 GDP 国际比较的货币转换因子，各经济体货币在一定时期内的贬值或升值，会直接引起 GDP 指标的骤减或剧增，从而不能真实地反映各国经济发展水平。

理论上，GDP 国际比较通常应满足三个条件：一是指标概念及计算方法一致；二是用同一货币单位表示；三是剔除各经济体之间价格水平的差异，用相同的价格水平来衡量，进行物量意义上的比较。对于第一个条件，通过各经济体使用相同版本的国民核算体系（如 1993 年的 SNA、2008 年的 SNA 等）得以实现。对于第二个条件，可以通过汇率法来实现，即以汇率作为货币转换因子，把各经济体以本币计算的 GDP 转换成同一货币单位。但是，按汇率转换的 GDP 不仅反映 GDP 的物量水平，而且包含价格因素，因而不能满足 GDP 国际比较的第三个条件要求。

从50年代起，一些国际组织和机构开展了基于购买力平价（Purchasing Power Parity，PPP）方法的GDP国际比较工作。1965年，联合国统计委员会第13届会议提议研究GDP的国际比较方法，建议在《生产、收入和支出总量的国际比较》报告的基础上，选择若干经济体进行实际试验性比较，进而在全球范围内推广。自1968年起，联合国统计委员会以“国际比较项目”（International Comparison Program，ICP）为名，在全球分阶段开始实施基于PPP方法的GDP国际比较活动。

ICP是联合国统计委员会发起、世界银行组织实施的迄今为止最大的一项全球性统计活动。其目的是寻求一种能够评价和比较各经济体国内生产总值规模和结构的途径——测算各经济体的货币PPP，并将其作为转换系数，将各经济体以本国（地区）价格水平核算的且以本币表示的GDP转换为用相同价格水平核算的且以统一货币单位（通常为美元）表示的GDP，以便比较和评价各经济体的实际经济规模。基于PPP方法进行GDP国际比较，可以使这一比较真正建立在物量基础上，因为PPP既是货币转换因子，又是空间价格平减指数（能够剔除各经济体之间的价格水平差异），经PPP转换后的GDP反映各经济体真实的GDP水平。

二、历程

ICP自1968年在全球实施以来，迄今为止，已有50余年。其最初仅为联合国统计处（UNSO）和宾夕法尼亚大学共同开展的一项研究项目。继首轮次ICP于1970年开展，共有10个经济体参加之后，先后在全球范围内已完成了9个轮次的国际比较活动，基准调查年份分别为1970年、1973年、1975年、1980年、1985年、1993年、2005年、2011年和2017年。当前正在开展第10轮次即以2021年为基期的国际比较，截至2024年4月20日，结果尚未公布，参加的经济体已增至近200个，遍布全球7个区域，详见表7-1（欧盟-OECD成员国、亚太区域、非洲区域、独联体国家、西亚区域、拉美和加勒比区域，以及太平洋岛屿区域）。

表7-1　　ICP轮次、基准年份及参加经济体数量

轮次	第1轮次	第2轮次	第3轮次	第4轮次	第5轮次	第6轮次	第7轮次	第8轮次	第9轮次	第10轮次
基准年份（年）	1970	1973	1975	1980	1985	1993	2005	2011	2017	2021
参加经济体数量（个）	10	16	34	60	64	123	146	199	176	178

其中，分别以2011年和2017年为基期的两轮ICP活动，因方法和执行方式的改革与创新，成为了ICP历程中的两个重要的历史转折点。2011年轮ICP，与前几轮相比，其在调查方法和做法上都做了大幅度的改进和创新，包括：（1）制定统计能力建设战略、质量保证框架；（2）改进了建筑、机械、政府职务报酬、住房、医疗等难比较领域的调查方法或比较方式；（3）在计算全球PPP时，由环国链接法改为全球核心目录法，即所有参加的经济体均需调查全球核心目录的规格品价格。2017年轮ICP在调查周期上做了重大调整，经联合国统计委员会第46届会议同意，从2017年轮ICP开始，调查周期由原来的5年变为3年，并且变成全球永久性常规统计工作。

三、管理架构

在ICP的管理架构中，联合国统计委员会为最高机构，主要负责全面监督和指导ICP工作，在设定战略方向、确保进度以及实现项目各阶段计划方面发挥着重要作用。在联合国统计委员会下设立全球ICP理事会，负责制定ICP的方针政策、监督项目的执行。ICP实行全球、区域、国家三级管理，执行形式是在分区域比较的基础上，形成全球性比较结果。全球一级，世界银行下设全球ICP办公室，负责全球一级ICP活动协调、技术方法指导、全球PPP结果测算和发布、资金筹措和项目监督等工作，以及编制并递交给ICP理事会及联合国统计委员会的进展报告。另外，受ICP理事会的委任，由ICP各领域的国际专家组成的技术咨询组（TAG）和工作组，为ICP全球办公室在实施ICP的过程中提供技术性支持和协助，并对方法的合理性和数据质量进行评估和把关，以及负责数据审核和全球结果测算等。区域一级，由OECD和欧盟统计局、亚洲开发银行、非洲开发银行、独联体统计局、联合国拉丁美洲和加勒比经济委员会、联合国西亚经济及社会委员会、澳大利亚统计局7个区域性组织分别负责本区域ICP活动协调、技术方法指导、区域PPP结果测算和发布等工作。国家一级，由参加经济体的统计机构作为项目执行机构，负责本经济体价格和支出法GDP基本分类数据的收集和调查工作。

四、全球链接程序

2005年轮ICP是通过一组（18个）“环”国进行全球链接。由于链接因子和全球比较结果的质量在很大程度上取决于这些“环”国所提供的价格数据的质量，而“环”清单中的规格品在多个区域代表性较差，并且链接至更高一级的汇总方法也存在缺陷。因此，从 2011 年轮 ICP 开始，采用全球核心目录替代“环”国清单的方法，即全球所有参加经济体均采集全球核心目录的规格品价格。

参加 ICP 的经济体中，大多数都在各自区域参与全球比较，但是，少数经济体因某些原因而以“特殊”的方式参加了全球比较。例如，同时参与两个区域的比较，或者不参与任何区域的比较，而是通过某区域直接链接至全球进行比较等。另外，太平洋岛屿区域仅做居民消费品调查，其结果仅含居民个人消费支出部分，因此，该区域经济体不被计入世界总和中。

第二节　ICP 是做什么的

一、ICP 主要工作

ICP 主要包括四个方面的工作：一是支出法 GDP 核算。参加经济体收集居民消费、为住户服务的非营利机构消费、政府个人消费、政府公共消费、固定资本形成总额、净出口等 155 项支出法 GDP 基本分类数据，计算支出法 GDP 分类结构。二是价格调查。参加经济体收集支出法 GDP 基本分类下若干个商品和服务的价格数据，即居民消费品和服务价格、机械设备和建筑品价格、住房租金及物量、政府职务报酬等资料。三是逐级计算购买力平价。四是进行 GDP 规模、水平、结构的比较。

二、规格品目录的制定

取得同时兼顾代表性和可比性的商品和服务的全经济体年平均价格，满足测算 PPP 的需要，既是全球性 ICP 的难题，也是该项目所要实现的最终目标。为保证各经济体价格调查数据的可比性，ICP 实行全球统一规格品目录。由全球和区域组织在充分讨论和征求各经济体意见的基础上，制定规格品目录。其中，机械设备目录、建筑品目录、住房租金目录、住房物量目录、政府职务报酬目录全球统一，由 ICP 全球办公室统一制定；关于居民消费品目录，包括全球核心目录和区域目录。这主要是由于居民消费支出在 GDP 中占比较大，其结果对 GDP 一级的 PPP 结果起到了影响作用，为了提高居民消费商品和服务在各个区域的代表性，因此，允许各个区域在全球核心目录（由 ICP 全球办公室统一制定）的基础上，根据本区域的消费模式和消费习惯，添加本区域代表性规格品，制定区域居民消费品目录。针对以上各项调查的规格品采价，要求所有经济体实行统一采价范围和采价时间，即各经济体利用现有 CPI 调查组织体系设计 ICP 采价点抽样方案，保证采集的价格数据代表全国（地区）水平；以及同时按照相应调查频率开展调查，保证采集的价格数据代表全年平均水平。

关于规格品的规格描述，ICP 采用了结构化产品描述（SPD）的方法，对每个规格品进行定义，即对各类产品的特征（其对价格有直接影响作用）进行规范化描述。目的是提高规格描述的精确性，使价格采集工作更简便。

三、采价品的选择要求

各经济体根据规格品的规格要求，在市场中选择和确定采价品时，应遵循三个原则。

（1）可比性。可比性的核心是质量的一致性，即同质性。质量包括两个方面的参数：一是物理参数，如材料/构成、大小/重量、生产工艺/方法、包装类型等；二是市场参数，如品牌、商店类型、销售点、季节性因素等。

（2）代表性。所调查的规格品在本地区具有代表性，能够反映支出结构和消费结构。具有代表性的商品的标志通常是，在市场容易购买到且大多消费者购买的主流产品。

（3）一致性。代表规格品的价格与支出法 GDP 各个基本分类的估价保持一致，调查本地区实际全年平均价格。

原则上，ICP 要求各经济体采集的规格品既要满足本地区的代表性，也要满足在各经济体之间的可比性。但是，实际上，在国际比较中，很难保证不同经济体的产品是完全一样的。因此，从采价角度考虑，产品即使不相同，但至少是同质可比的。只要满足以下任何一个条件，即可认为是具有可比性的：一是它们的物理和经济属性是完全一样的；二是它们足够相似以至于消费者在它们之间不作区别，认为消费哪一个都一样，而并不打算为其中的某一个产品支付更高的价格。

四、ICP 工作程序

如前所述，ICP 是在国家、区域、全球三级管理架构下，采用自上而下的方式按照各自的工作程序，完成数据采集、数据审核和结果测算等工作内容，直至实现国际比较。这三个层级的组织机构的工作程序具体如下。

（一）国家一级

国家一级是ICP实现全球比较的基础端，也可以说是提供满足于PPP测算的基础数据的生产端。该层级的主要执行机构是参加ICP的各个经济体的统计机构。统计机构根据全球和区域的总体时间安排和要求，在本国（地区）内组织开展居民消费商品和服务价格调查、机械设备价格调查、建筑品价格调查、住房租金和物量调查、政府职务报酬调查，并提供其全国平均价格数据，以及支出法GDP的155个基本分类数据，并利用ICP工具包对这些数据进行录入和国内审核，最后将确定的数据报送至区域执行机构。

（二）区域一级

区域一级既是ICP实现区域比较的终端，也是实现全球比较的中端，发挥着承上启下的作用。该层级的主要执行机构是区域执行机构。区域执行机构对本区域各经济体报送的数据利用Quaranta表和Dikhanov表进行区域内审核后，将审核意见反馈给各经济体统计机构，待其订正后，利用各经济体最终确定的数据测算区域PPP。一方面，进行区域比较，发布区域报告，以及测算非基准年PPP；另一方面，将区域结果和区域内各经济体的全球核心目录产品年平均价格数据报送至全球执行机构。

（三）全球一级

全球一级是ICP实现全球比较的终端。该层级的负责机构是ICP全球办公室。全球办公室对所有经济体的全球核心目录产品年平均价格数据进行审核，将审核意见反馈给相应区域执行机构（区域执行机构再反馈给经济体），待最终数据确定后，测算区域链接因子，并链接各区域至全球，从而编辑全球PPP并对各经济体的经济总规模进行比较，以及发布全球报告。

五、全球ICP方法创新

2011年轮ICP，无论是从方法上，还是从质量框架上，与以往轮次ICP相比，都做了很多的改进和创新。在此基础上，从2017年轮ICP开始，在组织方式和方法上也做了进一步的调整和改进，其中，最大的改进就是充分利用时间调整系数实施滚动价格调查，从而将调查周期从五年缩短为三年。

（一）滚动价格调查方法

该方法是欧盟－OECD成员国多年来参加ICP居民消费品价格调查而采用的方法。其做法是将居民消费品分三年进行调查，利用时间调整系数将基准年的前一年或后一年调查的规格品的年平均价格进行外推或回推，以获取基准年的基本分类一级的 PPP 值。其目的是减轻价格调查工作负担，缩短调查周期而增加全球比较的频率，满足用户的数据需求。联合国统计委员会第47届会议（2016年3月召开）已通过了从2017年轮ICP开始，以三年为周期，使用滚动价格调查法开展居民消费品的价格调查。但是，实际上，该方法在具体实施上还存在一定的局限性。一方面，由于滚动价格调查法要求全球、区域、国家执行机构必须紧密合作，遵从相同的时间表，才能得以实施。但是，因各区域统计能力存在很大的差异性，并不能完全满足该方法的实施要求。因此，目前除了欧盟 - OECD 成员国一直采用滚动价格调查法外，其他区域仍然采用传统方法进行 ICP 各项价格调查，即在基准年调查相关规格品的价格数据。另一方面，虽然理论上该方法可以用来采集 GDP 最终支出分类下的全部商品和服务的价格，但实际上，由于参加经济体只有居民消费品的时间调整系数，用以外推或回推居民消费品的价格，而无法利用其他支出分类产品的时间调整系数推算非居民消费品的价格。因此，该方法不能用于住房服务、政府服务和资本货物的价格采集，这些商品和服务的价格要不在基准年采集，要不在基准年的次年采集后再进行回推。

（二）建立 PPP 时间序列

建立 PPP 时间序列拟从尽可能较低的分类一级，利用 CPI、缩减指数和汇率等对两个基准年 PPP 进行外推和回推。最后，对两组推算的结果进行几何平均，并根据与基期 PPP 的距离确定权重。理论上，居民消费 PPP 的外推和回推应该从基本分类一级开始，但是受数据的限制，通常情况下，仅能够利用居民个人消费支出的 12 个大类的支出数据和 CPI 数据。PPP 时间序列的数据质量受多种因素的影响，例如：外推指标的获得情况及数据质量、区域内参加经济体的变化、ICP 支出分类变化等。之前，ICP 从未发布过时间序列，只是由国际组织自行计算并公布，如世界银行发布 WDI 等。

六、区域 ICP 后续研究项目

为充分利用 ICP 各项调查数据，在 ICP 全球结果公布之后，一些区域自行组织开展一些后续研究项目。一方面提高数据的可利用性及满足用户的数据需求；另一方面提高各经济体的统计能力建设。

（一）非基准年 PPP 测算

由于 ICP 是分阶段执行的，需要推算两个基准年之间年份的 PPP 数据。世界银行和国际货币基金组织根据GDP增长率和通胀率进行总量外推，每年更新各经济体的PPP数据。新兴市场和发展中经济体因经济发展速度快、经济结构和价格水平变动大，总量外推法的推算误差很大。在2005年轮ICP活动结束之后，亚太和非洲区域进行了非基准年PPP数据推算的试点工作。利用缩减信息法，即缩小调查地区范围（仅调查首都城市）、缩减规格品目录，利用现有统计资料（空间价格指数），推算全国价格，将2005年和2011年的PPP数据更新到2009年和2015年、2016年。此方法与前述的PPP时间序列相类似。非基准年PPP测算方法的研究和探索，使得两个区域积累了实际经验，提高了统计能力。

（二）国内PPP

有关国际组织一直鼓励各经济体把ICP和CPI工作结合起来，在现有统计资料基础上，充分利用ICP方法技术等资源来完善CPI调查过程，测算国内地区间价格水平差异，为各国政府经济决策提供更多有益的统计信息，以此作为促进发展中国家统计能力建设的重要内容，作为提升ICP方法应用价值的主要途径。在2005年轮ICP结束以后，亚洲开发银行在菲律宾成功地开展了应用PPP方法测算国内地区差价指数的试点工作，取得了一定的效果。当前，世界银行组织有关专家致力于国内PPP测算的研究，旨在为各经济体的地区PPP测算工作提供相关技术性指导和协助。

第三节　ICP结果的获取方式和应用领域

一、在哪里获取结果

全球最终结果测算完成之后，世界银行将发布ICP全球报告。内容包括：（1）测算结果。包括参加经济体GDP及其大类的PPP、价格水平指数（PLI）、基于PPP的GDP总量和人均GDP等。（2）上一轮ICP修订结果。按照惯例，当新一轮全球最终结果发布之后，ICP全球办公室会基于新一轮的方法和更新的数据对上一个基准年的全球结果进行修订，其目的是保证ICP前后轮之间方法的一致性及结果的连续性和可比性。（3）非基准年（两个基准年之间的年份）PPP时间序列。（4）元数据、数据和方法说明，以及分析报告。另外，在2017年轮ICP结果发布后，世界银行还提供了可视化数据平台，主要用于PPP等数据应用分析，为用户提供了更详尽的指标数据和分析报告。

二、ICP 数据的归档和访问政策

ICP 汇编了参加经济体提交的大量价格数据和详细的支出法 GDP 数据。国际、区域及国家机构和部门，以及政策制定者和研究人员等将 ICP 数据应用于各类统计研究和分析中。因此，随着研究领域的广泛和深入，对 ICP 更加详细的数据需求越来越大。鉴于此，ICP 理事会批准，自 2011 年轮 ICP 起，提供满足用户数据需求的渠道，即建立了数据存档和访问政策，同时遵守数据质量和各国有关数据保密的规定和约束，对 ICP 数据集实行分层级管理和访问。

ICP 数据集共分为五个层级：第一层级：参加经济体同意公布的用于分析一级的数据，包括 PPP、PLI 和支出数据，以及相应的元数据；第二层级：公布层级以下的各级分类的 PPP、PLI 和支出数据，以及相应的元数据；第三层级：参加经济体的全球核心目录产品的全国平均价格数据，以及相应的元数据和质量测度信息等；第四层级：参加经济体的区域目录产品的全国平均价格数据，以及相应的元数据和质量测度信息等；第五层级：所有规格品的观察值，以及相应的元数据。

第一层级数据属于公布级，用户可以通过 ICP 出版物、世界银行网站等途径访问、获取数据；第二至第四层级数据属于访问级，由 ICP 全球办公室、区域执行机构负责存档，用户需按照程序向 ICP 全球办公室、区域执行机构提出申请方可访问数据；第五层级数据属于限制级，由各经济体自行负责存档，或者委托 ICP 全球办公室或区域执行机构对数据进行存档。原则上，用户对该部分数据的访问是受限制的，但可以通过 ICP 全球办公室或区域执行机构向相关经济体提出数据申请。

三、ICP 数据的应用领域

随着 PPP 结果的应用范围越来越广泛，其在国际和国内有关部门中受关注的程度也逐步提高。一些国际组织和政策制定者利用 PPP 结果进行相关研究分析，将其用于对各经济体的评估和经济决策，监测实现可持续发展目标的进展情况，为国家、区域和国际各级社会经济领域的政策制定提供信息。

PPP 结果在全球和区域层面的主要应用领域包括：比较各经济体相对规模以及测算地区经济增长率（IMF）；测算国际、国家、社会贫困线与国际贫困发生率，评估各国贫困人口比例和贫困差距（世界银行）；测算就业人口贫困率（国际劳工组织）；衡量国家内部与国家间的不平等程度

(世界银行)；测算全球竞争力指数与旅游及观光竞争力指数（世界经济论坛)；衡量欧盟和欧元区内的价格水平收敛（欧盟统计局)；测量劳动生产率与劳动力成本，比较各国生产力水平（国际劳工组织)；测算各国不同类别和营养等级食物的成本与价格差异（联合国粮食及农业组织)；测算卫生价格水平和支出指标，评估医疗不平等程度（世界卫生组织)；测算教育支出指标（联合国教科文组织)；对教育经济回报进行国际比较(经济合作与发展组织)；测算能源效率指标（国际能源署)；评估资本形成总额价格水平指数与支出数据，为投资策略提供信息（政策制定者)；计算各国移动数据、固定宽带价格数据以监测可负担性（国际电信联盟)；测算不同部门、融资来源和领域的研发支出数据（联合国教科文组织统计研究所)；全球创新指数测算（世界知识产权组织)；人类发展指数与性别发展指数计算（联合国开发计划署)；美好生活指数计算（经济合作与发展组织)；欧盟体制与团结基金会的配额分配（欧盟)；监测儿童福利(联合国儿童基金)；设计高效的援助项目（国际组织)。其他应用领域还有：某一经济体在某些商品或服务价格和支出上的比较优势分析（政策制定者)；投资成本和产业增长潜力的跨国比较；经 PPP 调整的生活津贴(跨国公司、非政府组织和国际开发机构)；等等。

但是，鉴于 PPP 数据存在抽样误差、统计误差，并且统计方法本身的不完善使其在某些领域的应用具有一定的局限性：一是由于 ICP 使用支出法衡量 GDP，因此不能估计个别行业或部门单独的 PPP，PPP 只能在 GDP 层次与 GDP 支出项目细分层次上进行生产力比较，而不能在构成经济体的部门或行业层面上进行比较；二是 PPP 只能代表一个经济体内不同层次支出项目上的平均消费价格，并不能反映经济体内部特定人群的消费习惯；三是由 ICP 调查得到的 PPP 只代表各经济体层面的总体价格水平，无法用于经济体内部不同区域价格水平的比较；四是由于 ICP 比较活动涵盖的经济体在价格结构与经济体结构上存在差异，PPP 更适用于相似经济体间的比较，不太适用于对差异较大的经济体间的比较；五是由于 ICP 使用特定基准年收集的价格数据进行 PPP 的估算，因此不同时点估计的 PPP 与基于 PPP 的支出数据不能直接进行比较，也不能用于衡量经济体内的通货膨胀；六是由于参与 ICP 活动的各经济体的 GDP 测量方法不统一、各经济体的人口规模可能会存在测量误差、数据收集与 PPP 计算流程较为复杂等原因无法计算误差等问题，PPP 不能被作为精确的衡量指标，而应当被作为真实值的估计值，处于更高汇总层次的 PPP 估值相比于较低层次的估值具有更高的可靠性，基于货物价格的 PPP 估值相比于服务价格的 PPP 更精确。

另外，要正确认识 PPP 与汇率、PPP 与 CPI 之间的区别，切勿混淆误用。

PPP 与汇率的区别。PPP 既是货币转换因子，又是空间价格平减指数。在 PPP 转换过程中，它既把各经济体货币转换为相同的货币，又使得各经济体本币的购买力相同，从而实现 GDP 物量上的比较。汇率仅仅是把 GDP 转换成相同的货币表示，它没有使得 GDP 在相同的价格水平上度量，通过汇率把各经济体 GDP 转换为相同货币后仍然是以本经济体价格水平度量的。由此得到的各经济体 GDP，它们之间的差异既包含了各经济体物量上的差异，也包含了各经济体价格水平上的差异。

PPP 与 CPI 的区别。CPI 是时间价格指数，是度量一组代表性消费商品及服务价格水平在一国内随着时间而变动的相对数；PPP 是空间价格指数，是两种（或多种）货币在购买相同数量和质量商品及服务时的价格之比，用于比较同一时期内两个或多个国家的综合价格水平。简言之，CPI 和 PPP 分别度量了价格在时间和空间上的相对变化。

8　国际比较项目计算购买力平价的方法

第一节　国民核算框架下的国际比较项目购买力平价计算

国际比较项目（International Comparison Program，ICP）是由联合国倡议、世界银行、各个区域性机构具体组织实施的国际统计合作项目，其终极目的是要比较各个经济体的实际经济规模。为了得到用同一种货币表示的、可比的实际经济规模数据，国际组织（联合国、世界银行等）先后尝试过采用生产法 GDP 和支出法 GDP 结构来计算各经济体购买力平价（Purchasing Power Parity，PPP）值。目前，世界银行采用支出法 GDP 框架计算 PPP 值，并且绝大部分经济体按照 2008 年 SNA 或 1993 年 SNA 来编制其国民核算数据。截至 2024 年 4 月，全球 2017 年轮 ICP 是最近完成的一轮 ICP 活动，该轮 ICP 在支出法 GDP 框架下，共有 6 个主要总量、28 个大类、63 个中类、126 个小类以及 155 个基本分类（各层级支出项数量见表 8 -1）。其中，基本分类是有支出额数据的最低的一个层级，基本分类以下为规格品，不同的基本分类下的规格品数量多少不一。规格品以下为具体的商品，包括货物和服务，这些商品有确切的价格数据。2017 年轮 ICP，全球共有 176 个经济体参与了调查活动。其中，非洲、亚太、独联体、欧盟 - OECD、拉美和加勒比、西亚分别有 50、22、8、49、36、12 个经济体参加，另外，还有 3 个单独参与国①参与了本轮调查，4 个国家②同时参加两个区域的比较。

① 这 3 个单独参与国指伊朗、乌克兰和格鲁吉亚。

② 这 4 个双重参与国指俄罗斯、埃及、摩洛哥和苏丹。

表 8-1　全球 2017 年轮 ICP 支出法 GDP 结构　单位：个

支出项	主要总量	大类	中类	小类	基本分类
GDP	**6**	**28**	**63**	**126**	**155**
居民消费支出	1	13	44	90	110
为住户服务的非营利机构承担的个人消费支出	1	5	5	5	5
政府承担的个人消费支出	1	5	7	16	21
政府承担的公共服务支出	1	1	1	5	5
资本形成总额	1	3	5	11	12
净出口	1	1	1	1	2

第二节　2017 年轮 ICP 计算 PPP 的方法

ICP 中，计算 PPP 的步骤为，先计算各经济体每一基本分类层级的 PPP 值（以区域内基准货币为基准）；再计算区域间链接因子，即各区域 PPP；最后计算各经济体小类、中类、大类、主要总量以至 GDP 层级的 PPP 值（以全球基准货币为基准）。计算 PPP 值的方法，主要有国家产品虚拟法（Coutry Product Dummy Method，CPD）和 GEKS（Gini - Éltetö - Köves - Szulc）法，以及两种方法的衍生计算方法。

一、CPD 法

CPD 法通过引入经济体虚拟变量和产品虚拟变量，构建一个 CPD 回归方程来计算 PPP 值。回归方程为：

$$\ln p_{ij} = \alpha_1 D_1 + \alpha_2 D_2 + \cdots + \alpha_C D_C + \eta_1 D_1^* + \eta_2 D_2^* + \cdots + \eta_N D_N^* + \nu_{ij} \qquad (8-1)$$

其中，$D_j(j=1,\ 2,\ \cdots,\ C)$ 为第 j 个经济体虚拟变量；$D_i^*(i=1,\ 2,\ \cdots,\ N)$ 为第 i 个产品虚拟变量。式（8-1）可以写成：$y_{ij} = x_{ij}\beta + \nu_{ij}$，其中，$x_{ij} = [D_1 D_2 \cdots D_C D_1^* D_2^* \cdots D_N^*]$，$\beta = [\alpha_1 \alpha_2 \cdots \alpha_C \eta_1 \eta_2 \cdots \eta_N]'$。这样，经济体 j 的 PPP 值为：$PPP_j = \exp(\hat{\alpha}_j)$，其中，$\hat{\alpha}_j$ 为 α_j 的参数估计值。

除了传统的 CPD 法，还有引入重要性产品概念的 CPD - W 法，以及引入代表性产品虚拟变量的国家产品代表性虚拟法（Country Product Representative Dummy Model，CPRD）。在2011年和2017年轮ICP中，世界银行对于重要性产品赋予权数3，对于非重要性产品赋予权数1。而CPRD模型公式则是对式（8-1）稍加改进，增加一个代表性产品虚拟变量。其公式为：

$$\ln p_{ij} = \alpha_1 D_1 + \alpha_2 D_2 + \cdots + \alpha_C D_C + \eta_1 D_1^* + \eta_2 D_2^* + \cdots + \eta_N D_N^* + \delta R + \nu_{ij} \tag{8-2}$$

其中，δR为代表性产品虚拟变量。

采用CPD法，使我们能够利用计量经济学的技术方法处理价格数据，并且在计算PPP值的同时得到标准差，从而判断此结果是否具有可靠性。CPD法主要用于基本分类层级PPP值的计算。2017年轮ICP，除欧盟-OECD外，其他各区域就是采用CPD法计算基本分类层级PPP值。

二、GEKS法

GEKS法在计算基本分类层级PPP时，先计算j和k两经济体间同一基本分类下各规格品的PPP值，再计算各规格品PPP值的几何平均数，得到基本分类层级的双边PPP值。为满足传递性①，还需要计算经济体j和经济体k在N个国家的比较中的所有双边PPP值，才能得到经济体j和经济体k之间的多边比较PPP值。多边比较的公式为：

$$PPP_{jk}^{GEKS} = \left[\prod_{l=1}^{N}(PPP_{jl}^{F} \times PPP_{lk}^{F})\right]^{1/N} \tag{8-3}$$

其中，PPP_{jk}^{GEKS}为采用GEKS方法计算的j和k两经济体的多边比较PPP值，k为基准国；PPP_{jl}^{F}为采用费雪指数计算的j和l两经济体的双边比较PPP值；PPP_{lk}^{F}为采用费雪指数计算的l和k两经济体的双边比较PPP值；l为N个经济体中的任一经济体。采用费雪指数计算的双边PPP值，其计算公式为：

$$PPP_{jk}^{F} = \left[\left(\frac{p^j q^k}{p^k q^k}\right) \times \left(\frac{p^j q^j}{p^k q^j}\right)\right]^{1/2};\ j=1,\ \cdots,\ N;\ k=1,\ \cdots,\ N \tag{8-4}$$

其中，$\frac{p^j q^k}{p^k q^k}$为j和k两经济体之间的拉氏价格指数，$\frac{p^j q^j}{p^k q^j}$为j和k两经济体之间的帕氏价格指数。

GEKS法具有传递性和基国不变性，但不具有可加性。GEKS法主要用于基本分类以上层级PPP数据的汇总。2017年轮ICP，世界银行就是采

---

① 指任意两个国家之间直接比较得到的PPP结果，与通过第三国间接得到的结果相同。

用的 GEKS 法计算各经济体基本分类以上各层级的 PPP 值。除了传统的 GEKS 方法，还有考虑产品代表性的 GEKS（*）法以及 GEKS*（S）法。后面这种方法考虑到了对比较的双方都具有代表性的产品，并给予这些产品更大的权重（具体权重数据根据具有代表性产品的数量而定）。这两种方法用于计算基本分类层级的 PPP 值。

三、其他计算方法

除了常用的 CPD 法和 GEKS 法及这两种方法的衍生方法，计算全球 PPP 值的方法还有 GK 法（Geary－Khamis Method）、IDB 法（Iklé－Dikhanov－Balk Method）和 MST 法（Minimum Spanning Tree Method）等。

（一）GK 法

GK 法是通过商品的全球平均价格以及一经济体的 PPP 值公式，构成联立方程组进行迭代来计算各经济体的 PPP 值。联立方程组为：

$$\begin{cases} \pi_i = \sum_j \left(\frac{p_j^i}{PPP_j} \times \frac{q_j^i}{\sum_j q_j^i} \right) \\ PPP_j = \frac{\sum_i (p_j^i q_j^i)}{\sum_i (\pi_i q_j^i)} \end{cases} \tag{8-5}$$

其中，π_i 为 i 商品的国际平均价格，PPP_j 为经济体 j 的 PPP 值，p_j^i 为经济体 j i 商品的价格，q_j^i 为经济体 j i 商品的数量。

GK 法具有可加性，即各经济体实际支出规模等于全球实际支出规模，且各类别支出规模等于其组成部分支出规模的加总。但是，从式（8－5）可以看出，GK 法下的国际平均价格易受大国支出结构的影响，对大国的代表性大于小国。如果大国的价格普遍偏高，这会抬高发展中国家的价格水平（发展中国家的整体价格水平普遍低于全球平均价格），从而高估发展中国家的实际经济规模。

（二）IDB 法

IDB 法是对 GK 法的改良，使得大国对 PPP 结果的影响不那么大。其计算公式为：

$$\begin{cases} \pi_i = \frac{\sum_j \omega_j^i}{\sum_j \frac{PPP_j}{p_j^i} \omega_j^i} \\ \frac{1}{PPP_j} = \sum_i \frac{\omega_j^i}{p_j^i} \pi_i \end{cases} \tag{8-6}$$

其中，$\omega_j^i=\dfrac{p_j^i q_j^i}{\sum\limits_i (p_j^i q_j^i)}$。

（三）MST 法

MST 法不像 GEKS 法需要对本经济体内任一其他经济体进行比较，只需对与本经济体经济水平、价格结构更为接近的经济体进行双边比较即可，这样就大大减少了进行直接比较的国家数量，也使得比较结果受其他国家影响更小（GK 法就使得结果容易受大国影响）。采用 MST 法计算 PPP 值，需要采用一定的计算公式计算两国相似度，然后采用 Kruskal 法等算法生成所有经济体的最小间隔树，最后利用最小间隔树图采用费雪指数计算各经济体 PPP 值。计算两经济体相似度，可选用式（8－7）、式（8－8）、式（8－9）三个公式中的一个，即拉氏帕氏指数之差 Δ_{PLS}、加权对数二次方指标 Δ_{WLQ}、加权渐进二次方指标 Δ_{WAQ}：

$$\Delta_{PLS}(p^1,\ p^2,\ q^1,\ q^2)=\max\left\{\frac{P_L(p^1,\ p^2,\ q^1,\ q^2)}{P_P(p^1,\ p^2,\ q^1,\ q^2)},\ \frac{P_P(p^1,\ p^2,\ q^1,\ q^2)}{P_L(p^1,\ p^2,\ q^1,\ q^2)}\right\}-1 \tag{8-7}$$

$$\Delta_{WLQ}(p^1,\ p^2,\ q^1,\ q^2)=\sum_{n=1}^{N}\frac{1}{2}(s_n^1+s_n^2)\left[\ln\left(\frac{p_n^2}{p_n^1 P_F(p^1,\ p^2,\ q^1,\ q^2)}\right)\right]^2 \tag{8-8}$$

$$\Delta_{WAQ}(p^1,\ p^2,\ q^1,\ q^2)=\sum_{n=1}^{N}\frac{1}{2}(s_n^1+s_n^2)\left\{\left[\left(\frac{p_n^2}{p_n^1 P_F(p^1,\ p^2,\ q^1,\ q^2)}\right)-1\right]^2+\left[\left(\frac{P_F(p^1,\ p^2,\ q^1,\ q^2)p_n^1}{p_n^2}\right)-1\right]^2\right\} \tag{8-9}$$

式（8－7）、式（8－8）和式（8－9）中，经济体 1 为基准方，经济体 2 为对比方，p^1 为经济体 1 的价格，q^1 为经济体 1 的数量，P_L 为拉氏价格指数，P_P 为帕氏价格指数，P_F 为费雪指数，s_n^1 为基本分类 1 在经济体 1 的支出份额，s_n^2 为基本分类 1 在经济体 2 的支出份额。

四、各区域链接因子的计算方法

在区域计算的各经济体 PPP 值转化为全球比较的各经济体 PPP 值过程中，还需要计算各区域的链接因子。计算区域链接因子可分为以下几个步骤。

步骤 1：计算区域内各经济体基本分类层级的 PPP 值。以亚太区为例，需要计算亚太区 22 个经济体以港元为基准货币的 155 个基本分类的 PPP 值。

步骤2：利用步骤1得到的PPP结果，将区域内各经济体采集的全球核心产品目录中的、以本币表示的价格转化为以区域基准货币表示的价格。以亚太区为例，需将亚太区除中国香港外的21个经济体的产品价格转化为以港元表示的价格。

步骤3：利用步骤2得到的价格数据，采用CPD－W法计算区域基本分类层级的PPP值（以美元表示），即区域基本分类链接因子。以亚太区为例，22个经济体以港元表示的全球核心产品价格，同其他区域价格一起比较，得到亚太区155个基本分类的、以美元表示的PPP链接因子。

步骤4：计算全球层面各经济体基本分类层级的PPP值。全球层面各经济体基本分类层级的PPP值＝区域层面各经济体基本分类层级的PPP值（以区域基准货币表示，步骤1结果）×本区域基本分类层级的PPP值（以全球基准货币表示，步骤3结果）。

然而，值得注意的是，步骤4计算出来的结果并不代表各经济体的最终PPP值，还需要利用区域计算结果得到的各经济体GDP占比乘以全球层面计算得到的各区域实际经济总量，以此得到各经济体的最终实际GDP（以美元表示），再利用本经济体的现价GDP（以本币表示）除以最终实际GDP（以美元表示），得到各经济体最终PPP值。这一步骤被称为国家间物量再分配（Country Aggregation with Redistribution，CAR）法。

第三节　PPP法与汇率法下中国在亚太区和全球GDP占比变动差异分析

2020年5月19日，世界银行公布了全球2017年轮ICP结果（我国历次参与ICP活动的PPP结果见表8－2）。结果显示，2017年，我国PPP值为1美元等于4.18元人民币，高于2011年轮的3.51元人民币，相当于2017年汇率6.76的62.0%。按PPP法计算，我国2017年GDP为19.6万亿美元，比当年汇率法GDP高7.5万亿美元，居世界第1位，占世界经济总规模119.3万亿美元的16.4%，比汇率法占比高1.2个百分点（见表8－3）。此前，亚洲开发银行也发布了亚太区2017年轮ICP结果。结果显示，2017年，我国PPP值为1港元等于0.70元人民币，按此计算，中国当年PPP法GDP为117.9万亿港元，占亚太区GDP的50.8%，比汇率法63.6%的占比低12.8个百分点（见表8－4）。那么，同样是中国2017年GDP，从汇率法GDP占比到PPP法GDP占比，为什么在亚太区呈下降态势，而在全球却呈上升态势呢？研究结果表明，整体价格水平是否高于区域平均水平，决定了占比的变动方向。

表 8－2　　我国历次参与 ICP 活动的 PPP 结果

基准年	调查范围	比较方法	PPP 结果		价格水平指数（PPP/汇率,%）
			单位	PPP 值	
1993	上海、广东	双边比较	人民币/港元	0.47	63
1999	北京等 7 个城市	双边和多边结合	人民币/美元	4.94	60
2005	北京等 11 个城市	多边比较方法：基本分类以下采用 CPD 法，基本分类以上采用 GEKS 法，区域链接采用环国法	人民币/美元	3.45	42
2009	北京	多边比较	人民币/港元	0.63	72
2011	30 个省（区、市）的 80 多个调查地区，不包括西藏和港澳台	多边比较方法：基本分类以下采用 CPD－W 法，基本分类以上采用 GEKS 法，区域链接采用全球核心产品清单法	人民币/美元	3.51	54
2017	31 个省（区、市）的 80 多个调查地区	多边比较方法：基本分类以下采用 CPD－W 法，基本分类以上采用 GEKS 法，区域链接采用全球核心产品清单法	人民币/美元	4.18	62

注：2017 年轮数据为世界银行 2020 年 10 月 21 日更新数据。

表 8－3　　2017 年世界前 10 国家 GDP 及人均 GDP

排名	国家	GDP（亿美元）		人均 GDP（美元）		GDP 占世界的比重（%）	
		PPP 法	汇率法	PPP 法	汇率法	PPP 法	汇率法
1	中国	196174	121436	14150	8759	16.4	15.2
2	美国	195194	195194	59984	59984	16.3	24.5
3	印度	80505	25525	6149	1950	6.7	3.2
4	日本	51730	48600	40827	38356	4.3	6.1
5	德国	43818	36659	53012	44350	3.7	4.6
6	俄罗斯	38295	15786	26079	10750	3.2	2.0
7	英国	30371	26696	45988	40424	2.5	3.3

续表

排名	国家	GDP（亿美元）		人均 GDP（美元）		GDP 占世界的比重（%）	
		PPP 法	汇率法	PPP 法	汇率法	PPP 法	汇率法
8	巴西	30177	20628	14520	9925	2.5	2.6
9	法国	29945	25927	44651	38661	2.5	3.3
10	印度尼西亚	28936	10154	11049	3877	2.4	1.3

注：排名按 PPP 法 GDP 进行排序。数据为世界银行 2020 年 10 月 21 日更新数据。

表 8－4　　2017 年亚太区前 10 经济体 GDP 及人均 GDP

排名	经济体	GDP（亿港元）		人均 GDP（港元）		GDP 占亚太区的比重（%）	
		PPP 法	汇率法	PPP 法	汇率法	PPP 法	汇率法
1	中国	1179285	946379	85061	68262	50.8	63.6
2	印度	483952	198926	36965	15194	20.8	13.4
3	印度尼西亚	173945	79134	66419	30217	7.5	5.3
4	泰国	72316	35481	106892	52444	3.1	2.4
5	中国台湾	66882	44803	283878	190165	2.9	3.0
6	巴基斯坦	59544	24587	29905	12349	2.6	1.7
7	马来西亚	49165	24526	153532	76589	2.1	1.6
8	菲律宾	49020	24441	46721	23295	2.1	1.6
9	孟加拉国	42716	20473	26401	12654	1.8	1.4
10	越南	40692	17440	43179	18506	1.8	1.2

注：排名按 PPP 法 GDP 进行排序。
资料来源：世界银行和亚洲开发银行官网。

2017 年，中国 PPP 法 GDP 占比，相比汇率法 GDP 占比，在亚太区和全球呈现不同的变动方向，这与中国的价格水平高于亚太区平均水平却低于全球平均水平密切相关。一国（地区）的价格水平，可以用价格水平指数（PLI）来衡量。PLI 为一国（地区）PPP 值与汇率的比率。PLI 越高，表明该国（地区）总体价格水平越高，反之越低。2017 年轮 ICP 结果显示，分别以亚太区和全球的平均价格为 100，中国在亚太区和全球的 PLI 分别为 125.2 和 92.8。也就是说，中国的价格水平比亚太区平均价格水平高出 25.2%，但比全球低 7.2%。式（8－10）显示亚太区价格水平和一国（地区）GDP 占比之间的关系为：

$$\frac{\frac{GDP_{EX-中国}}{GDP_{EX-亚太}} \times 100\%}{\frac{GDP_{PPP-中国}}{GDP_{PPP-亚太}} \times 100\%} = \frac{PLI_{中国}}{PLI_{亚太}} \tag{8-10}$$

其中，$GDP_{EX-中国}$为经市场汇率转换后的以港元表示的中国现价 GDP；$GDP_{PPP-中国}$为经 PPP 转换后的以港元表示的中国现价 GDP；$PLI_{亚太}$为亚太区 22 个 ICP 参与经济体的总体价格水平，等于亚太区汇率法 GDP 除以 PPP 法 GDP。

根据亚洲开发银行的测算结果，2017 年，中国的 PLI 为 125.2（亚太区 PLI = 100）。根据式（8-10），表明中国按 PPP 法计算的 GDP 占亚太区的比重相比汇率法有所下降，降幅为 25.2% {=[(63.6/50.8)-1]×100%}。

式（8-11）显示全球价格水平和一国（地区）GDP 占比之间的关系为：

$$\frac{\frac{GDP_{EX-中国}}{GDP_{EX-全球}} \times 100\%}{\frac{GDP_{PPP-中国}}{GDP_{PPP-全球}} \times 100\%} = \frac{PLI_{中国}}{PLI_{全球}} \tag{8-11}$$

其中，$GDP_{EX-中国}$为经市场汇率转换后的以美元表示的中国现价 GDP；$GDP_{PPP-中国}$为经 PPP 转换后的以美元表示的中国现价 GDP；$PLI_{全球}$为全球 176 个经济体的总体价格水平，等于全球汇率法 GDP 除以 PPP 法 GDP。

根据世界银行的测算结果，2017 年，中国的 PLI 为 92.8（全球 PLI = 100）。根据式（8-11），表明中国按 PPP 法计算的 GDP 占全球的比重相比汇率法有所上升，上升幅度为 7.2% {=[(16.4/15.3)-1]×100%}。

第四节 世界银行对中国非基准年 PPP 法 GDP 的推算方法

一、推算 PPP 法现价 GDP

世界银行推算各经济体非基准年 PPP 法现价 GDP 之前，首先要根据全球最新一轮 ICP 结果推算出这些经济体非基准年的 PPP 值，然后利用这些经济体非基准年以本币计价的现价 GDP 除以其相应年份的 PPP 推算值，得到非基准年的 PPP 法现价 GDP。推算 PPP 值有多种方法，其中，最为常用的是“价格涨幅法”，世界银行目前采用的推算方法即为这种方法。以美国为比较的基准国、美元为基准货币，推算我国 2020 年 PPP 法现价 GDP，有以下几个具体推算步骤。

步骤 1：分别计算以 2017 年为基期的我国和美国 2020 年 GDP 缩减指数（美国为比较的基准国，美元为基准货币）。

步骤 2：用步骤 1 得到的我国 GDP 缩减指数除以美国的 GDP 缩减指数，得到相对于美国来说我国 2017 ~ 2020 年的整体价格涨幅。

步骤 3：用步骤 2 得到的 2017 ~ 2020 年我国整体价格涨幅乘以我国 2017 年 GDP 层级的 PPP 基准值，得到 2020 年我国 GDP 层级的 PPP 推算值。

用公式表示，即为：

$$PPP^{GDP}_{中国(2020)} = PPP^{GDP}_{中国(2017)} \times \left(\frac{DFL^{GDP}_{中国(2020年,2017年=100)}}{DFL^{GDP}_{美国(2020年,2017年=100)}} \right) \tag{8-12}$$

其中，$PPP^{GDP}_{中国(2020)}$ 为 GDP 层级的我国 2020 年 PPP 推算值，$PPP^{GDP}_{中国(2017)}$ 为世界银行公布的我国 2017 年基准年 GDP 层级的 PPP 值，$DFL^{GDP}_{中国(2020年,2017年=100)}$ 为我国以 2017 年为基准年的 2020 年 GDP 缩减指数，$DFL^{GDP}_{美国(2020年,2017年=100)}$ 为美国以 2017 年为基准年的 2020 年 GDP 缩减指数。

二、推算 PPP 法不变价 GDP

除了 PPP 法现价 GDP，世界银行还在 WDI 数据库里公布了我国 2020 年 PPP 法不变价 GDP。由于基准年 PPP 已经消除了价格因素影响，因此，基准年的 PPP 法 GDP 可视为不变价 GDP。要推算最新年份的 PPP 法不变价 GDP，只需利用本国公布的实际 GDP 发展速度乘以上年的 PPP 法不变价 GDP 即可。以我国 2020 年 PPP 法不变价 GDP 的计算过程为例，公式为：

$$GDP^{CON}_{PPP-中国(2020)} = GDP_{PPP-中国(2017)} \times R_{GDP-中国(2018)} \times R_{GDP-中国(2019)} \times R_{GDP-中国(2020)} \tag{8-13}$$

三、应正确理解和看待 PPP 法 GDP 推算结果

世界银行推算各经济体非基准年 PPP 法 GDP，为国际组织和相关科研机构进行国际比较研究提供了重要的基础数据，提升了 ICP 活动的应用价值。但也应看到其局限性：一是 PPP 推算值仅考虑了对照经济体和基准经济体两个经济体相关指标数据的对比，而全球 ICP 项目则囊括了近 200 个 ICP 参与经济体的情况；二是 PPP 推算值仅考虑了价格比率关系或实际支

出增长率，而全球 ICP 项目则需要采集包括居民消费价格、机械设备价格、建筑品价格、住房租金、政府职务报酬等领域的价格数据，并拆分出 100 多项支出数据，以此作为基础数据通过复杂的方法计算最终结果；三是 PPP 推算值受推算方法的影响较大。世界银行采用的 PPP 推算方法仅为众多方法中的一种。除了“价格涨幅法”，还可以采用“价格水平指数法”等方法推算 PPP 值。采用不同的推算方法，得到的同一经济体的 PPP 值不同，且差异较大。

第五节　当前国际上对于 PPP 法研究应用的最新进展

一、一些发展中国家在采用 PPP 法计算本国贫困线（按美元计价）方面取得的进展

2022 年，在世界银行的帮助下，缅甸国家贫困线的测算方法得到改进，并计算出最新结果。缅甸国家贫困线的测算是基于“缅甸生活条件调查”得到的，该调查是从住户部门收集了 154 种食品的消费支出情况，选取了 5 个较为贫穷的地区（分城乡），根据营养条件来测算的。采用的营养标准为：第一，每人每天能够消耗相当于一名成年妇女需要的 2195 千卡的热量；第二，满足每人每天消耗的主要食品达到一定数量，包括淀粉类主食（330 克）、豆类（45 克）、肉蛋鱼（100 克）、乳制品及其替代品（225 克）、蔬菜（450 克）、水果（200 克）、脂肪（30 克）、其他（25 克）。根据以上两个食品摄入条件满足情况，缅甸将贫困线划分为能量满足贫困线和健康饮食贫困线。测算结果显示，能量满足贫困线为每人每天 1. 83 美元，健康饮食贫困线为每人每天 3. 31 美元。由此，按能量满足贫困线测算，缅甸全国总体贫困率为 20%，其中，城市贫困率为 8%，农村贫困率为 24%；按健康饮食贫困线测算，缅甸全国总体贫困率为 48%，其中，城市贫困率为 27%，农村贫困率为 56%。由此可见，由于健康饮食贫困线大大高于能量满足贫困线，按前者标准计算的贫困人口数量大大高于后者。

二、采用测算 PPP 法的国民财富

荷兰格罗宁根大学采用 PPP 法计算各国的国民财富。该机构认为一经济体的国民财富包括四个部分，即生产性资产和城市土地、自然资源（包

括可再生和不可再生资产）、人力资本（终身收入）、对国外净金融债权总额。在2021年之前，该机构采用市场汇率法将各经济体以本币计价的实际GDP转换成以美元计价的实际GDP，2021年之后则采用PPP作为货币转换因子进行货币转换。对于非基准年份的PPP值，则是采用外推的办法，利用两经济体在这一时间段内CPI上涨率的比值计算得到。根据该改进的方法测算，该机构测算了部分经济体有关国民财富的情况，例如，对于一经济体的土地相对于构筑物之间的价值比率，新加坡、中国香港和中国台湾的比率远远高于其他经济体，均在2以上，韩国、马来西亚、日本、泰国紧随其后，缅甸、文莱和蒙古国最低，小于0.1，中国大陆在0.2左右。

三、拓展ICP调查的数据来源

随着科技的进步，在ICP数据调查方面，各经济体更加依赖大数据手段。CPI调查获取的价格数据是ICP居民消费价格数据的重要来源。IMF对官方统计机构开展的“CPI元数据调查”结果显示，2021年，采用网络查询、网络爬虫、扫描数据、行政记录数据四种采价方式的经济体数量分别比上年增加80.7%、134.6%、104.2%和146.7%，分别为2019年的5.2倍、4.4倍、3.5倍以及持平。其他的拓展数据来源还包括零售贸易协会的电子数据库数据、手机软件、社交媒体以及第三方数据来源。IMF还在2023财年帮助一些经济体采用新的数据源采价，包括帮助格鲁吉亚和沙特阿拉伯利用扫描数据，帮助哈萨克斯坦和科威特利用扫描数据和网络爬虫数据等。

9　中国参加国际比较项目面临的若干问题

国际比较项目（International Comparison Program，ICP）是一项全球性多边统计活动，旨在通过收集一篮子代表规格品的价格数据，测算出各参与经济体的购买力平价，以此作为货币转换因子和空间价格平减指数进行国际经济比较。本章基于对中国 2011 年轮和 2017 年轮 CPI 调查和 ICP 调查采集的居民消费价格数据的分析研究，以回应 2017 年轮 ICP 技术咨询组第三次会议有的专家对中国居民消费价格数据提出的两项质疑，并结合 2017 年轮 ICP 在中国的具体实施情况，详细阐述中国参加 ICP 面临的若干问题，主要包括：规格品对于中国的代表性问题、中国支出法 GDP 基本分类的完整性问题、中国在亚太区域参与 ICP 的问题、ICP 调查与 CPI 调查之间的差异问题、中国建筑品价格与建筑投入价格的差异问题、中国生产的一些商品在本国售价高于国外售价的问题以及中国 2017 年轮 ICP 调查价格上涨较快的原因。进一步地，结合 ICP 技术咨询组第八次会议①内容，基于 2021 年轮 ICP 的开展情况，提出相应的对策建议，以期为优化 ICP 调查框架提供理论参考，使 ICP 比较结果更能反映中国的实际经济规模和价格水平。

第一节　引　　言

ICP 是一项全球性多边统计活动，通过对参与经济体同质商品和服务项目价格的比较，测算各经济体购买力平价（Purchasing Power Parity,

---

①　2022 年 12 月 7 日至 8 日，世界银行组织召开了 ICP 技术咨询组第八次会议，参会人员围绕 2021 年轮 ICP 的最新进展情况、新冠疫情和俄乌战争对 ICP 相关工作的影响等议题展开深入探讨。

PPP），以此作为货币转换因子和空间价格平减指数，对支出法 GDP 及其构成项目，居民消费支出、政府消费支出、资本形成总额等指标进行重新估价，扣除各经济体价格因素的影响，把以本币表示的 GDP 及其支出构成项目转换成统一货币单位表示，寻求能准确地评价和比较各经济体国内生产总值规模和结构的途径（World Bank，2013）。ICP 提供的主要经济指标包括 PPP、实际支出和价格水平指数①（Price Level Index，PLI）等。

中国自 1993 年起开展 ICP 调查活动，经过几轮的试验调查和比较，2011 年首次全面参与 ICP，但是由于方法上的原因，中国政府没有承认这轮 ICP 关于中国的测算结果。2017 年，中国共有 31 个省（自治区、直辖市）参与 ICP 调查，根据调查方案，抽选了约 4 万个采价点，采集了居民消费价格、机械设备价格、建筑品价格、住房租金、政府职务报酬五项调查的 1000 多种规格品价格数据。2017 年轮 ICP 技术咨询组（Technical Advisory Group，TAG）第三次会议对 2017 年轮居民消费项目 PPP 初步结果及其一致性、合理性进行了评估。有的 TAG 专家对中国居民消费价格数据提出质疑：一是认为中国提交的价格数据，特别是服装、家具类规格品的价格数据过高，不仅与中国人均收入水平不相符，而且明显与 2011 ~ 2017 年中国 CPI 调查的价格涨幅不一致；二是中国生产的一些商品在本国的售价高于国外，这一现象不合理。针对上述问题，国家统计局在对中国部分 ICP 调查地区进行实地价格核查，对所收集的数据和相关信息进行深入研究后，认为中国 2017 年轮 ICP 居民消费价格数据真实可靠，符合实际。本章将通过对中国 2011 年轮和 2017 年轮 CPI 调查和 ICP 调查采集的居民消费价格数据的分析研究，讨论 TAG 专家提出的两项质疑，并结合 2017 年轮 ICP 在中国的具体实施情况，阐述中国参加 ICP 面临的若干问题，以期为进一步优化 ICP 调查框架提供参考，增强 ICP 调查的针对性和有效性，使 ICP 比较结果能够反映中国的实际经济规模和价格水平。

第二节　规格品对于中国的代表性问题

在 ICP 中，采集价格的规格品对于参与经济体既要具有代表性又要满足国际可比性。所谓的代表性，是要求规格品能反映各经济体的支出结

① 价格水平指数即 PPP 与汇率之比，是一个非常重要的经济指标，用于衡量各经济体间的价格水平差异，揭示各类同质商品和服务项目价格在各经济体的高低程度。

构，并且在市场上容易购买到，是大部分购买者所需的主流产品。所谓国际可比性，要求规格品在不同经济体之间达到同质可比，具有物理属性（如重量、大小、包装、材料等物理参数）和经济属性（如品牌）的一致性。

规格品在ICP中主要存在四个方面的问题。一是规格品的可比性与代表性在不同经济体之间存在不一致性。2017年轮ICP共有176个经济体参与调查，由于各经济体具有截然不同的经济发展水平、消费偏好、文化习俗、地理环境等，致使全球ICP调查中的规格品难以达到可比性和代表性的选择要求。二是规格品对于发展中国家的代表性较弱。由于参与价格调查的规格品目录主要由欧美国家制定，导致这些规格品对于欧美发达国家的代表性强，而对于中国、印度等发展中国家的代表性则较弱。三是采用规格品的简单平均价格进行度量会削弱规格品价格数据的代表性。根据现行ICP调查方案，各经济体开展价格调查后需统一报送不同规格品的简单平均价格，由于中国地域辽阔，各地区消费品种类繁多，市场商品结构差异较大，不同地区经济社会发展水平和经济结构也存在很大差异，若采用各规格品在所有地区的简单平均价格进行度量，将会削弱规格品价格数据的代表性，从而无法准确反映地区实际价格水平（Chen et al.，2019）。四是在全球核心产品目录和亚太区域产品目录中，规格品的说明和定义都过于宽泛，应针对不同区域消费的差异性特征，采集符合国际标准的规格品价格数据，从而增强规格品对于参与经济体的代表性。

第三节　中国支出法GDP基本分类的完整性问题

在全球ICP调查中，各参与经济体需要收集和提供测算购买力平价的基础数据，包括支出法GDP的基本分类数据及其所覆盖的若干个商品和服务的价格数据。2017年轮ICP中的支出法GDP分类中，居民个人消费支出有13项大类，为住户服务的非营利机构（Non-Profit Institutions Serving Households，NPISH）个人消费支出有5项大类，政府个人消费支出有5项大类，政府公共消费支出有1项大类，资本形成总额有3项大类，净出口有1项大类，GDP层级共计28项大类、63项中类、126项小类和155项基本分类。具体分类情况如表9-1所示。

表 9－1　　　　　　2017 年轮 ICP 中的支出法 GDP 分类

主要总量 大类	大类	中类	小类	基本分类	主要总量 大类	大类	中类	小类	基本分类
居民个人消费支出	13	44	91	110	文化娱乐		1	1	1
食品和非酒精饮料		2	11	29	教育		1	1	1
酒精饮料、香烟和麻醉品		3	5	5	社会保障和其他服务		1	1	1
服装和鞋		2	5	5	**政府个人消费支出**	5	7	16	21
住房、水、电、燃气和其他燃料		5	8	8	住房		1	1	1
家庭用品和家庭日常保养		6	12	13	医疗卫生		2	7	12
医疗卫生		3	7	7	文化娱乐		1	1	1
交通运输		3	13	13	教育		2	6	6
通讯		3	3	3	社会保障		1	1	1
文化娱乐		6	13	13	**政府公共消费支出**	1	1	5	5
教育		1	1	1	**资本形成总额**	3	5	8	12
餐饮和住宿		2	2	2	固定资本形成总额		3	6	10
其他货物与服务		7	10	10	存货变动		1	1	1
国外净购买		1	1	1	贵重物品获得减处置		1	1	1
NPISH 个人消费支出	5	5	5	5	**净出口**	1	1	1	2
住房		1	1	1	**GDP**	28	63	126	155
医疗卫生		1	1	1					

支出法 GDP 的 155 项基本分类提供了测算购买力平价的权数。中国支出法 GDP 拆分项目的资料来源主要包括投入产出调查、住户调查、政府行政事业单位决算、全社会固定资产统计等现有数据。经过进一步拆分和核算，取得支出法 GDP 的基本分类数据。但是中国支出法 GDP 的基本分类并不能完全满足全球 ICP 调查的分类要求。在 2017 年轮 ICP 中，中国将支出法 GDP 划分为 139 个基本分类，另外 16 个基本分类难以获得；在 2011 年轮 ICP 中，中国有 17 个基本分类难以拆分，主要原因是中国国民经济核算尚无此项分类或基础数据缺乏。未拆分的基本分类如表 9－2 所示。

表 9-2　　　　　　　　　　　**未拆分的基本分类**

序号	2011 年轮		2017 年轮	
	基本分类代码	指标名称	基本分类代码	指标名称
1	1102311	麻醉品	1102311	麻醉品
2	1107141	畜力车	1107141	畜力车
3	1112411	社会保障	1112411	社会保障
4	1113111	国外常住居民最终消费支出	1113111	国外净购买
5	1113112	国内非常住居民最终消费支出	1201111	住房
6	1201111	为住户服务的非营利机构的消费支出	1202111	医疗卫生
7	1301111	住房	1203111	文化娱乐
8	1302241	生产税净额（医疗）	1204111	教育
9	1302251	销售收入（医疗）	1205111	社会保障和其他服务
10	1304241	生产税净额（教育）	1301111	住房
11	1304251	销售收入（教育）	1302251	销售收入（医疗）
12	1401141	生产税净额（公共服务）	1304251	销售收入（教育）
13	1401151	销售收入（公共服务）	1401151	销售收入（公共服务）
14	1602111	贵重物品的获得	1503111	贵重物品获得减处置
15	1602112	贵重物品的处置		

在 ICP 的实施过程中，关于未拆分的基本分类，对各参与经济体主要采用参考 PPP 进行调整。就中国而言，畜力车（1107141）参考自行车（110713.1）PPP，住房（1301111）参考实际和虚拟租金（110411.1）PPP 等。[①] 参考 PPP 的使用是对目标基本分类 PPP 的一种替代或者是估算，根据 ICP 的 PPP 测算框架，其替代偏差水平或者估算结果的准确性实际上由两方面决定：一是规格品相对价格水平的相似性；二是参考 PPP 与支出核算的匹配程度。值得一提的是，由于大多数欧盟 - OECD 国家的支出法 GDP 都能拆分出 200 多项分类，需要采用参考 PPP 的数量较少，进而对最终测算出的 PPP 影响较小，而中国某些代表规格品本身就不存在价格数据或者支出数据，在这种情况下，采用参考 PPP 就会对最终 PPP 测算结果的合理性和准确性造成一定影响，从而也就不可避免地会影响到国际比较结果。

① 括号内均为代表规格品的基本分类代码。

第四节　中国在亚太区域参与 ICP 的问题

ICP 实行区域化比较，中国在 ICP 调查中被划入亚太区域的东南亚组。一方面，中国需按照亚太区域的规格品目录采集价格数据，但是亚太区域的代表规格品与其他区域的可比性明显不足，区域间规格品的可比性程度会直接影响区域间比较结果的准确性和参与经济体价格水平在全球的位置；另一方面，中国需按照亚太区域的比较测算方法进行国际比较，部分项目的测算方法对中国缺乏适用性。

一、中国最终报送给亚洲开发银行的 2011 年轮 ICP 价格偏低

在 2011 年轮 ICP 实施过程中，亚太区域居民消费价格系统性偏低，导致中国最初报送的价格看似“偏高”。为增强与亚太区域其他经济体数据的可比性，根据亚洲开发银行的审核意见，中国最终报送的 2011 年居民消费价格下调，价格相对较低。这是导致 2017 年轮 ICP 的 TAG 专家认为中国提交的价格数据，特别是服装和家具类规格品的价格过高，明显与 2011～2017 年中国 CPI 调查的价格涨幅不一致的主要原因。

与 2011 年轮 ICP 中国提交的服装和家具价格相比较，2011～2017 年，中国服装类和家具类产品价格累计分别上涨了 90.7% 和 72.3%，而同期 CPI 调查得到的涨幅分别仅为 14.6% 和 8.1%。究其原因，主要是由于中国服装和家具的价格在 2011 年轮的 ICP 最终报送过程中进行了较大幅度的下调，与初次报送的价格相比，下调幅度分别达到了 33.5% 和 22.7%。如果利用 2011 年下调前的价格进行比较，2011～2017 年中国服装和家具的价格涨幅仅分别为 22.9% 和 34.2%，涨幅较为合理。相关数据结果如表 9－3 所示。

表 9－3　　2011～2017 年服装和家具类产品价格涨幅

ICP 代码	基本分类名称	CPI 调查测算的涨幅（%）	ICP 调查测算的涨幅（%）	
			与 2011 年调整前价格相比	与 2011 年调整后价格相比
1103121	服装成品	14.6	22.9	90.7
1105111	家具	8.1	34.2	72.3

资料来源：国家统计局。

用ICP和CPI两项调查采集的两个年份（2011年和2017年）的价格进行验证，结果显示，2011年CPI采集的服装和家具的价格分别是ICP价格的2.3倍和2.8倍；而2017年分别为1.1倍和1.2倍，进一步说明2011年轮ICP中国最终报送的服装和家具价格明显偏低。另外，由于ICP调查的间隔期较长，产品选择在时间上存在不一致性问题，相关产品在两轮间存在“档次差异”，导致了服装和家具类产品价格涨幅较高。而CPI调查的时间连续性较强，产品选择在时间上的一致性较好，因此其涨幅在一定程度上低于ICP涨幅。

二、亚太区域住房服务比较采用的参考物量法对中国的适用性较低

2017年轮ICP主要采用三种方法进行住房服务区域比较，包括直接租金法、直接物量法和参考物量法（也称为消费等值法）。直接租金法适用于能提供具有代表性租金数据的区域内经济体，先按照住房的类型、面积、年限和便利设施调查住房租金，再针对每个经济体完全相同或非常相似的住房平均其相对价格（即相对租金），从而得到PPP，直接租金法的应用区域包括欧盟－OECD、非洲、拉丁美洲和西亚。因为部分经济体存在首都城市的租赁市场被限制或者租金补贴很高的现象，不能提供足够的住房租金调查信息，所以引入了直接物量法（World Bank，2013）。直接物量法适用于能提供具有代表性住房数量数据的区域内经济体，按针对面积和某些便利设施（包括水、电、暖气等）调整后的住房数量对支出进行分类，从而间接测算出PPP，直接物量法的应用区域包括了欧盟－OECD和独联体。参考物量法适用于无法提供具有代表性租金数据和住房数量数据的区域内经济体，该方法的应用区域是亚太地区。

参考物量法有一个基本假设，即假定经济体间的住房服务物量比等于除住房服务之外的居民消费支出物量比，这等价于假定住房物量占居民消费支出物量中的比重在各经济体间不存在差异，也就意味着住房不会对个人消费的整体PPP产生影响（World Bank，2013）。由于该假设过于苛刻，很难与现实一致，最终会导致比较结果与实际情况产生较大偏差。实际上，各经济体间住房服务占居民消费支出的比重存在明显差异，住房服务支出占居民消费支出比重较低的经济体，其住房服务PPP很可能被低估。在2011年轮ICP中，整个亚太区域的住房服务支出占居民消费支出的比重平均值为13%，中国的比重约为10%，未达到平均水平，换言之，亚太区域采用的参考物量法可能会低估中国在亚太区域内的住房PPP。从全球比较的角度来看，现行的质量调整方法并不能准确消除亚太区域的住房

服务质量和以高收入经济体为主的欧盟－OECD 的差距，而且以现行的质量调整方法计算出的亚太区域的住房质量水平显著高于其他方法（Asian Development Bank，2018），这就存在高估亚太区域住房物量水平的可能，从而也就会低估中国的住房 PPP。

第五节　ICP 调查与 CPI 调查之间的差异问题

从中国 2017 年轮 ICP 调查实践看，直接用 CPI 价格涨幅来评判 ICP 价格涨幅存在不合理性，主要原因包括两个方面：一是中国 ICP 调查与 CPI 调查的代表规格品的重合率较低；二是 ICP 调查与 CPI 调查的居民消费价格存在系统性偏差。

一、中国 ICP 调查与 CPI 调查的代表规格品重合率较低

ICP 调查和 CPI 调查各自倚重的原则不同，CPI 调查侧重规格品的本地代表性，而 ICP 调查更侧重规格品的国际可比性，两者的规格品在性能、特征等方面都存在一定的差异，而且，这种差异随着时间的推移会更加明显。因此，CPI 与 ICP 规格品的重合度较低。从 2017 年轮 ICP 居民消费价格调查来看，在总共 1063 个代表规格品中，GL 组（全球组）、AP 组（亚太组）、AG 组（全球和亚太区规格品相重合的部分）分别为 184 个、592 个和 287 个，占比分别为 17.3%、55.7%和 27.0%。综合各调查地区上报的信息，2017 年中国 CPI 与 ICP 两种项目调查的规格品的重合率仅为 17.8%，采价点的重合率为 21.5%。因此，在中国直接利用 CPI 价格涨幅来判断 ICP 价格涨幅的方法有待商榷。

二、ICP 调查与 CPI 调查的居民消费价格存在系统性偏差

2017 年轮 ICP 技术咨询组第三次会议相关材料显示，各区域测算的居民消费 PPP 值普遍比利用 CPI 涨幅推算的居民消费 PPP 值高。除欧盟－OECD 区域外，其他区域的测算值均比推算值高出 10% 以上，说明 ICP 调查与 CPI 调查的规格品存在较大差异，两者采集的居民消费价格存在系统性偏差。从亚太区域来看，该地区测算的居民消费 PPP 值比推算的居民消费 PPP 值平均高 17.3%，而中国仅比亚太区域的平均水平高 4 个百分点。这进一步说明，用 CPI 价格涨幅来评估 ICP 价格涨幅，会误判中国 ICP 价格数据质量。

第六节　中国建筑品价格与建筑投入价格的差异问题

自从ICP调查实施以来，在各经济体规模大小不等、文化差异甚大、商品和服务项目种类繁多的情况下，如何设计一套相对科学合理的统计方法来保障PPP的准确性，是ICP面临的重要技术难题（Ferrari et al.，2015）。目前来看，部分调查项目所采用的价格和测算方法并不适用于所有参与经济体。在2011年轮和2017年轮ICP的建筑品价格调查中，除欧盟－OECD区域采用产出法和BOQ法（即工程量清单法）外，非洲、亚太区域、独联体、拉丁美洲、加勒比海地区和西亚均采用投入法，即假设参与经济体建筑项目溢价相同，用投入品价格来衡量产出品价格。其中，建筑品包括居住类建筑、非居住类建筑和市政工程，建筑投入品包括材料投入（如水泥、钢铁以及木料等）、劳动力投入（如混凝土工、电工以及木工等）和其他投入（如设备租赁）。

对于发达国家（地区）来说，从建筑品的投入角度或是产出角度进行测算并无太大差别，但投入法对中国来说显现出较大的不适应性。多年来，中国建筑产出品价格不断攀升，建筑投入品的价格则远不及建筑产出品价格上涨快，尤其是在北京、上海、广州、深圳等地，这些地区的房价从2005年起呈强上行趋势，但原材料、设备租赁和劳动力等投入品的价格却上涨较缓，其价格水平并不能如实反映中国建筑产出品的价格水平。同时，国际劳工组织的统计数据显示，基于汇率法和PPP法测算出的2017年中国大陆人均工人产出分别为13509美元和28198美元，在亚太区域所有经济体中分别位于第7名和第9名，属于中等偏上水平，但是却明显低于新加坡和马来西亚等亚太区域高收入经济体。因此，与亚太区域高收入经济体相比，未进行劳动生产率调整的投入法可能会在一定程度上低估中国建筑品购买力平价。

从PPP与人民币汇率的关系角度来看，世界银行和亚洲开发银行发布的2011年全球ICP结果综合报告显示，在GDP水平上，以美元为基准，中国购买力平价是1美元等于3.506元人民币，相当于汇价的54.3%；以港币为基准，中国购买力平价是1港币等于0.64元人民币，相当于汇价的77.0%。在建筑品水平上，以美元为基准，中国购买力平价是1美元等于2.184元人民币，相当于汇价的33.8%；以港币为基准，中国购买力平价是1港币等于0.54元人民币，相当于汇价的66.0%（Asian Development

Bank，2014）。相关数据如表9－4所示。

表9－4　　2011年中国主要支出类别PPP和PLI

分类	购买力平价（PPP）		价格水平指数（PLI）		
	人民币/美元	人民币/港币	美国＝100	香港＝100	世界＝100
GDP	3.506	0.64	54.3	77.0	70.0
居民实际消费项目	3.493	0.63	54.1	75.0	67.4
个人消费支出	3.696	0.64	57.2	77.0	68.2
政府用于个人的消费	2.115	0.44	32.7	53.0	61.0
政府公共消费	3.407	0.52	52.7	62.0	73.1
固定资本形成总额	3.769	0.68	58.3	81.0	76.1
机械设备	7.771	0.85	120.3	102.0	102.8
建筑	2.184	0.54	33.8	66.0	68.9

注：居民实际消费支出等于个人消费支出与政府用于个人消费支出之和。
资料来源：世界银行和亚洲开发银行官网。

进一步从支出类别占世界相应类别的比重角度来看，在GDP水平上，中国占世界的比重为14.9%，美国占世界的比重为17.1%；在建筑品水平上，中国建筑品占比为34.6%，美国建筑品占比为7.2%。相关数据如表9－5所示。可见，中国建筑品占比较大，若以投入品价格测算中国建筑品价格，势必会低估中国建筑品实际价格水平和实际购买力平价。有鉴于此，中国政府没有承认2011年轮ICP关于中国的测算结果。世界银行在核实相关情况后，同意在公开发布的该轮ICP数据中凡是涉及中国的数据结果都予以注明。

表9－5　　2011年中美主要类别支出和人均水平（PPP法）

分类	主要支出类别占世界比重（%）		人均支出（世界＝100）	
	中国	美国	中国	美国
GDP	14.9	17.1	74.7	369.8
居民实际消费支出	10.0	20.0	50.1	432.4
个人消费支出	9.1	22.3	45.9	480.5
政府用于个人的消费	16.1	8.0	80.8	173.4
政府公共消费	10.5	19.0	52.6	409.3

续表

分类	主要支出类别占世界比重（%）		人均支出（世界 = 100）	
	中国	美国	中国	美国
固定资本形成总额	27.1	13.4	135.9	288.8
机械设备	16.7	21.3	83.7	459.0
建筑	34.6	7.2	173.8	155.3

注：居民实际消费支出等于个人消费支出与政府用于个人消费支出之和。
资料来源：世界银行官网。

第七节　中国生产的一些商品在本国售价高于国外售价的问题

在2017年轮ICP技术咨询组第三次会议上，有的TAG专家对中国居民消费价格数据提出质疑，为何中国生产的一些商品在本国的售价明显高于国外售价。究其原因，从成本角度看，中国的税收较高，物流成本较高，销售代理层级较多，商业租金较高；从利润角度看，中国生产的商品在国内外的定价存在差异。

一、成本角度

（一）税负

中国企业承担的综合税负较高，一般需缴纳增值税、企业所得税、城建税、城镇土地使用税、车船税、教育费附加等税费。除此以外，中国企业还要承担较高的养老金和保险缴款等。同参与全球ICP调查的其他经济体相比，中国企业的整体税负明显高于其他大部分经济体，相关数据如表9－6所示。

表9－6　　　　2018年各经济体企业税收占利润比重

经济体	企业税负（%）	经济体	企业税负（%）
中国	67	美国	44
印度	55	韩国	33
德国	49	英国	31

续表

经济体	企业税负（%）	经济体	企业税负（%）
俄罗斯	48	泰国	29
日本	47	南非	29

注：包括为职工承担的社会保险。

资料来源：国信证券．全球视角下的中国税负水平衡量与比较（国信策略）[EB/OL]. https://www.163.com/dy/article/E26SR81E0521RRCK.html，2018－12－04.

（二）物流

一方面，从宏观角度看，国家发展和改革委员会的数据显示，2016 年中国社会物流总费用与 GDP 的比率为 14.9%，美国、德国、加拿大、英国、日本、韩国等国家普遍在 8%～9%，印度为 13%，巴西为 11.6%；从微观角度看，中国物流保管费用高于美国 3.4 个百分点，管理费用是发达国家的 2～3 倍。另一方面，中国货物运输仍以公路运输为主，运输单价高，过路费多，油价较高。但出口产品大多数采用铁路运输与国际集装箱运输联运的形式，运输成本较低。

（三）销售代理

中国国内的销售代理层级较多，从出厂到商场货架往往要经过区域或省级总代理、市县代理，不同层级的代理均有一定的加价。如果是中国代工生产的国外品牌，一般在区域或省级代理之上还有全国总代理。除各大代理外，商品进入最终销售环节还要经过商场抽取佣金，其抽取佣金的高低取决于品牌经营商店铺位置的好坏、品牌的知名度、同商场关系程度等，各个环节过多，最终导致消费者购买价格变高。

（四）商业租金

从销售企业的主要成本看，中国的商业租金成本较高。中国的租金成本与日本、法国、挪威、新加坡等发达国家相差不大，但明显高于其他发展中国家。相应数据如表 9－7 所示。

表 9－7　　部分经济体公寓每平方米月租金价格

经济体	采价地区	租金（美元）	采价时间
美国	纽约	58.75	2017 年 6 月
中国香港	—	47.11	2018 年 4 月
英国	伦敦	46.82	2017 年 5 月
加拿大	温哥华	33.08	2019 年 1 月

续表

经济体	采价地区	租金（美元）	采价时间
日本	东京	31.85	2017年5月
法国	巴黎	30.02	2017年8月
挪威	奥斯陆	29.64	2018年3月
新加坡	—	29.26	2016年5月
中国	上海	26.32	2018年3月
意大利	罗马	25.99	2018年8月
菲律宾	马尼拉	19.84	2016年10月
印度	孟买	19.20	2017年7月
德国	柏林	18.89	2017年6月
印度尼西亚	雅加达	16.88	2018年7月
泰国	曼谷	15.90	2015年4月

注：欧洲国家年租金根据2017年或2018年美元兑欧元平均汇率转换得到。
资料来源：Global Property Guide，https：//www.globalpropertyguide.com。

二、利润角度

对于中国生产的本国品牌商品，在国内销售时，由于租金、税费等较高，售价较高；在国外销售时，由于竞争压力较大，品牌溢价小于国内，售价偏低。对于中国代工生产的国际品牌商品，一方面，其定价权掌握在外国公司手中，同种商品在中国和其他国家采取了不同的定价策略，在中国的售价高于在其他国家的售价；另一方面，许多国际品牌商品在国外是在大卖场售卖，在中国却在专卖店出售，租金、人工费等成本明显增加，价格也相应更高。相关数据显示，部分规格品在“中国天猫网”和“京东”的售价明显高于在“美国亚马逊网”的售价，中美价格具体对照如表9-8所示。

表9-8　　国际品牌商品的中美价格对比

ICP规格品代码	ICP规格品名称	美国亚马逊网售价（元，人民币）	中国天猫网售价（元，人民币）	备注
110321103110	男士运动鞋（耐克）	962.27	927.00（京东）	耐克 LUNARGLIDE 8

续表

ICP 规格品代码	ICP 规格品名称	美国亚马逊网售价（元，人民币）	中国天猫网售价（元，人民币）	备注
110321103120	男士运动鞋（阿迪达斯或亚瑟士）	887.95	990.00	亚瑟士 GT 2000 4
1109111146110	平板电脑（三星）	1991.25	3779.00（京东）	三星 Galaxy Tab S2
110911114630	笔记本电脑（戴尔）	7402.63	8398.00	戴尔 i7 –9750H
110532108230	电热水壶（飞利浦）	177.59	269.00	飞利浦 HD2628
110532116120	松下熨斗（干烫、蒸汽）	739.90	999.00（京东）	松下 W950A
11011830120	奇巧巧克力棒	7.79	9.90	雀巢 KIT KAT Chunky Milk
11011912420	婴儿食品、水果或蔬菜泥	19.14	38.00（京东）	嘉宝 Gerber 蔬菜泥水果泥
11012110110	标准雀巢速溶咖啡	60.96	75.00	Nescafe Clasic 速溶咖啡
110121102320	立顿红茶	25.88	42.90（京东）	100 袋装（2g/袋）
1101211031110	大罐美禄可可粉	120.15	141.63（京东）	Nestle 美禄 Milo 麦芽可可粉巧克力速溶饮料
11056110110	餐具洗涤剂	64.15	72.00（京东）	Fairy 石榴 & 金银花 1.0L
11091110160	多媒体播放器	1928.14	1992.00（京东）	苹果 iPod nano7 16G 7 代
11091111480	移动硬盘	439.21	499.00（京东）	西部数据 Elements 移动硬盘
11093111610	网球	27.76	29.00	威尔逊 3 粒装
11121210110	吹风机	315.28	699.00	飞利浦 EH –NE2A –W

第八节　中国 2017 年轮 ICP 调查价格上涨较快的原因

据 2018 年《中国统计年鉴》中的数据显示，2011 ~ 2017 年，中国城镇非私营单位就业人员平均工资累计增长 77.8%，私营单位就业人员平均工资累计增长 86.4%。中国居民收入的快速增长支撑消费升级，推动消费结构向更高层次发展。基于此，2017 年 ICP 采集的中档规格品的品质显著高于 2011 年。以汽车为例，中国汽车工业协会数据显示，2017 年与 2011 年相比，中国轿车（基本型乘用车）和 SUV（运动型多功能多用途乘用车）的销量分别增长 17.0% 和 534.5%，2017 年轿车销量占乘用车总销量的比重大幅下降了 22.0 个百分点，SUV 销量占比大幅上升了 30.3 个百分点；以鞋业为例，NIKE 公司年报数据显示，2018 财年（2017 年 6 月至 2018 年 5 月），大中华区 NIKE 鞋的营业收入达到 35 亿美元，比 2012 财年累计增长 130.3%，比北美地区增幅高出 72 个百分点。

从 ICP 采价目录看，ICP 调查要求尽量采集中档品质的规格品价格。受消费升级的影响，两轮 ICP 调查的中档规格品的含义有所不同。2017 年轮 ICP 采价的中档产品比 2011 年档次更高，价格也更高。以服装和家具为例，2011 ~ 2017 年，中国纺织服装、服饰业主营业务收入累计增长 65.4%，同期服装产量累计仅增长 17.8%；家具制造业主营业务收入累计增长 81.4%，同期家具产量累计增长 14.7%，说明服装和家具销售价格整体呈较快上涨的趋势。相关数据如表 9 – 9 和表 9 – 10 所示。

表 9 – 9　　2011 年和 2017 年中国纺织服装、服饰业主营业务收入和销量

时间	主营业务收入（亿元）	销量（万件）
2011 年	13244	6103712
2017 年	21903	7189948
2011 ~ 2017 年累计涨幅	65.4%	17.8%

资料来源：Wind 数据库，国家统计局。

表 9-10　　2011 年和 2017 年中国家具制造业主营业务收入和产量

时间	主营业务收入（亿元）	产量（万件）
2011 年	4992	69896
2017 年	9056	80205
2011~2017 年累计涨幅	81.4%	14.7%

注：由于未找到2017 年12 月的家具产量数据，2017 年全年家具产量为前11 个月家具的累计产量加上前11 个月的平均产量。

资料来源：Wind 数据库，国家统计局。

第九节　结论及建议

一、结论

目前，ICP 是由世界银行牵头执行的一项全球性多边统计活动。中国作为负责任的最大的发展中国家，积极参加了 2011 年轮和 2017 年轮 ICP 调查活动。但是 ICP 测算结果能否被接受，取决于所采用的方法是否具有科学性和合理性，是否能客观地反映实际情况。本章阐述了中国参加 ICP 所面临的若干问题和我们的观点，概括如下。

第一，由于 ICP 存在方法性问题，特别是规格品对于中国的代表性不够，中国支出法 GDP 分类不完整，参考物量法对于中国住房服务的适用性较低，投入产品法不能如实反映中国建筑品的价格等方面的原因，2011 年第八轮 ICP 的测算结果势必低估了中国购买力平价，致使最终的国际比较结果偏离实际情况。因此，中国政府没有承认这轮 ICP 关于中国的测算结果是有充分的理由的。

第二，中国在 ICP 中被划入亚太区域，尤其是将中国划分在东南亚组进行价格数据评估，致使中国 2011 年居民消费价格下调，从而导致中国 2017 年 ICP 调查居民消费价格，特别是服装、家具类规格品的价格涨幅较高，与 2011~2017 年中国 CPI 调查的价格涨幅不一致。

第三，中国生产的一些商品在中国的售价事实上高于其他国家。从成本角度看，中国的税收较高，物流成本较高，销售代理层级较多，商业租金较高；从利润角度看，中国生产的产品在国内外的定价不同，对于中国生产的本国品牌商品，在国内销售时，由于租金、税费等较高，售价较高；在国外销售时，由于竞争压力较大，品牌溢价小于国内，售价偏低。

因此，中国生产的一些商品在中国的售价高于其他国家是实际情况，中国的 ICP 调查数据客观地反映了这一实际情况。

第四，在 ICP 中，测算的 PPP 值与利用 CPI 涨幅推算的 PPP 值存在系统性偏差。由于 ICP 是一项特殊的调查，受采价规格品设置的影响较大，与用来推算 PPP 值的 CPI 调查差异较大，导致 PPP 的测算值一般均高于推算值，这一现象在非欧盟 - OECD 地区普遍存在，并不是中国一家独有的现象。因此，不能因测算的 PPP 值高于推算的 PPP 值而质疑中国 ICP 调查数据。

二、对中国参加 ICP 的建议

参加 ICP 是顺应经济全球化发展、适应全球治理体系变革的客观趋势。为此，我们结合 ICP 技术咨询组第八次会议内容，基于 2021 年轮 ICP 的开展情况，提出以下建议。

第一，加强 ICP 理论方法研究，提高中国话语权。ICP 是一项仍处于探索阶段的全球性多边统计活动，其相关理论基础和技术支撑还处于不断改进的过程中。我国学术界和研究机构应重点关注 ICP 理论方法的研究进展，致力于产出高质量的 ICP 研究成果，并积极参加世界银行 ICP 理论方法与执行方案的探讨，不断提高中国在 ICP 实施与 PPP 测算中的话语权。ICP 技术咨询组指明了当前 ICP 领域的理论前沿和亟待解决的问题，一是 ICP 测算方法的改进，比如在 PPP 测算中考虑规格品的质量差异、时间序列 PPP 的编制等；二是国际比较的难点，包括建筑品、住房服务和政府公共支出的比较等；三是 ICP 的重点应用领域，包括全球贫困线的制定、空间价格指数在政策制定中的应用、CPI - ICP 的整合问题以及国内 PPP 的测算等。

第二，加强统计能力建设，夯实 ICP 工作基础。世界银行强调要将 ICP 的实施与各经济体的统计能力建设有效结合，通过 ICP 的组织和实施来提高各经济体的统计发展水平。因此，有必要在参与 ICP 全球比较的过程中，学习国际先进的统计活动管理经验，不断完善和优化我国统计调查体系、价格统计方法和 GDP 支出核算方法，提高基础统计能力，增强支出和价格等相关领域统计方法、口径范围、统计分类与国际标准的衔接，促进中国国民经济核算工作的国际化发展，为 ICP 实施奠定更好的统计基础。

第三，提升基础数据质量，推动 ICP 调查和 CPI 调查的整合。ICP 统计与 CPI 统计具有密切联系，PPP 是一种空间价格指数，而 CPI 是一种时间价格指数，二者都属于广义的价格指数范畴，二者在价格调查、编制方案、计算过程等方面具有一定的相似性。因此，中国应深入研究 ICP 和 CPI 统计之间的关系，积极探索两大统计调查体系结合的实践方案。一方面，做好 ICP 调查与 CPI 调查规格品的比对工作，利用机器学习和智能技术，进行采价目录的匹配和识别，从 CPI 调查目录中筛选出与 ICP 调查重合的规格品价格数据，逐步实现两项调查的有效整合，以减轻 ICP 额外调查负担；另一方面，对于补充的 ICP 价格调查，应在调研全国市场产品分布和特征的基础上，充分考虑地区价格差距，科学设计调查样本和调查范围。值得一提的是，根据 ICP 技术咨询组的建议，应积极探索利用网络抓取数据和扫描数据来收集 ICP 价格数据的可行性，从而扩大数据来源，有效提升基础数据质量。

第四，深化国际交流互鉴，广泛开展国际合作。ICP 最终比较结果的合理性，取决于所有参与国的数据质量、国际组织对数据审核标准的把控以及汇总测算方法设计等众多因素。作为 ICP 最为重要的参与国之一，中国应更为广泛地参与 ICP 全球与区域层面的治理活动，积极在各类多边交流平台发出中国声音、提出中国主张、给出中国方案，与国际组织和区域组织建立合作伙伴关系以及形式多样的沟通交流渠道，不断增强我国在 ICP 治理规则制定、方法体系研究、实施方案确立方面的影响力。

10 国际比较项目的应用研究：基于世界银行贫困线视角

国际比较项目（International Comparison Program，ICP）起源于对国内生产总值国际比较的经验研究。截至2023年底，ICP共完成了九轮，最近完成的是以2017年为调查基准年的第九轮ICP①。随着ICP理论方法逐步发展并不断走向成熟，国际社会越来越重视，ICP参与经济体越来越多，应用范围越来越大。

ICP结果的主要使用者为国际组织，如世界银行、国际货币基金组织（IMF）、联合国及其附属机构、OECD以及欧盟委员会等。另外，还有国家层面的用户，如政府机构、学术和研究机构，以及私营部门等。从应用领域看，ICP主要用在以下几个方面：一是测算物量意义上的GDP或实际支出，获取部分生产率指标，例如每位雇员或每小时工作的实际GDP；二是测算支出法GDP组成部分的物量值，例如居民个人消费支出、政府提供的个人和公共消费支出以及固定资本形成总额等；三是测算支出法GDP及其构成项的价格水平指数（PLI）；四是研究全球经济的规模以及各区域在全球经济中所占份额等；五是世界银行根据其测算贫困线，如国际贫困线（International Poverty Line，IPL）②、中低收入国家贫困线和中高收入国家贫困线等，以此估算全球不平等程度和贫困发生率。本章以国际贫困线的制定和更新为研究视角，对ICP的应用作深入研究。

贫困问题一直伴随着人类社会的发展而存在，减贫是一个世界性的难题。世界银行自1990年开始编制并更新国际贫困线，截至2024年4月已更新了5次，结果分别为每人每天1.01美元、1.08美元、1.25美元、1.90美元和2.15美元。2017年10月以来，世界银行除了对外公布国际

---

① 在2017年之后，ICP每3年为一轮。2017年轮ICP是以2017年为基准年，持续时间为2017~2020年。

② 国际贫困线也称为国际极端贫困线。

贫困线外，还提供了两条适合更高收入国家的补充贫困线，即每人每天3.21美元的中低收入国家贫困线和每人每天5.48美元的中高收入国家贫困线。2020年5月，世界银行对外公布了以2017年为调查基准年的ICP测算结果。根据以往惯例，世界银行在基准年轮ICP结果公布后会根据最新的结果更新国际贫困线。2022年初，世界银行以2017年购买力平价（PPP）结果为基础，运用协调贫困线法将2017年的国际贫困线从每人每天1.90美元提高到每人每天2.15美元。

在结构上，本章先对ICP在国际贫困线制定中的应用机理进行分析，再对世界银行制定贫困线（包括国际贫困线、中低收入国家贫困线和中高收入国家贫困线）的方法进行介绍；最后，介绍了国际贫困线的主要应用。

第一节　ICP在世界银行贫困线中的应用机理

一、ICP发展简介

居民消费PPP是ICP的测算结果之一。ICP是世界银行在联合国统计委员会的倡议下组织实施的一项全球最大、最复杂、参加经济体最多的国际统计合作项目，其宗旨是测算ICP各参与经济体的GDP及其支出构成的可比价格和物量。ICP通常每隔5~6年开展一次，2017年轮ICP之后，联合国统计委员会决定将ICP作为全球常规统计项目，每3年开展一次。

ICP参与经济体的数量由1970年首轮的10个，增加到2017年第九轮ICP的176个。参加ICP的经济体需要向区域组织提交居民消费价格调查数据、住房租金调查数据、机械设备和建筑品价格调查数据、政府职务报酬调查数据和住房物量数据，以及155个支出法GDP基本分类的支出数据。在经济体提交数据后，ICP各区域组织负责审核区域一级的数据并计算区域PPP提交给世界银行；世界银行负责审核各区域提交的数据，并计算全球PPP。

二、ICP结果在国际贫困线制定中的应用

ICP测算的PPP结果包括GDP层级的PPP、居民消费PPP、政府消费PPP和资本形成总额PPP等。为了统一货币单位，在国际贫困线制定中，采用的是居民消费PPP，它反映的是其他经济体的城乡居民平均需要花费

多少当地货币才能与1单位基准货币（一般为美元）具有同等购买力。从1985年轮ICP开始，世界银行在调查基准年ICP最终结果公布后，都利用该数据对国际贫困线进行更新。

ICP分区域进行，其中，亚太区ICP居民消费价格调查的地理范围是全国，包括城市和农村地区。但是，亚洲开发银行指出，关于“城市地区”和“农村地区”没有标准的国际定义，各经济体可以根据本地实际情况自行界定。

第二节　世界银行贫困线制定方法

一、国际贫困线制定方法

为了衡量发展中国家的贫困程度，世界银行“每天1美元”的国际贫困线采用了一个共同标准，即“贫穷”是参照世界最贫穷国家的贫困含义。各参照国的国家贫困线一般是依据最低食品需求计算食品支出，再加上非食品支出。在计算食品支出时，有些国家利用几种主要营养要素，有的基于热量摄入量，为统一口径，1994年开始逐渐采用世界银行推荐的马丁法。① 需要指出的是：（1）国际贫困线是在马丁法的基础上计算，但不是直接采用马丁法得到该贫困线；（2）马丁法是特定国家贫困线的计算方法。

1990～2023年，世界银行基于1985年轮、1993年轮、2005年轮、2011年轮和2017年轮ICP测算的居民消费PPP，对国际贫困线进行了五次更新（见表10－1）。其中，1990年，世界银行基于1985年轮ICP测算结果，通过观察在由世界上最贫穷的33个国家组成的国家贫困线样本后发现，有6个国家的贫困线接近于每人每天1美元，因此确定了当时的国际贫困线为每人每天1.01美元。② 1994年，世界银行在1990年测算国际贫困线时选择的33个样本中，选择国家贫困线最小的10个国家，在运用参照国居民消费PPP转换为统一货币单位表示后，采用中位数法得到当时的国际贫困线为每人每天1.08美元。2008年，基于2005年轮ICP测算结

① 马丁法是由世界银行政策研究部专家马丁·瑞沃林（Martin Ravallion）提出的一种贫困测度方法。依据该方法，贫困线包括食物支出和非食物支出两部分。根据非食物支出的内涵不同，贫困线又区分为低贫困线和高贫困线。

② 该方法因此被称为观察法。

果，世界银行在研究74个国家的国家贫困线后，选取15个最穷国家的贫困线，采用均值法计算得到每人每天1.25美元的国际贫困线。2015年，世界银行基于2011年轮ICP结果，采用与2008年相同的15个参照国，采用均值法计算得到当时的国际贫困线为每人每天1.90美元。2022年，世界银行基于2017年轮ICP结果，采用协调贫困线法，将国际贫困线更新为每人每天2.15美元。

表10－1　　世界银行历次更新国际贫困线

更新频次	更新时间（年）	ICP基准年（年）	方法	国际贫困线（美元/人·天）	选择的国家贫困线条数（条）	文献
1	1990	1985	观察法	1.01	6或8[a]	Ravallion，Datt and Van De Walle，1991
2	1994	1993	中位数	1.08	10	Chen and Ravallion，2001
3	2008	2005	均值	1.25	15	Ravallion，Chen and Sangraula，2009
4	2015	2011	均值	1.90	15[b]	Ferreira et al.，2016
5	2022	2017	协调国家贫困线法	2.15	28	Jolliffe et al.，2022

注：（1）a. 由于菲律宾和巴基斯坦的贫困线也接近于1.01美元/人·天的标准，所以有时也将其包括在参照国内；（2）b. 2015年和2008年采用的参照国相同。

资料来源：世界银行官网。

从上可见，在前四次国际贫困线更新中，世界银行采用的贫困测度方法基本一致，但在数据可靠性、及时性和全面性三个方面不断加以改进。第五次更新国际贫困线采用了新的方法。

二、国际贫困线传统测算方法

（一）传统测算方法

这里以2011年轮ICP结果公布后，世界银行在2015年调整国际贫困线为例进行介绍。

首先，更新参照国的国家贫困线到基准年（即2011年）。这里，选定的参照国与调整2005年国际贫困线选定的15个参照国相同。国家贫困线更新方法，见式（10－1）：

$$PL_i^{2011} = PL_i^{2005} \times \frac{CPI_i^{2011}}{CPI_i^{2005}} \times \frac{PPP_i^{2005}}{PPP_i^{2011}} \qquad (10-1)$$

其中，PPP_i^{2005}、PPP_i^{2011}，CPI_i^{2005}、CPI_i^{2011} 和 PL_i^{2005}、PL_i^{2011} 分别为参照国 i 在 2005 年和 2011 年的居民消费 PPP、居民消费价格指数以及经 2011 年居民消费 PPP 和 2005 年居民消费 PPP 转换后的国家贫困线。

另外，考虑到 2011 年轮 ICP 的核算框架主要是 1993 年版国民账户体系（SAN1993），而 2017 年轮 ICP 的核算框架是 2008 年版国民账户体系（SAN2008），为了增强 ICP 结果的时间可比性，世界银行在 2020 年发布 2017 年轮 ICP 结果的同时，还第一次对外发布了以 SNA2008 为基础对 2011 年轮 ICP 结果进行修订的结果，并声明以后都将以 2011 年轮 ICP 公布的初始结果修订数为基础更新全球贫困状况。如果 2011 年参照国 i 的居民消费 PPP 被修订为 $PPP_{i,r}^{2011}$，国家贫困线计算公式将变为：

$$PL_{i,r}^{2011} = PL_i^{2005} \times \frac{CPI_i^{2011}}{CPI_i^{2005}} \times \frac{PPP_i^{2005}}{PPP_{i,r}^{2011}} \qquad (10-2)$$

其次，计算国际贫困线。当参照国 i 在 2011 年的居民消费 PPP 初始结果为 PPP_i^{2011}、修订结果为 $PPP_{i,r}^{2011}$ 时，2011 年的国际贫困线分别为 IPL^{2011} 和 IPL_r^{2011}，见式（10－3）、式（10－4）：

$$\begin{cases} IPL^{2011} = \frac{1}{15} \times \sum_{i=1}^{15} PL_i^{2011} & (10-3) \\ IPL_r^{2011} = \frac{1}{15} \times \sum_{i=1}^{15} PL_{i,r}^{2011} & (10-4) \end{cases}$$

其中，IPL^{2011} 和 IPL_r^{2011} 分别为 2011 年的国际贫困线和修订后的国际贫困线。

（二）传统方法的局限性

一是参照国的数量较少，代表性不足。在国际贫困线的制定中，从最初选择 6 个（或 8 个）国家作为参照国，到最近两次稳定在 15 个国家，这与低收入国家的数量相比，不具有代表性。二是从贫困人口占比看也不具有普遍代表性。三是对国家贫困线进行长期推算，容易带来较大的偏差效益。从式（10－1）可见，计算 ICP 基准年（这里为 2017 年）的国际贫困线时，需要利用参照国的通胀指数将国家贫困线外推到基准年。四是参照国制定国家贫困线的方法不同，汇总计算结果缺乏可比性。在这些参照国中，有的是基于成年人的最低生活需求定义，有的是基于平均每人的最低生活需求定义。五是国际贫困线采用平均值法，容易受极端值的影响。

三、新国际贫困线测算方法和结果

（一）协调国家贫困线法

为了克服国际贫困线传统测算方法存在的一些弊端，乔利夫和普吕茨（Jolliffe and Prydz，2016）尝试采用协调国家贫困线法（Harmonized Poverty Line Approach）计算国际贫困线。其主要思路是，增加国家贫困线的样本量，并采用世界银行 WDI 数据库中各国的贫困发生率和贫困数据库（PovcalNet）中的消费或收入数据，计算参照国的隐性国家贫困线（Implicit National Poverty Line）；最后，采用中位数法计算国际贫困线。采用同样的思想，乔利夫等（Jolliffe et al.，2022）利用 2017 年轮 ICP 结果，将国际贫困线从每人每天 1.90 美元调整到 2.15 美元，中低收入组国家贫困线和中高收入组国家贫困线分别更新为每人每天 3.63 美元和 6.85 美元。

（二）新方法的优势

一是将低收入组的 28 个国家全部考虑在内，样本量比传统测算方法大幅增加；二是采用中位数法避免了样本中的奇异值或极端值对结果的影响；三是各国收入（或消费）数据一般选择的是 2017 基准年的或最接近 2017 年的，减少了长期推算带来的偏差效应。

第三节　国际贫困线的应用

国际贫困线主要在世界银行、联合国、双边捐助国或机构部门、学术界以及一些非政府组织（NGO）中应用。具体来看：（1）世界银行衡量并监测全球（极端）贫困状况（贫困分布、严重程度等），比较不同国家的贫困程度，以及确定发展计划的优先次序，并跟踪这些计划的进展情况；（2）双边捐助国或机构部门、学术界和 NGO 使用世界银行的贫困估计数。需要注意的是，世界银行尚未将国际贫困线测度的贫困估计数用于资源分配。

还有一些国际组织也使用这个贫困线进行贫困监测，比如联合国国际儿童基金会在监测全球各国母婴和儿童的生存、发展状况时，使用国际贫困线监测贫困儿童的数量。联合国可持续发展目标（SDG）中对贫困的监测也使用国际贫困线。

联合国可持续发展目标用于指导 2015 ~ 2030 年的全球发展工作，共含17个目标，包括应对不平等、经济增长、体面工作、城市和人类住区、工业化、海洋、生态系统、能源、气候变化、可持续消费和生产、和平与正义等方面的宏伟目标。联合国基于国际贫困线对其中部分目标的实施进展进行了监测，包括：在世界各地消除一切形式的贫穷（目标1）；确保健康的生活方式、促进各年龄段所有人的福祉（目标3）；确保人人获得负担得起、可靠和可持续的现代能源（目标7）；体面工作和经济增长（目标8）；建设有复原力的基础设施、促进具有包容性的可持续产业化，并推动创新（目标9）；减少国家内部和国家之间的不平等（目标10）。

附录 A

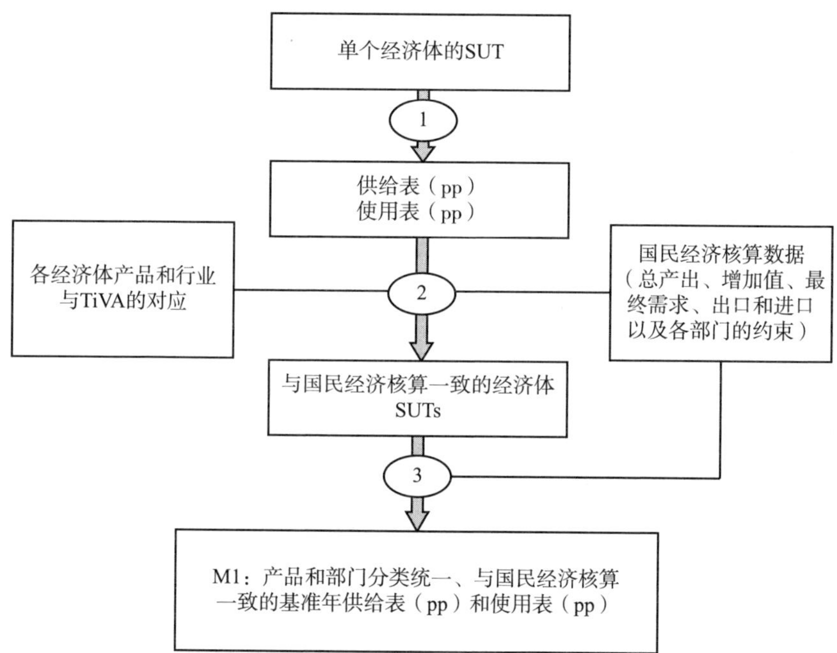

图 1　单一经济体供给使用表调整

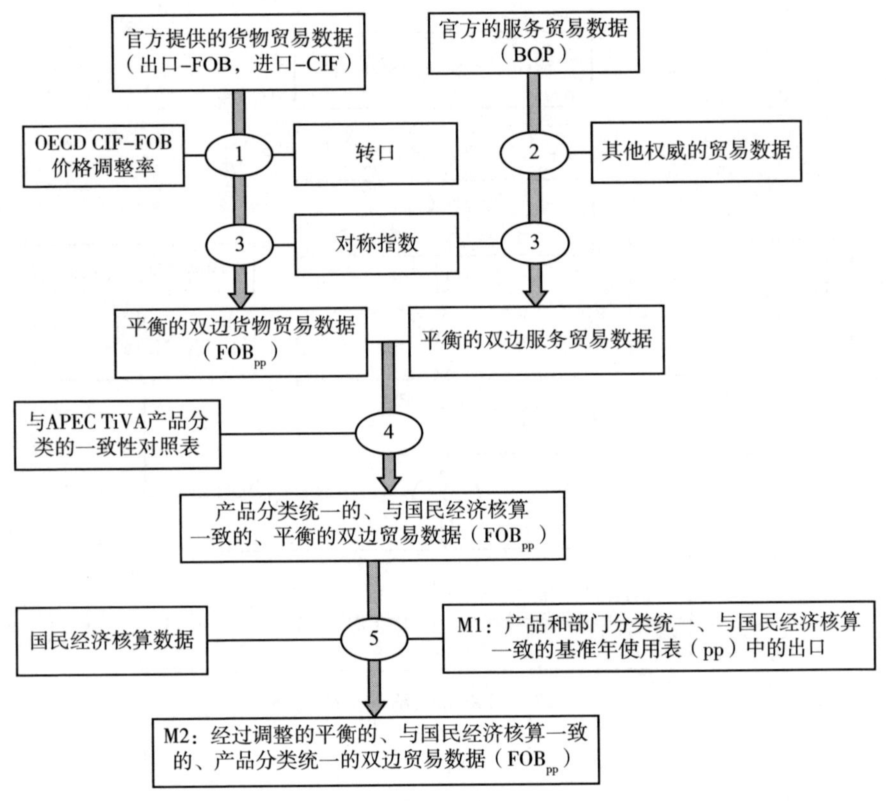

图 2　贸易数据的平衡调整

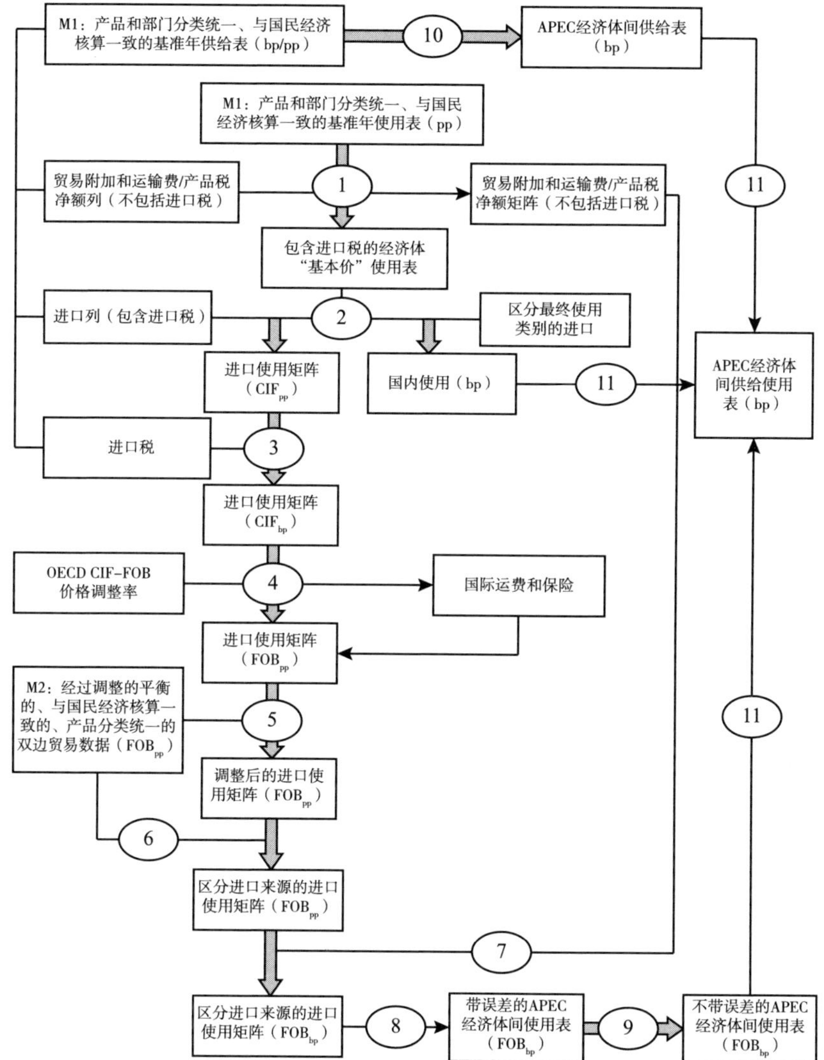

图 3　APEC 供给使用表的连接及平衡

附录 B

表 1　　亚太经合组织经济体可用的供给使用表/投入产出表

亚太经合组织经济体	2005 年				2012 年			
	供给表	使用表（pp）	使用表（bp）	进口矩阵（CIF）	供给表	使用表（pp）	使用表（bp）	进口矩阵（CIF）
澳大利亚	*	*	*	*	*	*	*	*
文莱	√	√	√	√	√	√	√	√
加拿大	*	*	*	*	*	*	*	*
智利	√	√	√	√	√	√	√	√
中国	*	*	*	*	*	*	*	*
中国台北	*	*	*	*	*	*	*	*
印度尼西亚（1）	*	*	*	*	*	*	*	*
中国香港	*	*	*	*	*	*	*	*
日本（2）	√	√	√	√	*	*	√	√
韩国	√	√	√	√	*	*	*	*
马来西亚	*	*	*	*	*	*	*	*
墨西哥	√	√	√	√	*	*	*	*
新西兰（3）	√	√	√	√	*	√	*	√
巴布亚新几内亚（IOT）	√				√			
秘鲁	√	√	√	√	√	√	√	√
菲律宾（4）	√	√	√	√	√	√	√	√
俄罗斯	*	*	*	*	*	*	*	*

续表

亚太经合组织经济体	2005 年				2012 年			
	供给表	使用表（pp）	使用表（bp）	进口矩阵（CIF）	供给表	使用表（pp）	使用表（bp）	进口矩阵（CIF）
新加坡	*		*	*	*		*	*
泰国	√	√	√	√	*	*	√	√
美国	*	*	*	*	*	*	*	*
越南	√	√	√	√	*	*	*	*

注：√：数据由 CTTF 估计。*：数据由经济体提交。（1）印度尼西亚的供给使用表由印度尼西亚的 BPS 和 CTTF 共同编制。（2）日本 2012 年仅提交了生产者价格供给表，按“购买者”价格提交了使用表，而工业的产出和增加值均为生产者价格。（3）新西兰 2013 年提交了以 NA06CC 标准为基本价格的供给使用表。CTTF 将数据转换为 APEC 的产品和产业分类，并估计了购买者价格的使用表。（4）由于缺乏必要的信息，菲律宾 2012 年供给使用表按生产者价格计算。

表 2　　　　亚太经合组织成员提交的全球服务贸易数据汇总

亚太经合组织经济体	EBOPS 分类			
	2005 年		2012 年	
	出口	进口	出口	进口
澳大利亚	71	68	71	69
文莱	18	20	15	20
加拿大	26	26	26	26
智利	15	15	15	15
中国	38	39	46	46
中国香港	38	40	38	40
印度尼西亚	13	12	13	12
日本	22	22	25	25
韩国	n. a.	n. a.	46	46
马来西亚	n. a.	n. a.	24	24
墨西哥	n. a.	n. a.	21	23
新西兰	n. a.	n. a.	11	11

续表

<table>
<tr><td rowspan="3">亚太经合组织经济体</td><td colspan="4">EBOPS 分类</td></tr>
<tr><td colspan="2">2005 年</td><td colspan="2">2012 年</td></tr>
<tr><td>出口</td><td>进口</td><td>出口</td><td>进口</td></tr>
<tr><td>秘鲁</td><td>17</td><td>17</td><td>21</td><td>23</td></tr>
<tr><td>菲律宾</td><td>24</td><td>24</td><td>25</td><td>25</td></tr>
<tr><td>巴布亚新几内亚</td><td>n. a.</td><td>n. a.</td><td>n. a.</td><td>n. a.</td></tr>
<tr><td>俄罗斯</td><td>14</td><td>14</td><td>40</td><td>41</td></tr>
<tr><td>新加坡</td><td>23</td><td>23</td><td>23</td><td>23</td></tr>
<tr><td>中国台北</td><td>16</td><td>17</td><td>16</td><td>17</td></tr>
<tr><td>泰国</td><td>12</td><td>11</td><td>12</td><td>11</td></tr>
<tr><td>美国</td><td>29</td><td>29</td><td>38</td><td>46</td></tr>
<tr><td>越南</td><td>n. a.</td><td>n. a.</td><td>21</td><td>23</td></tr>
</table>

资料来源：根据亚太经合组织成员提交的服务贸易数据整理。

表 3　　亚太经合组织成员提交的双边服务贸易数据汇总

<table>
<tr><td rowspan="2">亚太经合组织经济体</td><td colspan="2">2005 年</td><td colspan="2">2012 年</td></tr>
<tr><td>贸易伙伴</td><td>部门</td><td>贸易伙伴</td><td>部门</td></tr>
<tr><td>澳大利亚</td><td>22（20 APEC）</td><td>13</td><td>22（20 APEC）</td><td>13</td></tr>
<tr><td>加拿大</td><td>17（17 APEC）</td><td>15</td><td>17（17 APEC）</td><td>15</td></tr>
<tr><td>中国</td><td>23（20 APEC）</td><td>39</td><td>23（20 APEC）</td><td>46</td></tr>
<tr><td>中国香港</td><td>22（20 APEC）</td><td>9</td><td>22（20 APEC）</td><td>9</td></tr>
<tr><td>日本</td><td>16（16 APEC）</td><td>12（EBOPS2002）</td><td>16（16 APEC）</td><td>13（EBOPS2010）</td></tr>
<tr><td>马来西亚</td><td>n. a.</td><td>n. a.</td><td>23（20 APEC）</td><td>16</td></tr>
<tr><td>墨西哥</td><td>n. a.</td><td>n. a.</td><td>2（2 APEC）</td><td>1</td></tr>
<tr><td>新西兰</td><td>n. a.</td><td>n. a.</td><td>13（20 APEC）</td><td>11</td></tr>
<tr><td>新加坡</td><td>15（7 APEC）</td><td>12</td><td>15（7 APEC）</td><td>12</td></tr>
<tr><td>美国</td><td>21（19 APEC）</td><td>17</td><td>21（19 APEC）</td><td>28</td></tr>
</table>

资料来源：根据亚太经合组织成员提交的服务贸易数据整理。

表 4　带误差的 APEC 供给使用表

		经济体 A	经济体 B	经济体 C	经济体 A	经济体 B	经济体 C	经济体 A	经济体 B	经济体 C	出口至 RoW	合计
		供给	供给	供给	中间使用	中间使用	中间使用	最终使用	最终使用	最终使用		
		产品	产品	产品	产业	产业	产业	产业	产业	产业		
经济体 A	产品				经济体 A 对自身的中间使用	自经济体 A 进口的中间使用	自经济体 A 进口的中间使用	经济体 A 对自身的最终使用	自经济体 A 进口的最终使用	自经济体 A 进口的最终使用	A 出口至 RoW	A 的总使用
经济体 B	产品				自经济体 B 进口的中间使用	经济体 B 对自身的中间使用	自经济体 B 进口的中间使用	自经济体 B 进口的最终使用	经济体 B 对自身的最终使用	自经济体 B 进口的最终使用	B 出口至 RoW	B 的总使用
经济体 C	产品				自经济体 C 进口的中间使用	自经济体 C 进口的中间使用	经济体 C 对自身的中间使用	自经济体 C 进口的最终使用	自经济体 C 进口的最终使用	经济体 C 对自身的最终使用	C 出口至 RoW	C 的总使用
RoW					自 RoW 进口的中间使用	自 RoW 进口的中间使用	自 RoW 进口的中间使用	自 RoW 进口的最终使用	自 RoW 进口的最终使用	自 RoW 进口的最终使用		
经济体 A	产业	供给										
经济体 B	产业		产业									
经济体 C	产业			产业								
进口		进口	进口	进口								
总供给		总供给	总供给	总供给								
常住居民的境外直接购买												
非常住居民的国内购买												
产品税净额												
国际运输与保险												
增加值（基本价）					增加值	增加值	增加值					
行业总产出					A 的总产出	B 的总产出	C 的总产出					

表5　　2012年投入产出表139部门分类描述

序号	部门名称	序号	部门名称
01	农产品	32	皮革、毛皮、羽毛及其制品
02	林产品	33	鞋
03	畜牧产品	34	木材加工品和木、竹、藤、棕、草制品
04	渔产品	35	家具
05	农、林、牧、渔服务	36	造纸和纸制品
06	煤炭采选产品	37	印刷品和记录媒介复制品
07	石油和天然气开采产品	38	文教、工美、体育和娱乐用品
08	黑色金属矿采选产品	39	精炼石油和核燃料加工品
09	有色金属矿采选产品	40	炼焦产品
10	非金属矿采选产品	41	基础化学原料
11	开采辅助服务和其他采矿产品	42	肥料
12	谷物磨制品	43	农药
13	饲料加工品	44	涂料、油墨、颜料及类似产品
14	植物油加工品	45	合成材料
15	糖及糖制品	46	专用化学产品和炸药、火工、焰火产品
16	屠宰及肉类加工品	47	日用化学产品
17	水产加工品	48	医药制品
18	蔬菜、水果、坚果和其他农副食品加工品	49	化学纤维制品
19	方便食品	50	橡胶制品
20	乳制品	51	塑料制品
21	调味品、发酵制品	52	水泥、石灰和石膏
22	其他食品	53	石膏、水泥制品及类似制品
23	酒精和酒	54	砖瓦、石材等建筑材料
24	饮料和精制茶加工品	55	玻璃和玻璃制品
25	烟草制品	56	陶瓷制品
26	棉、化纤纺织及印染精加工品	57	耐火材料制品
27	毛纺织及染整精加工品	58	石墨及其他非金属矿物制品
28	麻、丝绢纺织及加工品	59	钢、铁及其铸件
29	针织或钩针编织及其制品	60	钢压延产品
30	纺织制成品	61	铁合金产品
31	纺织服装服饰	62	有色金属及其合金和铸件

续表

序号	部门名称	序号	部门名称
63	有色金属压延加工品	94	废弃资源和废旧材料回收加工品
64	金属制品	95	金属制品、机械和设备修理服务
65	锅炉及原动设备	96	电力、热力生产和供应
66	金属加工机械	97	燃气生产和供应
67	物料搬运设备	98	水的生产和供应
68	泵、阀门、压缩机及类似机械	99	房屋建筑
69	文化、办公用机械	100	土木工程建筑
70	其他通用设备	101	建筑安装
71	采矿、冶金、建筑专用设备	102	建筑装饰和其他建筑服务
72	化工、木材、非金属加工专用设备	103	批发和零售
73	农、林、牧、渔专用机械	104	铁路运输
74	其他专用设备	105	道路运输
75	汽车整车	106	水上运输
76	汽车零部件及配件	107	航空运输
77	铁路运输和城市轨道交通设备	108	管道运输
78	船舶及相关装置	109	装卸搬运和运输代理
79	其他交通运输设备	110	仓储
80	电机	111	邮政
81	输配电及控制设备	112	住宿
82	电线、电缆、光缆及电工器材	113	餐饮
83	电池	114	电信和其他信息传输服务
84	家用器具	115	软件和信息技术服务
85	其他电气机械和器材	116	货币金融和其他金融服务
86	计算机	117	资本市场服务
87	通信设备	118	保险
88	广播电视设备和雷达及配套设备	119	房地产
89	视听设备	120	租赁
90	电子元器件	121	商务服务
91	其他电子设备	122	研究和试验发展
92	仪器仪表	123	专业技术服务
93	其他制造产品	124	科技推广和应用服务

续表

序号	部门名称	序号	部门名称
125	水利管理	133	新闻和出版
126	生态保护和环境治理	134	广播、电视、电影和影视录音制作
127	公共设施管理	135	文化艺术
128	居民服务	136	体育
129	其他服务	137	娱乐
130	教育	138	社会保障
131	卫生	139	公共管理和社会组织
132	社会工作		

表 6　　合并前后的产业部门对照

国家统计局供给使用表中 62 产业部门分类	区分企业异质性供给使用表中 52 产业部门分类
农业	农、林、牧、渔业
林业	
畜牧业	
渔业	
农、林、牧、渔服务业	
煤炭开采和洗选业	煤炭开采和洗选业
石油和天然气开采业	石油和天然气开采业
金属矿采选业	金属矿采选业
其他采选业	其他采选业
食品加工制造业	食品加工制造业
饮料和烟草制造业	饮料和烟草制造业
纺织业	纺织业
纺织服装、服饰业	纺织服装、服饰业
皮革、毛皮、羽毛及其制品和制鞋业	皮革、毛皮、羽毛及其制品和制鞋业
木材加工和木、竹、藤、棕、草制品	木材加工和木、竹、藤、棕、草制品
家具制造业	家具制造业

续表

国家统计局供给使用表中 62产业部门分类	区分企业异质性供给使用表中 52产业部门分类
造纸和纸制品业	造纸和纸制品业
印刷和记录媒介复制业	印刷和记录媒介复制业
文教、工美、体育和娱乐用品制造业	文教、工美、体育和娱乐用品制造业
石油加工、炼焦和核燃料加工业	石油加工、炼焦和核燃料加工业
化学原料和化学制品制造业	化学原料和化学制品制造业
医药制造业	医药制造业
化学纤维制造业	化学纤维制造业
橡胶和塑料制品业	橡胶和塑料制品业
非金属矿物制品业	非金属矿物制品业
黑色金属冶炼和压延加工业	黑色金属冶炼和压延加工业
有色金属冶炼和压延加工业	有色金属冶炼和压延加工业
金属制品业	金属制品业
通用设备制造业	通用设备制造业
专用设备制造业	专用设备制造业
汽车制造业	汽车制造业
铁路、船舶、航空航天和其他运输设备制造业	铁路、船舶、航空航天和其他运输设备制造业
电气机械和器材制造业	电气机械和器材制造业
计算机、通信和其他电子设备制造业	计算机、通信和其他电子设备制造业
仪器仪表制造业	仪器仪表制造业
其他制造业和废弃资源利用业	其他制造业和废弃资源利用业
金属制品、机械和设备修理业	金属制品、机械和设备修理业
电力、热力生产和供应业	电力、热力生产和供应业
燃气、水的生产和供应业	燃气、水的生产和供应业
房屋建筑业	建筑业
土木工程建筑业	
其他建筑业	

续表

国家统计局供给使用表中 62 产业部门分类	区分企业异质性供给使用表中 52 产业部门分类
批发零售业	批发零售业
陆路运输和管道运输	交通运输、仓储和邮政业
水上运输业	
航空运输业	
装卸搬运和运输代理业、仓储邮政业	
住宿业	住宿业
餐饮业	餐饮业
电信和其他信息传输服务业	信息传输、软件和信息技术服务业
软件和信息技术服务业	
金融业（除保险外）	金融业（除保险外）
保险业	保险业
房地产业	房地产业
租赁和商务服务业	租赁和商务服务业
科学研究和技术服务业	科学研究和技术服务业
水利环境和公共设施管理业	水利环境和公共设施管理业
居民服务、修理和其他服务业	居民服务、修理和其他服务业
教育	教育
卫生和社会工作	卫生和社会工作
文化体育和娱乐业	文化体育和娱乐业
政府服务、社会保障和其他服务业	政府服务、社会保障和其他服务业

表 7　　合并前后的产品部门对照

国家统计局供给使用表中 96 产品部门分类	区分企业异质性供给使用表中 84 产品部门分类
农产品	农、林、牧、渔产品及服务
林产品	
畜牧产品	
渔产品	
农、林、牧、渔服务	

续表

国家统计局供给使用表中 96 产品部门分类	区分企业异质性供给使用表中 84 产品部门分类
煤炭采选产品	煤炭采选产品
石油和天然气开采产品	石油和天然气开采产品
黑色金属矿采选产品	黑色金属矿采选产品
有色金属矿采选产品	有色金属矿采选产品
非金属矿采选产品	非金属矿采选产品
开采辅助服务和其他采矿产品	开采辅助服务和其他采矿产品
谷物磨制品	谷物磨制品
饲料加工品	饲料加工品
植物油加工品	植物油加工品
糖及糖制品	糖及糖制品
屠宰及肉类加工品	屠宰及肉类加工品
水产加工品	水产加工品
其他加工食品	其他加工食品
其他制造食品	其他制造食品
酒精和酒	酒精和酒
饮料和精制茶加工品	饮料和精制茶加工品
烟草制品	烟草制品
纺织品	纺织品
针织或钩针编织及其制品	针织或钩针编织及其制品
纺织制成品	纺织制成品
纺织服装服饰	纺织服装服饰
皮革、毛皮、羽毛及其制品	皮革、毛皮、羽毛及其制品
鞋	鞋
木材加工品和木、竹、藤、棕、草制品	木材加工品和木、竹、藤、棕、草制品
家具	家具
造纸和纸制品	造纸和纸制品
印刷品和记录媒介复制品	印刷品和记录媒介复制品
文教、工美、体育和娱乐用品	文教、工美、体育和娱乐用品
精炼石油和核燃料加工品	精炼石油和核燃料加工品
炼焦产品	炼焦产品

续表

国家统计局供给使用表中 96 产品部门分类	区分企业异质性供给使用表中 84 产品部门分类
基础化学原料	基础化学原料
化肥和农药	化肥和农药
涂料、油墨、颜料及类似产品	涂料、油墨、颜料及类似产品
合成材料	合成材料
专用化学产品和炸药、火工、焰火产品	专用化学产品和炸药、火工、焰火产品
日用化学产品	日用化学产品
医药制品	医药制品
化学纤维制品	化学纤维制品
橡胶制品	橡胶制品
塑料制品	塑料制品
石膏、石灰、水泥及制品	石膏、石灰、水泥及制品
砖瓦、石材等建筑材料	砖瓦、石材等建筑材料
玻璃和玻璃制品	玻璃和玻璃制品
陶瓷制品	陶瓷制品
其他非金属矿物制品	其他非金属矿物制品
黑色金属冶炼和压延制品	黑色金属冶炼和压延制品
有色金属冶炼和压延制品	有色金属冶炼和压延制品
金属制品	金属制品
通用设备	通用设备
专用设备	专用设备
汽车整车	汽车整车
汽车零部件及配件	汽车零部件及配件
铁路运输和城市轨道交通设备	铁路运输和城市轨道交通设备
船舶及相关装置	船舶及相关装置
其他交通运输设备	其他交通运输设备
电气机械和器材	电气机械和器材
计算机	计算机
通信设备	通信设备
其他电子设备	其他电子设备
仪器仪表	仪器仪表

续表

国家统计局供给使用表中 96 产品部门分类	区分企业异质性供给使用表中 84 产品部门分类
其他制造产品	其他制造产品
废弃资源和废旧材料回收加工品	废弃资源和废旧材料回收加工品
金属制品、机械和设备修理服务	金属制品、机械和设备修理服务
电力、热力	电力、热力
燃气、水	燃气、水
房屋建筑	建筑
土木工程建筑	
其他建筑	
批发和零售	批发和零售
铁路运输	交通运输、仓储和邮政
道路运输	
水上运输	
航空运输	
管道运输	
装卸搬运和运输代理业、仓储和邮政	
住宿	住宿
餐饮	餐饮
电信和其他信息传输服务	信息传输、软件和信息技术服务
软件和信息技术服务	
金融服务（除保险外）	金融服务（除保险外）
保险服务	保险服务
房地产服务	房地产服务
租赁	租赁
商务服务业	商务服务业
科学研究和技术服务业	科学研究和技术服务业
水利环境和公共设施管理业	水利环境和公共设施管理业
居民服务、修理和其他服务业	居民服务、修理和其他服务业
教育	教育
卫生和社会工作	卫生和社会工作
文化体育和娱乐业	文化体育和娱乐业
政府服务、社会保障和其他服务业	政府服务、社会保障和其他服务业

表 8 对外金融资产和负债矩阵表（2015 年末）

单位：百万美元

债务人＼债权人		加拿大	中国	法国	德国	意大利	日本	韩国	荷兰	瑞士	英国	美国	其他	合计	总负债
加拿大	DI		14871	5705	9749	1155	15896	2329	64350	8857	24759	280124	127456	555251	2248494
	PI		3710	18658	38808	3676	55612	3294	18489	34680	37483	703300	306610	1224319	
	OI		7344	15997	21310	1113	40284	1201	7142	6821	62594	200252	104866	468924	
中国	DI	11313		23292	66637	7430	151926	61239	31459	12142	18912	78490	2116724	2579564	4112103
	PI	19396		10317	5265	418	16630	13955	11795	5417	47982	113816	531419	776410	
	OI	7940		24770	16151	1417	42414	36750	5903	2399	46210	27144	545030	756128	
法国	DI	3391	2022		63414	15126	15802	1077	80190	76958	71696	71504	258927	660107	5089380
	PI	35265	4906		359091	141637	222314	10593	187006	82509	302137	469625	1101542	2916625	
	OI	3822	16836		215499	71201	169062	1271	89746	57994	411095	65079	411044	1512648	
德国	DI	1737	1963	45145		36931	20946	4961	151506	52333	68035	78123	325261	786941	4843074
	PI	29426	4999	231018		74816	128649	5155	225401	82766	288405	378630	1351439	2800704	
	OI	5000	12640	125375		62699	97428	3151	80112	47328	339249	40904	441543	1255429	
意大利	DI	334	107	59058	23765		3009	399	68319	17731	39444	7565	117352	337083	2222769
	PI	6990	1164	263595	183564		53713	1159	45932	9945	131576	106171	492602	1296410	
	OI	43	5323	175795	86722		28467	523	18055	7096	99594	5865	161793	589276	

续表

债务人＼债权人		加拿大	中国	法国	德国	意大利	日本	韩国	荷兰	瑞士	英国	美国	其他	合计	总负债
日本	DI	1160	655	24865	2332	930		3190	24719	8966	13173	51573	39136	170698	3198738
	PI	53301	10691	109160	27305	5147		11665	41081	26431	213004	806703	547488	1851976	
	OI	14051	22837	149348	16330	404		5204	8257	6456	269298	422609	261270	1176064	
韩国	DI	1500	4669	5315	6921	198	44767		15428	3492	13112	33034	41222	169659	779822
	PI	13865	3251	7350	8296	776	25196		10491	10864	37311	171011	139123	427533	
	OI	1152	16642	10239	4679	41	33124			2248	18086	16300	80118	182630	
荷兰	DI	8406	22460	131413	170863	88976	50684	2628		256832	364574	790385	2052194	3939415	6781904
	PI	16909	2647	259375	228784	47253	118160	4055		70714	177752	412984	552358	1890991	
	OI	7273	715	90316	159147	10669	64820	968		22448	262518	52537	280087	951498	
瑞士	DI	－311		40662	25506	4374	5765		183523		38968	93969	470168	862624	2372187
	PI	25486	4105	27053	47986	9867	28919	4320	23601		85498	431068	212425	900329	
	OI	1647	1842	63374	71436	6502	23278	693	27250		193611	89858	129744	609234	
英国	DI	34399	2707	109080	82782	9520	67729	3614	231565	61917		432987	518003	1554303	8506544
	PI	77623	12452	239845	198978	67767	171104	16509	114334	78949		1244554	1127021	3349136	
	OI	59926	78695	378839	315623	105663	250242	6262	317489	212744		616721	1260900	3603105	

续表

债务人＼债权人		加拿大	中国	法国	德国	意大利	日本	韩国	荷兰	瑞士	英国	美国	其他	合计	总负债
美国	DI	268972	14838	233844	255471	28648	411201	40130	282525	257859	483841		856870	3134199	18110486
	PI	748521	111144	245894	320482	84124	1369423	98555	425217	272133	968186		5592269	10235949	
	OI	243761	97705	210069	147804	32215	1063809	25480	111646	92177	1096336		1619336	4740338	
其他	DI	307177	452526	381372	423679	113543	374340	51445	1729564	357083	1089794	2140655		13655761	43495286
	PI	188558	121761	1117772	1487060	774606	1321971	66612	606882	558235	1489395	4609854		18555375	
	OI	163501	331438	835270	1025552	158828	1359163	126130	420347	388118	1742774	1119257		11284150	
合计	DI	638078	516818	1059751	1131120	306831	1162065	171011	2863149	1114170	2226308	4058409	13157895	28405605	101760786
	PI	1215340	280830	2530037	2905617	1210087	3511692	235872	1710229	1232641	3778730	9447716	18166966	46225757	
	OI	508116	592018	2079392	2080253	450752	3172092	207633	1085947	845828	4541365	2656526	8909502	27129424	
总资产		2361534	1389666	5669180	6116990	1967670	7845849	614516	5659325	3192639	10546403	16162651	40234363	101760786	
净资产		113040	-2722437	579800	1273916	-255098	4647111	-165306	-1122579	820451	2039859	-1947835	-3260923		
储备资产		79753	3406112	138154	173684	130770	1232756	367944	38258	606109	129536	383601			
货币黄金		58	60191	82963	115176	83736	26116	4795	20917	35749	10594	277189			
特别提款权		7899	10284	13059	16532	8307	18048	3239	6535	4716	13438	49688			
在 IMF 储备头寸		2719	4547	4113	5587	3014	9471	1397	1970	1611	4197	17609			
其他储备		69077	3331089	38021	36388	35713	1179122	358514	8837	560632	101509	39115			
调整项目		157632	912778	-1132281	165850	-306363	-3064466	-7376	1532162	-813029	-2568368	-5616403			
净头寸		350425	1596453	-414327	1613450	-430691	2815402	195262	447841	613531	-398972	-7180637			

注：数据来源见表 5-6。

参考文献

[1] 陈杰 .2008SNA 与投入产出核算 [J]. 中国统计，2009 (12)：4－5.

[2] 陈全润 . 广义平均传播长度指标及在全球生产链分析中的应用 [J]. 管理评论，2018 (30)：75－83.

[3] 陈全润，贾怀勤 . 中美属权贸易差额估算 [J]. 统计研究，2023，40 (1)：4－17.

[4] Dollar D，Reis J G，王直 . 全球价值链发展报告 (2017)——全球价值链对经济发展的影响：测度与分析 [M]. 北京：社会科学文献出版社，2018.

[5] 国际货币基金组织 . 国际收支和国际投资头寸手册 (第六版) [S]. 2009.

[6] 国际货币基金组织 . 世界经济展望 [M]. 北京：中国金融出版社，1999.

[7] 国家统计局国民经济核算司 . 中国 2017 年投入产出表编制方法 [M]. 北京：中国统计出版社，2021 (4).

[8] 国家外汇管理局国际收支分析小组 . 正确解读中国国际投资头寸表 [N]. 金融时报，2011－12－05 (3).

[9] 胡雪梅 . 基于世界银行贫困线视角下的国际比较项目的应用研究 [J]. 中国统计，2022 (12)：46－49.

[10] 胡雪梅 . 贫困购买力平价测度方法研究综述 [J]. 统计与决策，2016 (21)：80－82.

[11] 康学真，康成文 . 中国国际收支失衡及其影响研究 [J]. 商业经济研究，2017 (19).

[12] 李鑫茹，陈锡康，段玉婉，等 . 国民收入视角下的中美贸易平衡分析 [J]. 世界经济，2018 (6)：3－27.

[13] 李扬 . 中国经济对外开放过程中的资金流动 [J]. 经济研究，

1998 (2): 14 - 24.

[14] Lawrence J Lau，陈锡康，杨翠红，等. 非竞争型投入占用产出模型及其应用——中美贸易顺差透视 [J]. 中国社会科学，2007 (5): 91 - 103.

[15] 联合国，等. 国民账户体系 2008 [M]. 北京：中国统计出版社，2012.

[16] 联合国，欧盟委员会，经济合作与发展组织，国际货币基金组织，世界银行. 2008 国民账户体系 [M]. 北京：中国统计出版社，2012.

[17] 刘立达. 中国国际资本流入的影响因素分析 [J]. 金融研究，2007 (3): 62 - 70.

[18] 刘遵义，陈锡康，杨翠红，等. 非竞争型投入占用产出模型及其应用——中美贸易顺差透视 [J]. 中国社会科学，2007 (5): 91 - 103.

[19] 倪红福. 中国出口技术含量动态变迁及国际比较 [J]. 经济研究，2017 (1): 44 - 57.

[20] 曲凤杰. 我国利用国际证券投资三十年回顾与展望 [J]. 经济研究参考，2008 (60).

[21] 任惠. 中国资本外逃的规模测算和对策分析 [J]. 经济研究，2001 (11): 69 - 75.

[22] 宋文兵. 中国的资本外逃问题研究：1987 ~ 1997 [J]. 经济研究，1999 (5): 41 - 50.

[23] "SNA 的修订与中国国民经济核算体系改革" 课题组. SNA 关于供给使用核算的修订与中国投入产出核算方法的改革研究 [J]. 统计研究，2013，30 (11): 7 - 10.

[24] 汪洋. 1994 年以来中国的资本流动研究 [J]. 国际金融研究，2004 (6): 67 - 73.

[25] 汪洋. 中国的资本流动：1982 ~ 2002 [J]. 管理世界，2004 (7): 43 - 52，155.

[26] 王萍萍，徐鑫，郝彦宏. 中国农村贫困标准问题研究 [J]. 调研世界，2015 (8): 3 - 8.

[27] 王直，魏尚进，祝坤福. 总贸易核算法：官方贸易统计与全球价值链的度量 [J]. 中国社会科学，2015 (9): 108 - 127.

[28] 夏明，张红霞. 增加值贸易核算：概念与方法辨析 [J]. 统计研究，2015 (32): 28 - 35.

[29] 谢亚轩. 国际资本流动的新趋势 [J]. 中国外汇，2017

(19)：19 -21.

［30］徐国祥，张正．我国对外直接投资如何影响出口增加值——基于我国 - 东道国（地区）产业结构差异的视角［J］. 统计研究，2020 (37)：39 -51.

［31］徐映梅，张提．基于国际比较的中国消费视角贫困标准构建研究［J］. 中南财经政法大学学报，2016，214（1）：13 -21，30.

［32］杨柳勇．中国国际收支的超前结构：特征、形成原因、变动趋势和调整方向［J］. 世界经济，2002（11）：11 -18，80.

［33］杨彦欣．贫困的测度：不同标准与不同指标［J］. 中国统计，2018，441（9）：38 -40.

［34］益言．新兴市场经济体资本流动：近期趋势、驱动因素及展望［J］. 中国货币市场，2017：76.

［35］余芳东．国际贫困线和全球贫困现状［J］. 调研世界，2016 (5)：62 -64.

［36］张明．失衡与出路：全球国际收支失衡与国际货币体系改革［M］. 北京：中国社会科学出版社，2018.

［37］张明，谭小芬．中国短期资本流动的主要驱动因素：2000 ~ 2012［J］. 世界经济，2013，36（11）：93 -116.

［38］张明，肖立晟．国际资本流动的驱动因素：新兴市场与发达经济体的比较［J］. 世界经济，2014，37（8）：151 -172.

［39］张南．国际资金循环与中国对外资本流动［J］. 国际金融研究，2004（3）：33 -40.

［40］中国经济增长与宏观稳定课题组，张晓晶，汤铎铎，等．全球失衡、金融危机与中国经济的复苏［J］. 经济研究，2009（5）：4 -20.

［41］朱嘉明．世界金融危机十周年：回顾与思考［J］. 文化纵横，2018（3）：34 -41.

［42］朱莉．全球金融头寸矩阵编制与金融风险传染研究［D］. 成都：西南财经大学，2019.

［43］Ahmed S，Zlate A. Capital flows to emerging market economies：A brave new world?［J］. Journal of International Money and Finance，2014 (48)：221 -248.

［44］Allen F，Gale D. Understanding financial crises［M］. Oxford University Press，2009.

［45］Allen M，Setser B，Keller C，et al. A balance sheet approach to financial crisis [M]. International Monetary Fund, 2002.

[46] Antràs P, D Chor, T Fally, et al. Measuring the Upstreamness of Production and Trade Flows [J]. American Economic Review Papers and Proceedings, 2012, 102 (3): 412 –416.

[47] Arto I, E Dietzenbacher, J M Rueda – Cantuche. Measuring bilateral trade in terms of value added [R]. JRC Technical Reports, European Commission, 2019.

[48] Asian Development Bank. 2017 Housing Services for Asia and Pacific Region [R]. 3rd Meeting of the ICP Technical Advisory Group, Washington DC, 2018.

[49] Asian Development Bank. The PPP Results of 2011 for Asia and Pacific Region [R]. ADB Reports RPT146710 –2, 2014.

[50] Bank for International Settlements. Guidelines for reporting the BIS international banking statistics [EB/OL]. http: //www. bis. org/statistics/consstats. htm, 2013.

[51] Bê Duc L, Le Breton G. Flow – of – Funds Analysis at the ECB – Framework and Applications [J]. ECB Occasional Paper, 2009 (105).

[52] Bernanke B S, Bertaut C C, Demarco L, et al. International capital flows and the return to safe assets in the united states, 2003 –2007 [J]. FRB International Finance Discussion Paper, 2011 (1014).

[53] Borio C, Disyatat P. Global imbalances and the financial crisis: Link or no link? [J]. BIS Working Papers, 2011.

[54] Bruno V, Shin H S. Capital flows, cross – border banking and global liquidity [R]. National Bureau of Economic Research, 2013.

[55] Byrne J P, Fiess N. International capital flows to emerging markets: National and global determinants [J]. Journal of International Money and Finance, 2016 (61): 82 –100.

[56] Castrén O, Kavonius I K. Balance sheet interlinkages and macro – financial risk analysis in the euro area [J]. ECB Working Paper, 2009: 1124.

[57] Cerutti E M, Claessens S, Rose A K. How Important is the Global Financial Cycle? Evidence from Capital Flows [J]. IMF Working Papers, 2017.

[58] Chen M, Wang Y, Prasada R D S. Measuring the Spatial Price Differences in China with Regional Price Parity Methods [J]. The World Econo-

my, 2019 (11): 1 -44.

[59] Chen Q, A Loschel, J Pei, et al. Processing trade, Foreign Outsourcing and Carbon Emissions in China [J]. Structural Change and Economic Dynamics, 2019 (49): 1 -12.

[60] Chen Q, K Zhu, P Liu, et al. Distinguishing China's processing trade in the world input - output table and quantifying its effects [J]. Economic Systems Research, 2019 (31): 361 -381.

[61] Chen Q, L Jones, F Wang. APEC Trade in Value Added Indicators. In APEC Committee on Trade and Investment (Eds) "Methodologies of Constructing the APEC TiVA Database for better Understanding Global Value Chains in the APEC Region" [J]. APEC, 2019.

[62] Chen Q, Y Gao, J Pei, et al. China's Domestic Production Networks [J]. China Economic Review, 2022 (72): 101767.

[63] Chen Shaohua, Martin Ravallion. China is poorer than we thought, but no less successful in the fight against poverty [J]. Policy Research Working Paper Series from The World Bank, 2008 (4621).

[64] Chen Shaohua, Martin Ravallion. The developing world is poorer than we thought, but no less successful in the fight against poverty [J]. The Quarterly Journal of Economics, 2010, 125 (4): 1577 -1625.

[65] Chen X, L K Cheng, K C Fung, et al. Domestic Value Added and Employment Generated by Chinese Exports: A Quantitative Estimation [J]. China Economic Review, 2012 (23): 850 -864.

[66] Cohen J. The flow of funds in theory and practice: A flow-constrained approach to monetary theory and policy [M]. Springer Science & Business Media, 2012.

[67] Cohen J. The Flow of Funds in Theory and Practice [M]. Springer Netherlands, 1987.

[68] Copeland M A. A study of money flows in the United States [M]. NBER Books, 1952.

[69] Dawson J C. Flow - of - funds analysis: A handbook for practitioners [M]. ME Sharpe, 1996.

[70] Deaton A, Schreyer P. GDP, Wellbeing, and Health: Thoughts on the 2017 Round of the International Comparison Program [R]. National Bureau of Economic Research Working Paper Series, 2020.

[71] Degain C, Maurer A. Implications of Global Value Chains for Trade Statistics and Trade Policy. Uncovering Value Added in Trade: New Approaches to Analyzing Global Value Chains [M]. World Scientific, 2015.

[72] De Vries G, Q Chen, R Hasan, et al. Do Asian Countries Upgrade in Global Value Chains? A Novel Approach and Empirical Evidence [J]. Asian Economic Journal, 2019 (33): 13 – 37.

[73] Dornbusch, Rudiger. Exchange Rate Economics: Where Do We Stand? [J]. Brookings Papers on Economic Activity, 1980 (1): 143 – 185.

[74] Duan Y, B Yan. Economic gains and environmental losses from international trade: A decomposition of pollution intensity in China's value-added trade [J]. Energy Economics, 2019 (83): 540 – 554.

[75] Erik D, Bart L, Robert S, et al. The Construction of World Input – Output Tables in the WIOD Project [J]. Economic Systems Research, 2013 (25): 1, 71 – 98.

[76] Errico L, Walton R, Hierro A, et al. Global flow of funds: Mapping bilateral geographic flows [C]. Proceedings of the 59th World Statistics Congress, International Statistical Institute, 2013.

[77] Errico M L, Harutyunyan A, Loukoianova E, et al. Mapping the Shadow Banking System through a Global Flow of Funds Analysis [M]. International Monetary Fund, 2014.

[78] European Communities. Eurostat Manual of Supply, Use and Input – Output Tables [R]. Luxembourg: Office for Official Publications of the European Communities, 2008.

[79] Fassler S, Shrestha M L, Mink R. An Integrated Framework for Financial Positions and Flows on a From – Whom – To – Whom Basis: Concepts, Status, and Prospects [J]. IMF Working Papers, 2012, 47 (1): 45 – 48.

[80] Ferrari G, Laureti T, Mostacci F. Time – space Harmonization of Consumer Price Indexes in Euro – Zone Countries [J]. International Advances in Economic Research, 2005 (4): 359 – 378.

[81] Ferreira, Francisco H G, Chen S H, et al. A global count of the extreme poor in 2012: data issues, methodology and initial results [J]. The Journal of Economic Inequality, 2016, 14 (2): 141 – 172.

[82] Financial Stability Board & International Monetary Fund. The Financial Crisis and Information Gaps [J]. Report to the G – 20 Finance Ministers

and Central Bank Governors, 2009.

[83] Goldsmith R W. The flow of capital funds in the postwar economy [J]. NBER Books, 1965.

[84] Horowitz K J, Planting M A. Concepts and Methods of the U. S. Input – Output Accounts [M]. Bureau of Economic Analysis, Washington DC: U. S. Government Printing Office, 2009.

[85] Hummels D, Ishii J, Yi K M. The Nature and Growth of Vertical Specialization in World Trade [J]. Journal of International Economics, 2001, 54 (1): 75 –96.

[86] IMF. Coordinated Direct Investment Survey Guide, 2015.

[87] IMF Department S. Financial Soundness Indicators: Compilation Guide [J]. 2008.

[88] IMF. IMF Committee on Balance of Payments Statistics 2017 Annual Report [R]. 2018 (2).

[89] IMF. Monetary and Financial Statistics Manual and Compilation Guide (MFSMCG). http: //www. imf. org/external/data. htm, 2016.

[90] IMF Task Force on Coordinated Portfolio Investment Survey, Department S. Coordinated Portfolio Investment Survey Guide (second edition) [J]. Coordinated Portfolio Investment Survey Guide, 2002, 1 (1): 1 – 168 (168).

[91] IMF. World Economic Outlook [S]. 2017 – 10.

[92] International Monetary Fund. Report of the Executive Board to the Board of Governors on the Outcome of the Quota Formula Review [R]. IMF Policy Papers, 2013.

[93] Jiang X, D Guan, L A López. The Global CO_2 Emission Cost of Geographic Shifts in International Sourcing [J]. Energy Economics, 2018 (73): 122 – 134.

[94] Johnson R C, G Noguera. Accounting for Intermediates: Production Sharing and Trade in Value Added [J]. Journal of International Economics, 2012 (86): 224 –236.

[95] Johnson R C. Measuring Global Value Chains [J]. Annual Review of Economics, 2018 (10): 207 –236.

[96] Jolliffe, Dean, Prydz E B. Estimating international poverty lines from comparable national thresholds: A robust approach for estimating relevant

thresholds [J]. The Journal of Economic Inequality, 2016, 14 (2): 185 - 198.

[97] Jolliffe D M, Mahler D G, Lakner C, et al. Assessing the Impact of the 2017 PPPs on the International Poverty Line and Global Poverty [J]. Policy Research Working Paper Series, 2022.

[98] Ju J, X Yu. Productivity, profitability, production and export structures along the value chain in China [J]. Journal of Comparative Economics, 2015 (43): 33 - 54.

[99] Kaminsky G L, Reinhart C M. The twin crises: The causes of banking and balance-of-payments problems [J]. American Economic Review, 1999, 89 (3): 473 - 500.

[100] Kee H L, H Tang. Domestic value added in exports: Theory and firm evidence from China [J]. American Economic Review, 2016 (106): 1402 - 1436.

[101] Koopman R, Z Wang, S Wei. Tracing Value Added and Double Counting in Gross Exports [J]. American Economic Review, 2014 (104): 459 - 494.

[102] Los B, M P Timmer, G J De Vries. Tracing Value Added and Double Counting in Gross Exports: Comment [J]. American Economic Review, 2016 (106): 1958 - 1966.

[103] Los B, M P Timmer. Measuring Bilateral Exports of Value Added: A Unified Framework [J]. NBER Working Paper, 2018: 24896.

[104] Ma H, Z Wang, K Zhu. Domestic Content in China's Exports and Its Distribution by Firm Ownership [J]. Journal of Comparative Economics, 2015 (43): 3 - 18.

[105] Manik Shrestha, Reimund Mink, Segismundo Fassler. An Integrated Framework for Financial Positions and Flows on a From - Whom - to - Whom Basis: Concepts, Status, and Prospects [R]. IMF Working Paper, 2012 (12): 57.

[106] Meng B, Zhang Y, Inomata S. Compilation and Applications of IDE - JETRO's International Input - Output Tables [J]. Economic Systems Research, 2013 (25): 122 - 142.

[107] Miroudot S, M Ye. Decomposing Value Added in Gross Exports [J]. Economic Systems Research, 2021 (33): 67 - 87.

[108] Narayan A, Jayadev A, Mason J W. Mapping India's Finances: 60 Years of Flow of Funds' [J]. Economic & Political Weekly, 2017, 52 (18): 49 - 56.

[109] Obstfeld M. Financial Flows, Financial Crises, and Global Imbalances [R]. CEPR Discussion Papers, 2011.

[110] OECD - WTO. Measuring Trade in Value - Added: An OECD - WTO Joint Initiative [EB/OL]. https: //www. wto. org/english/res_e/statis_e/miwi_e/tradedataday13_e/oecdjanv13_e. pdf, 2012.

[111] Ravallion, Martin. A Global Perspective on Poverty in India [J]. Economic and Political Weekly, 2008, 43 (43): 31 - 37.

[112] Ravallion, Martin, Shaohua Chen, et al. Dollar a day revisited [J]. World Bank Economic Review, 2009, 23 (2): 163 - 184.

[113] Reddy S, Pogge T. How Not to Count the Poor, in Sudhir Anand, Paul Segal, and Joseph Stiglitz (ed), Debates on the Measurement of Poverty [M]. Oxford University Press, 2008.

[114] Stone R. Input - output and demographic accounting: A tool for educational planning [J]. Minerva, 1966b, 4 (3): 365 - 380.

[115] Stone R. The Social Accounts from a Consumer Point of View [J]. Review of Income and Wealth, 1966a, 12 (1): 1 - 33.

[116] Streicher G, Stehrer R. Wither Panama? Constructing a Consistent and Balanced World SUT System Including International Trade and Transport Margins [J]. WIOD Working Paper Nr. 13, available at: www. wiod. org, 2012.

[117] Temurshoev U, Timmer M P. Joint Estimation of Supply and use Tables [J]. Papers in Regional Science, 2011 (90): 863 - 882.

[118] Temurshoev U, Webb C, Yamano N. Projection of Supply and Use Tables: Methods and Their Empirical Assessment [J]. Economic Systems Research, 2011 (23): 91 - 123.

[119] Timmer M P, B Los, R Stehrer, et al. Fragmentation, Incomes and Jobs: An Analysis of European Competitiveness [J]. Economic Policy, 2013 (28): 613 - 661.

[120] Timmer M P, S Miroudot, G J De Vries. Functional Specialisation in Trade [J]. Journal of Economic Geography, 2019 (19): 1 - 30.

[121] Timmer M P. The World Input - Output Database (WIOD): Con-

tents, Sources and Methods [J]. WIOD Working Paper Nr. 10, available at: http: //www. wiod. org, 2012.

[122] Tsujimura K, Mizosita M. European Financial Integration in the Perspective of Global Flow of Funds [C]. Keio Economic Observatory Discussion Paper, Tokyo, 2002a (72).

[123] Tsujimura K, Mizosita M. Flow - of - Funds Analysis: Fundamental Technique and Policy Evaluation [M]. Keio University Press, Tokyo, 2002b.

[124] Tsujimura K, Mizosita M. How to become a Big Player in the Global Capital Market: A Flow of Funds Approach [C]. Keio Economic Observatory Discussion Paper No. 84, Tokyo, 2003.

[125] Tsujimura K. , Tsujimura M. International Flow - of - Funds Analysis: Techniques and Applications [M]. Keio University Press, 2008: 3 - 59.

[126] United Nations, Eurostat. World Comparisons of Real Gross Domestic Product and Purchasing Power, 1985: Phase V of the International Comparison Programme [R]. New York: United Nations, 1994.

[127] United Nations. System of National Accounts [M]. New York: United Nations, 1993.

[128] United Nations. The Sustainable Development Goals Report 2020 [M]. New York: United Nations, 2020.

[129] Wang Z, S Wei, K Zhu. Quantifying International Production Sharing at the Bilateral and Sector Levels [J]. NBER Working Paper, 2018: 19677.

[130] World Bank. Global Investment Competitiveness Report 2017/2018 Foreign Investor Perspectives and Policy Implications [M]. Washington, DC: World Bank, 2018.

[131] World Bank. Global Purchasing Power Parities and Peal Expenditures: 2005 international comparison program [R]. Washington, DC: World Bank, 2008.

[132] World Bank. Measuring the Real Size of the World Economy: The Framework, Methodology, and Results of the International Comparison Program [R]. Washington, DC: World Bank, 2013.

[133] World Bank. Purchasing Power Parities and the Size of World Economies: Results from the 2017 International Comparison Program [R]. Wash-

ington, DC: World Bank, 2020.

[134] Xiao H, B Meng, J Ye, et al. Are Global Value Chains Truly Global? [J]. Economic Systems Research, 2020: 1783643.

[135] Xia Y, Y Fan, C Yang. Assessing the Impact of Foreign Content in China's Exports on the Carbon Outsourcing Hypothesis [J]. Applied Energy, 2015 (150): 296 - 307.

[136] Yang C, E Dietzenbacher, J Pei, et al. Processing Trade Biases the Measurement of Vertical Specialization in China [J]. Economic Systems Research, 2015 (27): 60 - 76.

[137] Zhang N. Big Data Techniques for Measuring Global Flow of Funds [J]. Recent Studies in Economic Sciences, Kyushu University Press: Hakata, 2018: 47 - 60.

[138] Zhang N. Global Financial Stability and Measuring Global Flow of Funds [C]. 4th Annual Conference of the Society for Economic Measurement, MIT, 2017.

[139] Zhang N. Global - Flow - of - Funds Analysis in a Theoretical Model [M]. Quantitative Economic Analysis, International Trade and Finance, Kyushu University Press, Hakata, 2008: 103 - 119.

[140] Zhang N. Global Flow of Funds Analysis in Theory and Development, Minervashobo, 2005: 75 - 100.

[141] Zhang N. Measuring Global Flow of Funds and Integrating Real and Financial Accounts [C]. Working Paper, 2015 IARIW - OECD Conference: "W (h) ither the SNA", 2015.

[142] Zhang N. Measuring Global Flow of Funds: Theoretical Framework, Data Sources and Approaches [M]. Kyushu University Press, 2016: 47 - 60.

[143] Zhang N, Zhao X. Measuring global flow of funds: Focus on China, Japan, and the United States [J]. Economic Systems Research, 2019: 1 - 31.

[144] Zhang N, Zhu L. Global Flow of Funds and Uncertainty: Focus on the Cross - Border Financing [J]. Kyushu University Press, 2019 (10): 11 - 31.

《国际经济统计重点议题研究新进展》课题组

特邀专家： 许宪春　清华大学中国经济社会数据研究中心

清华大学经济管理学院

主　　任： 陈全润　对外经济贸易大学统计学院

副 主 任： 吴　洁　上海财经大学统计与管理学院

成　　员：（按姓氏拼音排序）

陈　虹　国家统计局国际统计信息中心

陈　杰　国家统计局国民经济核算司

胡雪梅　国家统计局国际统计信息中心

刘婉琪　重庆工商大学数学与统计学院

马　丹　西南财经大学统计学院

彭　慧　上海财经大学统计与管理学院

任　雪　重庆工商大学数学与统计学院

王　飞　对外经济贸易大学国际经济贸易学院

王金萍　国家统计局国际统计信息中心

王　洋　对外经济贸易大学数字经济实验室

杨翠红　中国科学院数学与系统科学研究院

中国科学院大学

袁剑琴　国家信息中心预测部

苑立波　上海市统计局国民经济核算处

张　南　广岛修道大学

张　晴　湖南省统计局国民经济核算处

张红历　西南财经大学统计学院

张亚雄　国家发展改革委国际合作中心

朱　莉　贵州财经大学大数据统计学院